科技论文写作与会议演讲

（第三版）

Scientific Papers and Presentations
Third Edition

［美］　Martha Davis
　　　　Kaaron J. Davis　　著
　　　　Marion M. Dunagan

魏军梅　译
洪　卫　审校

电子工业出版社.
Publishing House of Electronics Industry
北京 · BEIJING

内容简介

针对在校研究生和科研人员在科技论文写作和演讲中可能遇到的各种困难，本书从如何进行有效的科学交流的角度，致力于帮助读者熟悉专业的科学交流方式，获取更多的信息资源以解决这些问题。与其他科技写作和演讲方面的书籍相比，本书涵盖的主题更为广泛，不仅提供了如何准备、组织、撰写科技论文和演讲稿的实用理念，还逐一解析了理工类研究生在学习过程中遇到的文献综述、开题报告、研究报告、毕业论文和期刊论文等各种形式的写作问题，具体包括摘要、标题、实验数据呈现、评审和修改，甚至包括社会道德因素、版权和专利问题。本书后半部分还对使用幻灯片、零语言交流方式、视觉图像、海报和小组讨论等交流方式进行了详细讲解，以帮助读者在论文写作和口头演讲中使用良好的沟通技巧。

本书并不针对某一特定科学领域，而是基于科学交流的基本内容讨论相关的话题，例如道德和法律问题、非语言交流问题、国际学生面临的挑战、与非科学家的交流，以及科技工作者可能遇到的其他问题。由于篇幅限制，关于未详细讨论的内容都推荐了最佳文献资源，并在附录中提供了每章主题的补充信息和实际案例。

本书主要面向从事理工类科学研究的研究生，同时也为更多热爱科学的非专业人士和科学从业者们传播科学研究的基本交流原则。本书相对独立的章节组织模式更便于读者基于不同的身份来决定选读哪些重要的章节，快速解决当前问题。

Scientific Papers and Presentations, Third Edition
Martha Davis, Kaaron J. Davis, Marion M. Dunagan
ISBN: 9780123847270
Copyright © 2012 Elsevier Inc. All rights reserved.
Authorized Chinese translation published by Publishing House of Electronics Industry.
Copyright © 2019 Elsevier Inc. and Publishing House of Electronics Industry. All rights reserved.
No part of this publication may be reproduced or transmitted in any form or by any means, electronic or mechanical, including photocopying, recording, or any information storage and retrieval system, without permission in writing from Elsevier (Singapore) Pte Ltd. Details on how to seek permission, further information about the Elsevier's permissions policies and arrangements with organizations such as the Copyright Clearance Center and the Copyright Licensing Agency, can be found at our website: www.elsevier.com/permissions.
This book and the individual contributions contained in it are protected under copyright by Elsevier Inc. and Publishing House of Electronics Industry.
This edition of Scientific Papers and Presentations, Third Edition is published by Publishing House of Electronics Industry under arrangement with ELSEVIER INC.
This edition is authorized for sale in mainland China, excluding Hong Kong, Macau and Taiwan. Unauthorized export of this edition is a violation of the Copyright Act. Violation of this Law is subject to Civil and Criminal Penalties.

本版由ELSEVIER INC.授权电子工业出版社在中国大陆（不包括香港、澳门以及台湾地区）出版发行。
本版仅限在中国大陆（不包括香港、澳门以及台湾地区）出版及标价销售。未经许可之出口，视为违反著作权法，将受民事及刑事法律之制裁。
本书封底贴有Elsevier防伪标签，无标签者不得销售。

版权贸易合同登记号　图字：01-2013-9392

图书在版编目（CIP）数据

科技论文写作与会议演讲：第三版／（美）玛莎·戴维斯（Martha Davis）等著；魏军梅译.
北京：电子工业出版社，2019.3
书名原文：Scientific Papers and Presentations, Third Edition
ISBN 978-7-121-35943-9

Ⅰ. ①科… Ⅱ. ①玛… ②魏… Ⅲ. ①科学技术-论文-写作-高等学校-教材 ②演讲-语言艺术-高等学校-教材 Ⅳ. ①H152.3 ②H019

中国版本图书馆CIP数据核字（2019）第011660号

策划编辑：马　岚
责任编辑：马　岚　　特约编辑：马晓云
印　　刷：三河市良远印务有限公司
装　　订：三河市良远印务有限公司
出版发行：电子工业出版社
　　　　　北京市海淀区万寿路173信箱　邮编：100036
开　　本：787×1092　1/16　印张：15　字数：384千字
版　　次：2019年3月第1版（原著第3版）
印　　次：2021年2月第2次印刷
定　　价：69.00元

凡所购买电子工业出版社图书有缺损问题，请向购买书店调换。若书店售缺，请与本社发行部联系，联系及邮购电话：(010) 88254888，88258888。
质量投诉请发邮件至zlts@phei.com.cn，盗版侵权举报请发邮件至dbqq@phei.com.cn。
本书咨询联系方式：classic-series-info@phei.com.cn。

第三版前言

要培养真正有效的写作和演讲能力，一个人需要相信交流对科学和人类信息交换所做贡献的重要性。本书封面上的生命之树象征着对人类生存的种种影响，类似于生命的基础，所有的交流基于此而蓬勃发展。正是在这种不断进步变化的交流文化中，科学的语义环境在不断发展。

第三版涵盖的主题比大多数有关科学写作和演讲的书籍更广泛，而且并不针对某一特定学科。书中讨论了科学交流的基本内容，也讨论了相关的主题，例如道德和法律问题、非语言的交流、国际学生面临的挑战、与非科学家的交流，以及从事科学工作的人可能遇到的其他问题。由于本书的篇幅限制，关于书中未详细讨论的内容，我们都推荐了能提供更多信息的最佳文献资源。

为了适应出版和科学研究的新发展，第三版在前两版的基础上进行了更新和修订。尽管本书主要针对的仍是科学领域的研究生，但我们的目标是让更多的热爱科学的非专业人士和科学从业者们也能阅读本书。我们专注于向这些受众传播科学研究及其应用时的基本交流原则。在使用本书时，建议读者先阅读前两章来了解交流的原则和后续章节要解决的问题，然后基于不同的身份，例如科学界的从业者或研究生，来决定选读哪些重要章节才能快速解决当前问题。如果需要关于个别的科学交流的信息和交流的工具，则可以查找特定的章节，其中的建议将帮助读者在论文写作和口头演讲中使用良好的沟通技巧。本书除了对其他有益资源的引用，在适用的情况下，还交叉引用了其他章节的内容，在附录中也针对要点进行了阐述。

第一版和第二版的前言里都专门列出了做出贡献的各位同仁，我们感谢所有人。对于此次修订，我们特别感谢Lisa Wood的评论、对内容的讨论及友谊；感谢Marilyn McClelland分享书籍和想法；感谢Sara Dunagan审阅第1章；再次感谢Sheri Wheeler Wiltse设计了封面和扉页上的生命之树；特别感谢Gloria Fry，他为整本书提供了这些卡通人物；感谢Kaitlin Strobbe，Fran Walley和R. E. Farrell提供了他们的海报。最后，衷心感谢所有的学生们，他们多年来提出了许多问题，也解答了许多问题，这些都有助于更好地进行科学交流。

Martha Davis

Kaaron J. Davis

Marion M. Dunagan

第二版前言

通过对不同民族的文化的吸收和借鉴，凯尔特人形成了自己独具一格的文化特点——多样性和差异性，受到各种影响而交融汇合，正如英文书的封面和扉页上的插图"凯尔特生命之树"所代表的意义。然而，凯尔特人是由共同信念支撑的一个既强大又颇具个性的种族群体。它最为人知的是珍贵的文化和语言遗产，至今仍对英国和西欧的文化发展有着重要的影响。在对之后的文明、文化和语言的影响力上，除下面这一点外，凯尔特人可以和古罗马和古希腊文化对西方世界的影响媲美：凯尔特人在文化传承上的主要缺憾是未能留下文字记载，祖祖辈辈仅靠手口相传来传承法律、科学、历史和文化知识，以至于我们现在所了解到的有关凯尔特文化的知识大都来自其他文化对它的记载。在整个欧洲发现的凯尔特艺术和雕像中，视觉传达异常强烈。凯尔特人留下的艺术品和雕像形象地描述了当时的情景，完美地保留了一部分凯尔特文化和符号，其中很多符号被人们用来表达深层次的理念，比如爱和不断延续的生命轮回。

除了早期基督教学者所记载的奇闻异事，对凯尔特文化的口头传播方式的保护，明显不如对其艺术品的收藏做得好。追根究底，这是由于凯尔特人的交流体系不健全造成的。未留下任何的文字记载，又过度依赖于手口相传，导致后人对这个曾经辉煌一时的民族所知甚少。凯尔特人强力证明了文字记载和口头交流的重要性，尤其是在科学领域，及时高效的口头传播方式和长久的文字记录是维系科学发展的两种重要手段。正如Scott Montgomery所说"正是因为科学家是优秀的写作者和传播者，科学才会长久地存在。"

由Sheri Wheeler Wiltse设计的凯尔特生命之树，既代表了一种人生观，同时也形象地展现了交流传播的复杂性。错综交织的根部和不断滋生的枝杈，这一系列图像生动地反映出语义环境中大量文化和环境因素的影响作用。有些读者很难理解这些因素是如何相互作用、相互交织融合而构成语义之树的，但是我们作为科学信息传播者，则需要尽可能地简化这一概念，以帮助那些受影响的科学家和非专业人士。因此，本书第二版的宗旨是：在第一版的基础上进一步帮助研究生和科学工作者解决论文写作和演讲过程中遇到的问题，掌握使用文字、语言和视觉图像进行有效交流的方法。

本书第二版与第一版相比有了很大的改观。相同之处在于每章节内容相互独立，方便读者按章节选择性地阅读。不过，我还是建议读者简要了解前两章或前三章的内容，从中可知我对交流的看法。在课堂上，学生们向我提出了很多问题和需求，这些信息为我编写本书提供了很好的素材，比如"我怎么找到……"或"你能举个……的例子吗"等。为此，我在本书中提供了尽可能详细的文献资料、附录、最新资料和案例等。对于在美国学习科学的留学生，书中新著一章供读者参考学习。我怀着极大的热情编写了本书，虽不尽完善，但是如果能为读者提供宝贵的信息，就是对我最大的认可。

再次感谢参与第一版编写的各位同仁在编写过程中所提供的非常宝贵的意见。这里要特别感谢其中的几位，第一位是为本书（第二版）提供技术支持的 Jody Davis，没有她，就没有本书封面的生命之树，是她利用计算机技术绘制了如此精美的图像，如果没有她，我可能已经放弃或者现在还在和计算机较劲；第二位是 Marion Davis Dunagan，在本书中她给了我关于凯尔特人的灵感；另外一位是更新了文献资料的 Luti Salisbury。同样，我也要感谢为第二版做出贡献的各位，首先是 Sheri Wheeler Wiltse，他提出了凯尔特生命之树的想法，激发我利用这一形象来表达交流的复杂性，也正是他，在我人生道路上不断地影响和鼓励着我前进。感谢 Magnolia Ariza-Nieto，Andrea Wilson 和 Vibha Sirvastava 的海报。对留学生章节提出建议的学生包括 Carol Ojano，Pengyin Chen，Elizabeth Maeda，Luis Maas，Ali Jifri，Maria Mashingo，Nilesh Dighe，Palika Dias，Christian Bomblat 和 Wenjun Pan 等，我在此对他们深表感谢。

最后，特别感谢一直以来支持和爱护我的 Aaron Davis。

Martha Davis, 2004

第一版前言

无论是某种物质的化学结构式，还是玫瑰花的构成，亦或是隐藏在DNA密码深处的占有欲和诱惑，都会激发人类无穷的好奇心，引领人们进入科学研究的领域。科学家大都效率高、头脑聪慧、逻辑思维能力强，虽然他们协调能力也很强，不会破坏实验室或野外的实验计划和样本，但是其中很多人却不擅长交流。他们事先并不知晓需要用多久时间编写实验报告或准备演讲资料，为各种科学委员会工作和解决问题，甚至向非专业人士讲述科学研究的价值等。本书致力于为科学工作者减少在写作和演讲过程中遇到的交流障碍。

本书内容简明扼要，未能针对每类科学交流方式进行详尽阐述，这一点请各位读者谅解。目前市面上有许多权威性的书籍，对特定的主题进行详细讲解，比如写作技巧、期刊文章发表、写作提案、团队交流、公开演讲等，而这些内容在本书中均独立成章。本书的目的是引导在校的研究生和以后将要从事科学工作的新人熟悉专业的科学交流方式。本书有两个目标，1) 回答有关科学交流的基本问题；2) 帮助科学工作者获取更多的信息资源。

为了更好地完成这些目标，本书第一部分为读者提供了如何准备、组织和编写科技论文或演讲稿初稿的实用理念。基于这些基本概念，本书继续讲述了适用于理工类研究生的特定的写作形式：文献综述、研究计划、毕业论文、期刊论文，以及具体写作过程中的要求和遇到的实际问题。影响科学写作和演讲的因素包括期刊风格、摘要、标题、实验数据呈现、评审和修改，甚至包括社会道德因素、版权和专利问题。

虽然本书未能明确区分科学交流中的书面交流和口头交流，但是后半部分对使用幻灯片、非语言交流方式、视觉图像、海报和小组讨论等交流方式做了详细讲解。本书中专有一章讲述如何利用书面和口头方式与非专业人士进行交流。

本书的附录和参考文献是相当重要的部分。附录主要补充了每章主题的信息，并提供了实际案例。虽然书中列举了引用的文章，但如果想更深层次地了解这些内容，则必须参考每章最后提供的参考文献。本书最后提供了比较有价值的参考书目注释。对于发现这些宝贵的信息，我感到十分庆幸，相信文献资料对于每位科学家都是弥足珍贵的。

在学校期间，对于选修了科技写作、公共演讲、团队交流、平面设计、科技演讲、新闻工作、领导和交际能力、职业道德、视听原理、修辞学，以及其他帮助培养交流实用技巧的课程的学生，我相信他们在以后的科学研究领域一定会大展宏图。完成这些课程后，学生可能会获得足够的学分，或者拿到不止一个学位，但要修完所有这些课程绝非易事；同理，假如让科学家在所有这些领域接受培训也是不合理的。除了科学研究工作，他们几乎没有时间来专门训练写作和演讲的技能。除了阅读特定专业领域的大量书籍，他们几乎没有时间阅读有关科学交流技巧和模式的书籍。本书的宗旨就是针对研究生或科学家在科技写作和演讲中遇到的具体问题提供指导和合适的参考材料，真正做到高效性、针对性。

在这里，我要感谢那些曾向我提过问题的学生，是他们激励了我。在回答这些问题时，我做了详细的记录，并将这些记录呈现在本书中，为广大学生和科学界新人，甚至经验丰富的科学家提供帮助。从这些学生身上，我学到了很多东西，在此特别感谢为本书提供写作材料的 Terry Gentry，David Mersky 和 Katie Teague。

感谢所有在我教学和写作过程中提出过宝贵意见的同事，尤其是 Duane C. Wolf，他对本书主题的贡献是不可估量的，他不断地激励和鼓舞着我，没有他的鼓励，我不可能顺利完成这部书的编写。谢谢，DCW！

感谢以下各位阅读了本书的部分或全部内容，帮助审阅，修改并提出了宝贵意见：Marion Davis 细心审读了全书，并修改了大量的错误用法；Jody Davis 不断激励我，减轻我的压力；尤其要感谢 Nora Ransom 对本书大部分章节都提出了建设性意见；还有 Carole Lane，Sara Gregg，Rick Meyer，Lisa Wood，Lutishoor Salisbury，Bob Brady，Domenic Fuccillo 和 Bill DeWeese，感谢你们提出的珍贵建议！

另外，我要向为附录等部分做出贡献的朋友们表示诚挚的感谢。首先，Justin Morris 为摘要部分的编写提供了参考资料；Gail Vander Stoep 提供了一篇手稿的评论；*Ground Water* 的高级编辑 Marilyn Hoch 提供了 Jay Lehr 的 *Let There Be Stoning* 社论的使用权；Walter de Gruyter & Co. 提供了 Eduard Imhof 所著 *Cartographic Relief Presentations* 一书中 69~73 页的摘录；E. M. Rutledge，M. A. Gross，K. E. Earlywine 和 Duane C. Wolf 提供了照片和海报材料。

在艺术贡献方面，我要特别感谢提供大量插图的 Gloria Fry，为海报提供计算机绘图的 Steve Page，以及制作卡通图的 Martha Campbell。

最后，感谢 Aaron Davis 一贯的支持和关爱。

Martha Davis, 1996

目　录

第1章 科学的语义环境

> If it dies, it's biology, if it blows up. It's chemistry, if it doesn't work, it's physics.
>
> 死亡是生物学概念，爆炸是化学反应，做功是物理学理论。
>
> ——John Wilkes
>
> （引自浴室墙壁上的涂鸦）

研究生阶段及之后的科学研究工作中，我们会在写论文、做演讲上花费很多时间。科学交流对帮助人类利用和关爱地球至关重要。一旦发现科学奇迹，研究人员需将其发现转化为简洁、完整、精确的专业术语，告诉世人，使其保持活力。为了丰富科学知识，科学家必须将他们的发现与其他可用信息加以分析、综合，如果在这一过程中，任何一位科学家对某一词语断章取义、遗漏某些关键点，或不了解受众，那么信息就会变得模糊或被曲解，科学发展也会受到影响。

在讨论科技论文和演讲之前，先要对科学家树立正确的认识。当我们提到科学家的时候，很多人的脑海中浮现的就是研究型科学家针对科学领域的新发现，在田地、在实验室进行研究的画面。当然他们是科学家，但是这里应突破那种固有的思维，从事相关工作的还包括那些应用科学发现的从业者、为非科学人士提供建议的咨询师、给理科生上课的科学教育工作者、撰写相关科学文章的记者、科学图书馆员、负责科学藏品的博物馆馆长、展示科学产品的销售代表、照料植物园的园艺家，以及其他各行各业的从事科学事业的专家。

虽然这些人并不是都拥有学位，被称为科学家，但是他们都需要进行科学交流。有些人具有博士、硕士或者学士学位，有些人尽管没有学位，但其丰富的科学研究背景足以使其能在科学领域写作或者演讲。他们需要互相交流，与客户、学生、普通大众或者特定受众进行交流。以下章节的内容是写给所有认为科学交流对他们的事业至关重要的人。本书有些章节是专门针对研究型科学家、科学作家的科学交流，但是几乎每一章都包含了上述所有人进行科学交流所需的最基本的内容。

清晰的科学交流既不需要天赋，也不需要魔法，仅仅只是在社会和科学环境中通过使用语言和符号传递信息的一种技能，这些符号和语言所代表的意义对说者和听者来说是一样的。然而，无论是作者还是读者，只要是人类就能改变语言的意义。这里，交流是承载未来信息和进步的载体，同时也承载着争端、错误信息和对进步的干扰。代沟、战争和偏见的产生，至少有部分原因是由于交流或缺乏交流。另一方面，交流也是化解代沟、建立和平和相互理解的桥梁，科学上许多了不起的发现也是交流的结果。因此，在科学交流中，要注意人的因素，尽可能地采用明确、简洁及符合规范的交流原则与你心中的受众进行交流。

科技写作和交流并不比其他事情难，它更像是建造一间房屋。假如手边有所需的材料及专业知识，剩下的就是艰辛的劳动了。因为所需材料来自于调查和研究，没有价值的材料和信息在科学交流中没有任何作用，而高效的理念和数据以及科学写作和演讲的基本技巧，使我们在科学交流活动中事半功倍。

不管是在制造厂、实验室、建筑工地、牧场还是办公室，做任何工作，首先要清楚地了解工具和设备的名称及使用方法，学会管理好设备，保护好数据，否则就不应该从事科学领域的工作（见图1.1）。无论手上的工具是一把斧头还是一个高压锅，都会有危险，语言也是。与化学和生物学一样，科学写作或演讲也是一项谨慎的、有技巧的工作，而这项工作正是在科学工具的有效利用、对科学信息和假设的正确理解的基础上完成的。

不过，与建房子或做实验相比，交流包含了更多的人为因素，它比科学更具主观性，对实验数据的依赖较少。因此，将人类的交流融入社会语境中，既有可能传达正确的意义，也有可能造成困惑。这意味着人类所表达的内容会受到自身性格和信念的影响。作者所要传递的信息能否被理解，则取决于读者本身和语义环境中的其他因素。而

"同学们，除了主修这门学科的人，谁能告诉我 Billingsley 先生做错了什么？"

图1.1　学会管理好科学设备，保护好科学数据，否则就不应该从事科学领域的工作（引自 Andrew Toos 的漫画 *The Chronicle of Higher Education*，出版于 1992 年 7 月 1 日）

我们的主要目标是使演讲者或作家想要传递给观众的内容也正是观众所理解的。这就是语义学的意义所在——词语的意义、体态语言和其他用于交流的符号之间的相互关系。

1.1　语义环境

在本书中，"语义环境"一词将会频繁出现，这一术语来自 1976 年 Neil Postman 所著的 *Crazy Talk*, *Stupid Talk* 一书，这是一本相当有参考价值的书，值得一读。遗憾的是这本书已经绝版了，如果大家找不到以前的版本，可以阅读 Neil Postman 的其他著作，他的所有著作中都对语言进行了充分讲解。本书对"语义环境"一词的解释融入了作者的理解，使语义生态系统更生态化，更适用于科学写作和演讲的语言环境。但是，为使读者能够更好地进行科学交流，下面将对这一术语做进一步阐述。

语义环境是指当语言脱离既定环境时，人们就会无法正确理解语言所要表达的意义。Postman 认为，词语表达时所处的环境、情境对意义的作用至关重要，环境中的任一因素都可能会改变词语的意义。对此，Postman 做了一个形象的比喻，如果将一滴红墨水滴入装有水的烧杯中，那么整杯水将会被染红（Postman, 1976）（见图 1.2）。这一比喻同样可以用在生物

学中，处于生态系统中的任一有机体不仅会受到其他生物体的影响，也会受到所处环境中的化学和物理物质的影响。相对于生物天生具有的生命力和繁殖力，有机体的生物功效取决于在所处环境中能茁壮成长的程度。在环境上的植入可以抑制或积极地增殖生态系统中的入侵物种。交流也是如此。原本要表达的意思可能因为语境而被曲解或者无法表达，错误的信息可能因此而传播出去。

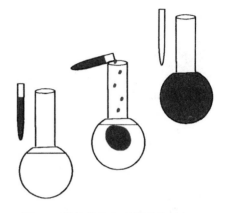

图 1.2　语义环境中不需要的（多余的）元素会影响整个交流

成功的交流取决于我们是否能对语义环境中的各种影响因素做出较好的反应。假设你将要在某科学大会上演讲。首先，语言环境是以科学为基础的，具有物理环境的语义要素：语调、态度、激情、气氛和科学目的，这与 Postman 所描述的宗教、商业或战争等事物的语义环境有明显的区别。Postman 在 *Crazy Talk*, *Stupid Talk*(1976) 一书中提到"语义环境包括：说者、目的、达成目的所需的话语规则，以及特殊环境下的语言。"演讲的语义环境还受到以下众多较小因素的影响：场地空间的大小、温度、观众人数和身份、每位观众的想法、演讲者与观众对主题的了解程度、演讲者是否准备充分、演讲道具使用是否熟练、用词、符号的选择、语言的组织，以及语调的选择等。当然，这只是语义生态环境中的一小部分影响因素，演讲者在多大程度上能够成功地利用那些有利因素，改变或抵制那些不利影响，演讲就会在多大程度上取得成功。

演讲时，某些细节也是决定成败的关键因素，比如降低会议室内的温度，让观众不觉得闷热；关闭会议室的门，以减少室外的喧闹；另外，在有人姗姗来迟时，尽量忽视他，尝试将观众的注意力转移到演讲的内容上，而不要让他像 Postman 描述的红墨水一样影响现场气氛。下面这种情况发生时，演讲必须中断：迟到者一进入会议室就大喊"着火啦！着火啦！大家快跑啊！"这时语义环境被完全破坏，演讲者第一时间要引导观众从最近的出口撤离而不是继续演讲。除了这种异常的突发事件，演讲者对语义环境有很大的掌控权，作为整间会议室的焦点，对各种语义环境要素的不同处理方式既能保护也能破坏语义环境。本书试图帮助大家不去破坏语义环境，也不停留在简单的保护上，使大家在整个职业生涯中成功地进行沟通。

人类作为交流主体，能否在语义生态系统中成功地生存和发展，取决于对环境的理解和对交流技巧的掌握程度。如果我们不想成为汪洋大海里的一滴不知名的小水珠，那么从现在开始就要努力培养自己的交流能力，获取科学专业知识。交流能力的培养是心理和生理活动的结合，需要不断地练习，渐趋完美，就像游泳必须按照步骤循序渐近地实践。写作和演讲也是如此，只有不断地实践才能掌握必要的技能，一旦可以熟练运用，甚至能从写作和演讲中体会到意想不到的乐趣。至少在科学的语义世界里，我们将是一个健康的有机体。

1.2　交流中的基本语义元素

漫长的学生生涯教会了我们如何表达和写作。虽然在学习中不一定有很多科学写作所需的训练，但是语法和修辞学却是每个学生必修的课程。千万不能小看这些课程，语言使用的基本理论是写作和演讲的良好基础，当然其前提是不要让它阻碍交流的进行。比如，混乱的语法知识、标点符号、拼写错误都会导致科学信息的误传，因此本书不会擅自对语法知识和基本的写作知识进行指导，而是指导大家在科学交流中给内容赋予明确的意义，实现交流目的，对论文和演讲进行评审、修改和传播。一旦确定了交流的目的和原则，以上的工作就会变得很容易。

　　任何交流，尤其是科学家之间的信息交流，本质上都是提问和回答问题。在科学交流中，提出问题是所有科学发现的基础，为你的同事和后人提供答案能丰富科学知识，使科学进步并保持生机和活力。从"您好吗？""发生了什么事？"到"疾病是由病毒或细菌引起的吗？""全球变暖的威胁有多大？"这些问题构成了交流的基础。每个观众的脑海中都有许多问题，在问题被提出之前就已知答案，将会避免许多问题的产生。如果没人想知道答案，科学就会陷入困境。当我们准备向同行提交论文或进行演讲时，需要考虑他们会提什么样的问题，以及哪些是能够并且应该回答的。

　　科学交流的形式大部分有共同之处，但是语义环境却不同，造成科学内容和组织结构有差别的原因则是不同观众的问题和答案的多样性。小学生和科学家所提的问题肯定各不相同，而我们能够针对不同人群就同一主题给予答复。在科学工作交流过程中，内容和组织结构显然会受到科学调查方法的影响，同时对问题的识别、观察、假设的提出、实验、数据的收集和分析、结论的推断这一系列活动做出真实的反应。以上每一个环节都要提出研究和交流需要回答的问题。比如，问题是什么？观察到了什么？假设是什么？实验如何开展？需要收集哪些数据？如何分析测试这些数据？想得到怎样的结论？科技论文的内容应该包含以上的部分或所有问题。

　　影响科技论文内容和结构的另一因素是常规技术的使用。使用大众所熟悉的交流方式和工具，会令科学交流活动事半功倍。例如，IMRAD结构（大部分英文科技论文的规范结构）是Introduction（前言），Method（方法），Result（结果），And（和）Discussion（讨论）的缩写，常常用于组织期刊论文、实验报告、研讨会论文等；对于期刊稿件，Silyn-Roberts在2000年增加了Abstract（摘要），因此IMRAD结构发展为AIMRAD结构。在IMRAD组织结构出现之前，有一小部分期刊文章只描述了Result（结果）和Discussion（讨论），仅仅是在"怎样寻找解决方法？"之前对"你发现了什么？"这一问题进行简单的回答，但是这并不违背常规，只是提出问题的顺序发生了变化。IMRAD结构是很常见的科技论文结构，也是读者和观众期望的规范和惯例。

　　很多情况下，我们没有意识到自己正在遵循惯例，但是我们所做的大部分事情正是如此。例如，在英语表达中，语句的顺序通常是主语+谓语+宾语，注意本段的第一句话就没有遵循这一习惯，因此这个句子看上去有些奇怪，如果语序符合常规，就能够更好地表达含义。除非当作者想引起读者对句子的关注，或者表示强调，否则应该按照读者所期待的方式进行表达。我们绝不会阻止对那些常规语句进行创造性的修改，但一定要确保那些意想不到的东西吸引观众时不会影响交流的目的。

　　除了观众的问题和语言使用习惯，成功的交流还取决于对观众的身份、交流的主题和目的、自身的能力和信念的认知。另外，应时刻警惕出现在交流语义环境中的影响因素，充分利用积极因素促进交流，避免不利因素的干扰。一旦成长为一名科学家，需要时刻谨记科学工作的基本原理和成功交流的基本原则，并且在交流过程中设想观众的想法，牢记自己的交流主题和目的。例如，观众会提出哪些问题？如何能给出最佳答案？最佳传递信息的方法是什么？因为每个人的交流方式不同，必须要量力而行。

要将自己与语义环境的其他元素融合。观众是第一要素，一半的交流源于观众，观众对科学信息的理解和接受是科学交流活动中最关键的要素。无论我们多么努力地想传递清晰的信息，信息接收的完整性在于观众。虽然不能完全掌控观众的行为，但是演讲者有义务为观众提供更容易理解和接受的信息。不要把问题全归咎于观众，要认真反思自己的努力是否到位，通过写作或演讲与观众交流时，客观地思考和改进自己的沟通技能。理解观众，明白自己相对于观众所处的位置，是任何交流成功的关键。

对于大多数科技论文和演讲报告，它的读者和观众极有可能是对这一领域主题感兴趣的科学家。然而，很多时候我们需要与其他领域的科学家和非专业人士进行交流。例如，我们可能会在研究兴趣相对多元的科学家面前进行论文答辩；我们的资助计划可能会被送到一个没有科学家的慈善或商业团体；我们可能会和出版商或编辑进行交流；我们可能需要和那些对该领域相关科学知识所知甚少，但却能实际应用一项新的科学发现的人们进行交流。科学从业者经常要面对那些对他们工作背后的科学原理一无所知的客户和普通大众。这时，根据观众的经历、教育程度以及动机做出判断，他们的态度和专业知识决定了你的演讲方式，即使在演讲主题相同的情况下，对肿瘤学家和肿瘤治愈者的演讲方式或内容也会不一致。更多细节参阅第19章。

无论观众的身份和受教育程度如何，他们和演讲者一样，都具有人类共同的特点，即感性、主观、缺乏逻辑性。即使科学交流过程再严格、客观，但人为因素始终存在。例如，在演讲时，观众首先关注的是演讲者的着装和发音，读者阅读时首先注意的也是外观：字体、段落的长短或是否有批注和插图。每位观众都会对演讲者的着装、声音以及文字的排版布局有某种期许。

演讲或阅读开始后，观众或读者更多地将注意力放在语句的意义和表达形式上。例如，受过教育的人更倾向于标准的措辞和语句结构。反之，演讲报告中出现不规范用词或陌生词汇时，容易造成交流障碍。无论在写作还是交流过程中，接收者首先会较容易理解自己所熟悉和期盼的事物，在此基础上，可进一步引导他们接触更多的未知领域。词语的意义对交流和写作有一定的影响，而语言结构和语义环境的影响更为重要。要知道每个词语的定义是离不开语言传递和接收环境的。当词语在传递者和接收者脑海中的意义一致时，交流过程就会成功。

其次，在演讲和写作前，观众关注的交流主题和目的是第二要素。有价值的交流主题是观众所关心的。要对自己的主题价值充满信心，对自己的准确表达充满信心，而明确的交流目的是树立演讲者和写作者自信心的前提。坚定的信念加上简洁和规范，是成功交流的关键，是说服观众的有效方法。当向科学家或理科高年级学生讲述同一主题时，演讲者通常会使用不同的词语和演讲技巧。如何调整以适应不同观众，取决于演讲的主题和演讲的目的怎样有效地结合在一起。为什么会选择某一主题进行写作和演讲呢？无论何种选择都有其内在的原因，学生可能是为了完成作业或取得学位，人们写一篇期刊文章或发表演讲或许是为了获得升职的机会。不可否认这些都是积极的做法，但是写作和演讲的目的远不止这些。科学知识的交流是首要目的，具体目的则取决于主题的选择和观众的理解。假设想让植物育种专业的学生了解棉花纤维的萌芽起始于花期，那么为了达到这一交流目的，只需思考与结论相关的问题即可。一般来讲，目的越明确，交流越简单，一旦明确交流目的，下一步要完成的工作就是将信息清晰、准确地传递给听众。受众群影响了演讲主题的形式和探寻的目的。通常，在演讲前，演讲稿会经过其他人的审阅，证明演讲主题是否经过调整以适合受众。

考虑到观众、主题和目的三个因素，交流活动在本质上是"提出问题—回答问题"的过程，但是问题不以书面或口头形式出现。如果在演讲过程中回答了与主题相关的问题，就表明了交流活动的成功，听上去很简单，但前提是能够正确决定回答何种问题。大多数科技论文中，作者仅仅解答了基本的问题，例如在介绍中回答选题的内容和原因；在方法章节讲解如何操作；在结论章节给出所发现的结果；在讨论部分继续探讨遗留问题。然而，我们无法了解观众将会提出哪些问题，即便是很简单的一个问题都可能是我们无法回答的。以下这些问题也许并不会被问到，但是我们仍然需要事先思考，例如你是谁？你为何这样做？这个结果像Jones的那个吗？有相似的例子吗？我们要尽最大努力回答得令观众满意。

最后，除了观众、目的、主题，以及与主题相关的问题，第三个要素是演讲者和写作者本身。无论在科学交流还是在其他活动或成就中，态度是必不可少的关键因素。如果讨厌写作或交流，也就无法成功完成这两项工作。即使喜欢交流，并且享受写作和演讲的喜悦，在科学交流中也是有可能是失败的。自信的科学态度、认真的自查和谦虚的心理，构成了成功写作和演讲的基础。当然，写作者仍需具有创造性，但是切记作品中不可缺少科学控制要素。

在写作和交流过程中，要抱有坚定的信念。虽然智力、教育和个性起了很大作用，但是当我们着手进行科学写作和演讲时，信念却是必要条件。这种专注的态度让我们在科学的道路上走得更加顺利，并且它也时刻体现在我们的交流中。不要低估观众，当我们不在乎、不自信或虚张声势时，他们都能看出来。也许你了解交流的规则，也许你很擅长表演，但是如果缺少正直的品质和真诚的态度，无论在交流中付出了多少努力，都将会面临失败。

以上三个要素是相互影响、相互作用的。信念和规范也依赖于这三种要素。事实上，以上交流过程中的主要影响因素相互关联、相互依赖。这一语义生态系统就是与各种相互依赖的力量交织在一起的。这就是语义环境所指代的内容，在这一环境中，没有固定的规则，只有约定俗成和典型的"问&答"模式。作者和读者对交流主题和目的的相互作用构成了交流，虽然影响因素错综复杂，但是要尽可能地简化这一过程。

本章审视了研究生或科学家可能会遇到的各种科学交流形式，同时给出了应对常见问题的方法，那就是要掌握更多的技巧。然而，成为优秀的作家和演讲家并不能仅仅依赖于这些指导和优秀的范例。例如，一本书会教游泳知识，但是并不能帮助我们进入水中，学会游泳的技巧，练成结实的肌肉，尤其是学会如何在水中抬头，如何浮出水面换气，这些技能要靠自己不断练习。因此，本章旨在帮助大家在科学信息交流中成功地区分有效和无效交流。

参考文献

Postman, N. A., 1976. Crazy Talk, Stupid Talk: How We Defeat Ourselves by the Way We Talk and What to do About it. Dell, New York.

Silyn-Roberts, H., 2000. Writing for Science and Engineering: Papers, Presentations and Reports. Butterworth-Heinemann, Woburn, MA.

第2章　前期准备

> He has half the deed done, who has made a beginning.
>
> 只要开始就成功了一半。
>
> —Horace

在写作和演讲之前，我们应该注意在科学的语义环境中影响交流的众多因素，如态度、说、写、听的能力，观众和目标，科学信息，技术、工具和有帮助的资源。

交流的背后需要处事哲学。通常，人类一旦了解了做某件事的原因，下一步就会思考完成这件事的方法。也许人类最基本的技能是生存，其次是与他人交流——起初与父母，然后与家人、朋友、教师和同伴交流；科学家之间也会相互交流，与听众交流。在这一过程中，词汇和规范应运而生，而规范是组织词语和其他符号的标准，以使听者容易理解。在交流过程中，语言表达不正确、听众误解都会造成破坏性和消极的影响。

学会思考人类的本性。演讲者和听众的态度，作家和读者的态度，对于避免产生误会至关重要。人们的态度有可能是影响交流内容和观众理解的关键因素。众所周知，个性一旦形成，几乎无法改变，但是我们可以调整自己的态度和处事哲学。一些科学家和其他人的恶劣的态度有可能来自他们的固有思想："我是大人物，你要记清楚""我害怕，应该同情我""我先天条件差，不擅长交流"，更糟的还有"听众是无知的，听不懂是他们的问题"。而态度真诚的科学家则选择相信自己，相信自己所说的，并且想把这种自信用谦逊的口吻传递给听众。当然，听众从某种程度上听不懂你所讲的内容，这是很正常的，否则就没有必要讲给他们听。谦和的态度就是简单地希望在传递和接收信息的时候保持真诚、客观和清晰。

演讲者和作者有责任尽可能清晰地传递信息，同理，听者和读者有责任公正地、清晰地诠释传递者发出的信息。孩童时期，每个人都容易读错音，例如，当小孩子喊"wawa"时，是想表达"water"或想要喝东西，家长能准确地解读孩子的意思，但是仍会忍不住笑话孩子的发音。当我们的孩子或来自其他国家或地区的人用我们的语言交流时，我们常常被沟通的不畅或差异逗乐。但是，我们自己的口语也不一定比他们的好，他们也可能嘲笑我们说话的方式。因此不必把这些语言上的瑕疵当成困扰，贬低别人的交流尝试或使用自己知道而别人不理解的术语是极具毁灭性的。近来，不少人发明了适合自己小圈子的特殊语言，例如时下年轻人最喜欢的街头流行语，科学家使用的专业术语等。虽然，这一发明丰富了语言的内容，提高了人们的表达能力，但也造成了很多人交流的障碍，甚至令人感到沮丧。创造新词对语言发展有好处，但是为某一特定群体隐藏或者保留意义，可能会对社会产生不利的影响。

交流是传递思想的载体，就像人类身体中的血液系统或神经系统，或像更小科学环境中的网络系统，如果流通顺畅则会推动文明向前发展，不断地积聚知识，寻找我们祖辈都无法得知的答案。然而，如果流通受阻则整个语义环境将受到破坏。语言犯罪同其他罪行一样，不外乎过度使用、蓄意遗漏、不诚实、愚昧无知，甚至是怀有恶劣意图。因此，科学家有责任捍卫语言不被以上因素影响。我们要敬畏语言，避免交流障碍，带领人类进入科学世界。

科学领域的交流不同于英语作文老师所讲授的交流，存在很大的差异。但是，语言的本质是相同的。科学涉及的是一个不同的语义环境：人、目的、话语的一般规则、词汇的不同，以及情境的不同。科学交流的复杂性体现在科学是客观的、精确的；交流则与人际关系、心理学、社会学和智商相关，同时具有一定的客观性。因此，科学中的交流活动，关键是尽可能简洁、准确。基于此，我们通常选择已有的规范，遵循既定的模式和技巧，以及精确的措词。

Nora Ransom认为关于科学与技术写作的基本原则（见第3章）是"如果传递的信息产生了歧义，则表达出现了错误。"这是一种强有力的论述，因为我们不能确定观众接收的信息一定与传递的信息一致，所以需要科学家尽可能使用最简洁、最易懂的方式传递信息，而接收者尽可能真实地诠释这条信息。由此可见，科学交流活动时刻处于紧要关头，我们必须尽快掌握不同类型的科学交流所使用的规范和工具，以备创作科技论文和报告之需。

2.1　科学交流的类型

科学交流的常见类型包括报告、期刊文章、开题报告、论文、摘要、演讲、幻灯片展示、海报展示，有时还会以图书、章节、评论性文章、小组交流或专门针对非专业受众的写作和演讲等方式出现。报告是一个统称，包含整个项目研究过程中的每个实验环节、过程记录和小组报告，另外还包括咨询师和从业者提交给客户的报告。作为一名研究生，主要的兴趣点应该在幻灯片展示和海报展示，还应该在毕业论文开题报告、第一篇期刊稿件和学位论文；作为一名科学家，根据工作需要，要完成无数的报告、资助申请书、合作报告、备忘录，甚至一些章节和书籍。作为科学从业者，一些人会发现自己的职业生涯涉及了大量的针对非科学人士的写作和演讲。这些信息通常被称为科学交流而不是科学的交流。本书第19章详细地讨论了与非科学人士交流的主题。因此，我们要尽快熟悉以上科学交流类型，并以最简洁、精确、清晰和诚实的语言进行交流和写作。第一次的尝试离不开外界的帮助，这本指南为大家提供了各类科学交流的一些基本概念，但是却没有更深入地探讨，而是试图在每一章就相关主题推荐了一些内容详实的出版物，熟悉这些资源能节约时间，提升交流技巧。

2.2　参考资源

有时，我们可能不知道如何开始科学交流，曾经学习的交流课程从来不要求撰写期刊稿件或做一个海报展示。如果在写作上有困难，可能需要考虑如何完成清晰的沟通，这是本书前三章的主题。还有一些关于这个主题的优秀书籍值得阅读，例如Zinsser(1998)。本书中的参考文献清单可能不是最完整的，相关的书籍还有很多值得参考。读者可以根据需求搜索其他资料。

　　我们可以在网上或图书馆里查找资料，但是为了节约时间，可以先简单地定位可用的资源。关注本书或其他关于科学写作或演讲的书中引用的参考资料，可以使搜索变得更容易。作为学生，在浏览这些列表之前，可以通过研究生办公室或所在系部获取有关撰写论文、开题报告或其他报告的信息，并请教授或图书馆员来推荐参考书目。作为科学家，可能没有教授和图书馆员可以咨询，那么出版物则更有帮助。显然，没有人能够阅读完出版的所有科学交流书籍，所以要选择性地阅读。本章和其他章节中的资料来源可以引导我们开始阅读，或者引导我们找到所需的资料。下面罗列了一些具有代表性的资源。

　　为了在读研期间获得学业上的成功，应快速熟悉所在学科文献搜索的图书馆服务和计算机数据库。可以阅读 Peters(1997)、Smith(1998) 或 Stock(1985) 等书籍来帮助理解在研究生课程学习和课题研究过程中遇到的各种问题，确定研究生学习阶段的方向。想要了解优秀的科学家应当具备的品格，可以阅读 *On being a Scientist* (Committee on Science, Engineering, and Public Policy, 1995)，它会提醒我们谨记对科学、对公众的责任。如果在写作和演讲过程中遇到困难，可以花时间阅读一些交流类的文章或书籍，当我们准备向科学界报告研究结果时，就会发现此前所花费的时间会为将来节省更多的宝贵时间。一些旨在指导科学交流的书籍不仅作为语法、拼写和标点符号的用法手册，而且就提高写作能力提出了许多很好的建议，其中包括 Peat et al.(2002)，Hofmann(2010)，McMillan(2001)，Silyn-Roberts(2000) 和 Zinsser(1998)。Zinsser 虽然不是科学家，但他是一位杰出的作家。他对"简单"和"杂乱"的评论本身就是优秀写作的范例。Paradis & Zimmerman(2002) 对高年级本科和研究生阶段的学习都很有价值。对于本科生，特别推荐 Gilpin & Patchet-Golubey(2000) 或 Knisely(2002)。Goldbort(2006) 的第 4 章对本科生或刚入学的研究生非常有帮助。

　　如果即将出版科技类著作或参加科学大会，可以借鉴 Booth(1998)，书中讲述了写作和演讲的实用性技巧；Day & Gastel(2006) 从他们作为作者和编辑的专长出发，写了这本为研究性出版物撰写期刊文稿的简明指南；Gustavii(2008) 也给出了撰写期刊文稿，特别是关于插图的好的建议；Anholt(2006) 是关于科学演讲的一本不错的书；Briscoe(1996) 有许多关于海报展示的不错建议；如果需要关于具体的生物学科的信息指南，可以参考 Schmidt et al.(2002)。有一些书主要关注某一特定的学科，但大多数都为所有的科学学科提供了很好的建议。例如 Gustavii (2008) 和 Peat et al.(2002) 专门针对医学科学，Knisely(2002) 和 McMillan(2001) 关注生物学，Van Aken & Hosford(2008) 关注物理学，Paradis & Zimmerman(2002) 则关注科学和工程学。然而所有这些著作对于任何一门学科都是有价值的。特别是 Gustavii 中直接、简明的章节，例如标题为"写作的基本规则"和"对科学语言的评论"的两章值得赞许。

　　也许我们并不想将以上书籍作为睡前读物，但是手头上应该有一些可以随取随用的参考书。虽然计算机上的文字处理程序有拼写检查、语法检查和词典的功能，但有时无法正确显示答案。所以，手边应该备有一本词典、一本词汇分类汇编手册、一本学科的论文样式手册，以及一本可以查语法、标点和语言使用的指导手册。作为新人，写作手册是必不可少的，Tichy & Fourdrinier(1988) 也具有一定的参考价值，它详尽地描述了写作的框架组织、内容发展、语法知识、文体风格和措词用语。*Write Right*(Venolia, 2001) 一书比较简单，涵盖了语法和标点符号的基本知识点，书中也引用和描述了很多实例。如果手头没有一本合适的指导手册，这本应该是最佳选择。

此外，有一本科技写作方面的书籍对专业交流，尤其是像备忘录、简短报告、信件、简历等此类简短型交流方式是很有帮助的。在本书中很少提及这些。这本书就是 *The MIT Guide to Science and Engineering Communication*(Paradis & Zimmerman, 2002)。*Technical Communication*(Burnett, 1994) 也值得推荐。通常，绘图和其他插图对科学交流非常重要，Hodges et al.(2003) 可能提供了最全面的科学插图信息，同时读者也可以查阅 Briscoe(1996)、Council of Biology Editors(1988) 或 Gustavii(2008)。这些书可以回答关于绘画、图表和其他插图方面的许多问题。要了解所在学科领域使用的科技论文样式和编辑风格，可以借鉴以下书籍：*Scientific Style and Format*(Council of Science Editors, 2006)，*AMA Manual of Style*(Iverson et al., 2007)，以及 *The ACS Style Guide*(Coghill & Garson, 2006)。

Scientific Style and Format(Council of Science Editors, 2006) 包括了大多数科学领域研究的基本样式和风格，涵盖了具体学科样式手册的所有清单。我们要熟悉自己研究领域的样式手册，它几乎能回答所有关于样式和出版的问题。其中一些指南不仅介绍技术样式细节，而且还涉及写作和出版的相关问题，如版权、同行评审、语法、标点符号、道德准则和其他类型的交流，例如口头演讲。在阅读这些书之前，我们需要阅读本学科出版的两到三本期刊，研究其中的文本，以及表格和图表中的数据呈现方式。并不是所有的内容都很出色，但可以看到哪些呈现方式是这些期刊能接受的，这些期刊文章也能让我们了解其科技风格和样式。无论是发表一篇文章还是出版一本书，事先都应与该领域的出版商就文体类型进行交流。如果打算发表一篇期刊文章，那么在写作之前，应该事先了解该期刊的文体风格和样式，最好是从出版商那里拿到投稿指南或一两本期刊，直接看期刊文章的样式比看写作指南中的条款要简单得多。

2.3　笔、鼠标和网络

除了时刻关注信息的来源，还应紧跟语言变化、科学技术和电子设备的更新换代，以便时刻检索有效信息，创作自己的论文和演讲报告，以及向其他人传播信息。语言只是交流的第一工具，而其他工具则能帮助发送者将语言传递到接收者的脑中。

通常，英语教师不愿接受语言的改变，同样也无法跟上语言发展和增长的速度。然而，无论我们是否喜欢，语言一直处于不断变化中，当某一词语或表达方式流行时，拒绝接受这一改变并不能起什么作用。虽然对新事物的出现要保持警惕，但是保守地说，要鼓励错误的出现。正如 Alexander Pope 所说"不要成为第一个出新的，也不要成为最后一个舍旧的。"

目前，写作和演讲大都依赖电子类的交流工具和其他技术手段，因此我们要掌握更多的科技知识。计算机时代创造了很多新的词汇和旧词的新用法，例如位、字节、DVD 和图标。缩写变成单词，不成词的变成单词，名词用作动词，动词用作名词。不管字典里怎样表述，Input 和 Text 以往用作名词，现在也可以作动词使用；Fax 在以前的词典里从来不会当动词使用，现在和 Text 一样，既可以用作名词，也可用作动词；Online 可以作为一个形容词或副词，用来描述一个文档或一个人的状态，现在人们更多地使用 I'm online now 而非 I am here。新词的出现、词类的变化都让英语教师头疼不已。然而，尽管如此，计算机在交流中的作用如同 16 世纪印刷机的发明一样伟大。

科学技术的使用在专业领域交流过程中所起的作用是很明显的，通过电子设备，人们传递和接收信息的速度非常惊人。有时，科学家们仅仅只需一个电话或一台计算机就能够与千里之外的同事实时传递、分享数据。有了这些电子设备的辅助，我们不必在图书馆的茫茫书海中浪费时间搜索某本文献，也不必刻苦研读大量的复印本以获取想要的信息，同样，也不再需要用传统的工具和方法来校对和编辑稿件。虽然，科技的发展对交流产生了积极的影响，但是各种问题也随之而来。要了解更多的内容可以阅读 *Why Things Bite Back*(Edward Tenner, 1996)一书关于计算机的章节。

然而，我们仍要从现实的角度来看待科技的发展，计算机不同于有能动意识的人类，它完不成高质量的研究报告，写不出高水平的文章，也不能替代人类进行一次成功的演讲（见图2.1）。计算机需要人的帮助，我们的祖先利用他们的聪明才智发明了可以流畅书写的笔，替代了陈旧的羽毛笔。而到15世纪末，印刷机的出现又一次颠覆了历史的发展，它替代笔完成了所有的工作，震惊了所有的写作者。对这些人来说，活字印刷

图2.1　计算机并不能像人脑那样编写文章

术相当灵活，便于使用，而复印简直就是一个奇迹。尽管科技发展日新月异，但是仅仅靠这些工具，对交流的发起和信息的理解并没有起到任何作用。由此可见，不要忽略人脑输入信息和接收信息的重要性。

要充分利用现有的科学技术手段。如果你缺乏计算机操作知识，就去参加一些课程或讲习班的培训，从导师处获得帮助。现在，很多科技工作者越来越离不开网络、电子邮箱、传真机的帮助了。越来越多的人开始在计算机上写作、校对和编辑文章，虽然很容易修改错误，并且获取和分析数据也变得很简单，但是相应地，问题也越来越多，例如因时间和空间有限而不能过多地描述，语言过于啰嗦或者幻灯片上出现太多信息。即便在计算机上校对过的稿件也要打印出来再次人工校对，我们要充分意识到语法和拼写自动检查工具的局限性，例如，they少写字母y时，the仍是一个有意义的单词，这种遗漏字母的现象，可能拼写软件检查不出来。我们可能会遇到类似如下的问题。一位粗心大意的年轻科学家在一次重要的会议演讲时，报告原本应以To assess（评估）…开头来阐来研究目标，但是因为马虎而遗漏了最后一个字母，变成To asses（驴）…，虽然他事先做过自动语法和拼写检查，但asses也是一个具有实际意义的单词，因此计算机软件并未检查出错误，笑话也就此产生了。观众们看着海报忍俊不禁，海报上的错误"成功"地分散了观众的注意力，甚至有人说应该把to改为two[①]（两头驴）才符合语法规范。他们在开玩笑，忽略了应该关注的研究的质量和严肃性。

除了用计算机的文字处理软件处理稿件，使用优盘存储出版的文档，或通过网络传递电子版文档，都有很多优势。一般来说，提交给出版商的复印件需要按照出版格式重新排版，在计算机排版过程中可能出现很多乱序现象；电子文档在印刷前，由于各种原因也可能出现各种问题，因此需要作者和出版商协同工作，以保证内容被正确地传递和印刷。

---

① 　ass译为驴，asses是ass的复数形式。——译者注

家用的台式打印设备和软件程序可以制作出高质量的文本材料。能连接计算机的数码相机、刻录机和扫描机可以制作出精美的幻灯片、图片和海报。性能良好的激光打印机制作出的幻灯片和海报能达到最理想的效果，大多数打印机都可以打印大尺寸的纸张，比如海报。先进的媒体设备为演讲稿引入了很多高科技元素，比如视觉道具、文字、音频效果和视频动作等。我们可以选择其中最适合的方式。

要警惕各种可能发生的问题。定期使用优盘和硬盘备份重要的文件时，要保存好备份文件，不要轻易扔掉手中的纸笔，在面对因电涌或病毒引起的文件丢失等技术灾难时，传统的写作工具（纸笔）就凸显出了其优越性。所有的电子设备都不是完美无缺的，当我们在接触它们时，问题也随之出现。例如，将信息交换用在不道德的事情上，或者盗取他人的密码以侵犯他人隐私等。无论从复印件还是电子设备获得的信息，都要质疑其真实性。无论是在电子设备、图书或者其他复制文件中，错误信息、虚假信息和滥用信息都会带来风险。我们可以通过不同的渠道来评估这些信息的真实性。

毫无疑问，先进的科学技术让交流工具得到了明显的提升，但是最基本的交流原则被完整地保留下来，并代代相传。我们要充分利用计算机和网络，正确操作各类程序。良好的软件系统不会左右我们的决定，只会让我们加深对下面这句话的理解"传递信息的精髓在于简洁和清晰。"这是古老的东方人和古希腊人在经验基础上总结出来的精华。

最重要的一点：不要让科技成为决定交流成功与否的唯一因素。我们不能仅仅因为计算机可以完成复杂的图表就不予接受，也不能仅仅因为计算机程序无法完成预想的图表尺寸就不接受失真现象的发生。科学技术绝不会削弱交流的清晰度，应努力学习科技知识，让更多的电子设备和软件程序在交流过程中发挥积极作用。

本章讲述了历史悠久的交流原则，真心希望这一原则可以应用到日新月异的世界中。

参考文献

Anholt, R. R. H., 2006. Dazzle 'Em With Style: The Art of Oral Scientific Presentation. Freeman, New York.

Booth, V., 1998. Communicating in Science: Writing a Scientific Paper and Speaking at Scientific Meetings, second ed. Cambridge University Press, Cambridge, UK.

Briscoe, M. H., 1996. Preparing Scientific Illustrations: A Guide to Better Posters, Presentations, and Publications, second ed. Springer-Verlag, New York.

Burmett, E., 1994. Technical Communication, third ed. Wadsworth, Belmont, CA.

Coghill, A. M., Garson, L. R. (Eds.), 2006. The ACS Style Guide: Effective Communication of Scientific Information, third ed. Oxford University Press, New York.

Committee on Science, Engineering, and Public Policy, 1995. On Being a Scientist. National Academy of Sciences, National Academy Press, Washington, DC.

Council of Biology Editors (CBE), 1988. Illustrating Science: Standards for Publication. CBE, Bethesda, MD.

Council of Science Editors, 2006. Scientific Style and Format: The CSE Manual for Authors, Editors, and Publishers, seventh ed. Council of Science Editors, Reston, VA.

Day, R. A., Gastel, B., 2006. How to Write and Publish a Scientific Paper, sixth ed. Greenwood, Westport, CT.

Gilpin, A. A., Patchet-Golubev, P., 2000. A Guide to Writing in the Sciences. University of Toronto Press, Toronto.

Goldbort, R., 2006. Writing for Science. Yale University Press, New Haven, CT.

Gustavii, B., 2008. How to Write and Illustrate a Scientific Paper, second ed. Cambridge University Press, Cambridge, UK.

Hodges, E. R. S., Buchanan, S., Cody, J., Nicholson, T. (Eds.), 2003. The Guild Handbook of Scientific Illustration, second ed. Wiley, Hoboken, NJ.

Hofmann, A. H., 2010. Scientific Writing and Communication: Papers, Proposals and Presentations. Oxford University Press, New York.

Iverson, C., Christiansen, S., Flanagin, A., et al., 2007. AMA Manual of Style: A Guide for Authors and Editors, tenth ed. Oxford University Press, New York.

Knisely, K., 2002. A Student Handbook for Writing in Biology. Freeman, Gordonsville, VA.

McMillan, V. E., 2001. Writing Papers in the Biological Sciences, third ed. Bedford/St. Martin's, Boston.

Paradis, J. G., Zimmerman, M. L., 2002. The MIT Guide to Science and Engineering Communication, second ed. MIT Press, Cambridge, MA.

Peat, J., Elliott, F., Baur, L., Keena, V., 2002. Scientific Writing: Easy When You Know How. BJM, London.

Peters, R. L., 1997. Getting What You Came For: The Smart Student's Guide to Earning a Master's or PhD. Noonday Press, New York.

Sehmidt, D., Davis, E.B., Jacobs, P. F., 2002. Using the Biological Literature: A Practical Guide, third ed. Dekker, New York.

Silyn-Roberts, H., 2000. Writing for Science and Engineering: Papers, Presentations and Reports. Butterworth-Heinemann, Woburn, MA.

Smith, R.V., 1998. Graduate Research: A Guide for Students in the Sciences, third ed. University of Washington Press, Seattle.

Stock, M., 1985. A Practical Guide to Graduate Research. McGraw-Hill, New York.

Tenner, E., 1996. Why Things Bite Back: Technology and the Revenge of Unintended Consequences. Knopf, New York.

Tichy, H. J., Fourdrinier, S., 1988. Effective Writing for Engineers, Managers, Scientists, second ed. Wiley, New York.

Van Aken, D. C., Hosford, W. F., 2008. Reporting Results: A Practical Guide for Engineers and Scientists. Cambridge University Press, Cambridge, UK.

Venolia, J., 2001. Write Right: A Desktop Digest of Punctuation, Grammar, and Style, fourth ed. Ten Speed Press, Berkeley, CA.

Zinsser, W., 1998. On Writing Well: The Classic Guide to Writing Non-Fiction, sixth ed. HarperCollins, New York.

第3章　初稿的组织和编写

> Brilliance has an obligation not only to create but also to communicate.
>
> 非凡的才能既有创造的义务，也有交流的义务。
>
> —J. R. Platt

无论是在论文、演讲稿还是海报的组织或写作之前，我们都会做大量的准备，甚至会做一些无关的事情来放松自己。其中，最普遍的选择就是拖延，甚至认为拖延是为了之后更好地交流。比如，在写作论文之前，先充分休息，然后全新开始；或者和朋友小聚，看看电视，放松自己，再全力以赴；又或者利用擦窗户、洗衣服等方式打断自己，以便更好地理清某篇重要论文的思路。每个人在开始重大任务前都有休息的权利，我们可以坐在计算机前打游戏，也可以继续核对自己前期所列的工作计划。如果认为以上活动缺少创意，可以想一想其他的消遣方式，然而最终我们还是要回归到写作的正题上。对于优秀的学生和科学工作者来说，即使因为拖延引起了不少的小麻烦，但也不会影响他们全身心投入写作中。

在写作之前，首先要决定论文的类型，准备相关材料，明确写作的目的，认真思考写作的主题和受众，然后专心致志于论文的创作。当然，如果条件允许，可以尝试做些预写练习，这对初稿的完成很有帮助。

3.1　构思与写作

好的构思成就一半的写作，清晰的思路决定了写作的成功。Zinsser(1993)曾经说过，"写作有助于思考和学习。"想好了就立刻动笔写。单纯的思考是大量想法的无规则碰撞和跳跃，而论文中的符号（即单词）会引导我们的思维，认识到写作中的逻辑漏洞能使写作的目的更加明确。有些人甚至可以想象某些工程的实际情况，在头脑中规划、详细拟定方案，比如修建谷仓或修理发动机；然而，更多的时候，工匠们只是画个草图或看一下施工图纸，就可以列出施工时需要的材料和板材数量，甚至有些工匠只要站在工地上就能在脑海中构思出结构图；修理发动机的机械师们通常看看或听听，就大概知道问题出在何处，这些实物能帮助专业人士们发现问题，并解决问题。

同实物一样，文字对思考、学习和写作有着相似的影响。文字正确地记录了思想，并对思想进行符合逻辑的有序梳理。然而，有些人认为将想法写下来很困难，所以不想采用这一方式。他们发现写作本身相对简单，但万事开头难。在科技论文写作中，我们会遇到各种各样的问题，比如实验研究、数据分析、相似文章、同行观点、读者的类型（受众）、文字表达水平、写作时间、身体状况和其他想法等不胜枚举。虽然难以在论文中体现所有的思想并整齐有序地将其依次表达出来，但是在论文初稿中无法完成的工作可以通过校对来完善，因此我们必须先完成草稿。

很多学生反映论文的开头最难写，有些人会先列出写作提纲；有些人临近交稿时间再来创作以激发写作的动力。试着找出最适合自己的写作方式，如果无法决定哪种方式最适合自己，不妨试试下面这些方式。

3.2　预写练习

3.2.1　先思考再下笔

首先，思考写作的目的、主题和受众。其次，思考以下问题，比如采用何种写作模式？如何与读者交流？读者会提出哪些问题？写作的动机是什么？能否自圆其说？手边是否有足够的资料，比如文献、数据、工具书？快速自问自答，并记录下对这些问题的回答，不要耽误太长时间，但是要充分思考清楚。当所有的准备工作就绪，这时思路清晰，并且做了简单的记录，可以开始下一个预写练习，或者直接进入写作阶段。

3.2.2　先交流后写作

写作之前，尝试将已有的想法与同事、伴侣、朋友甚至是宠物交流，甚至可以通过录音与自己交流（也便于保存，随时回顾），这种方法有助于自己不断完善思路。交流时就如同朗读，我们可以识别思想的逻辑发展，甚至可以发现信息是否有缺失。听众会告诉我们所需包括和强调的细节，以及需要澄清的顺序。请求听众评论并提问能让我们知道哪里表述得不清楚。无论听众有没有反馈信息，在交流后，趁主题在脑海中仍清晰可见时立即开始写作。

3.2.3　集体研讨、自由写作或提纲挈领

进入写作阶段，这是思想梳理和汇聚的过程，有可能是箭头组成的一幅框图或圆形图，也有可能是随时想到并记录下来的句子。为了方便记录读者关注的问题，可以使用便笺，以便于组织和整理。有人喜欢用计算机来记录最初集体研讨的结果，而笔者却偏爱用一支笔在纸上勾画出线条、箭头来记录文字和各种观点。一旦有了充足的想法，就可以更好地组织材料的编写。但是，切记不要在想法清单上浪费太多的时间，应尽快开始写作。集体研讨就是为了让观点付诸文字，无论文章结构是否已经完成，它始终是写作的动力和材料来源。

3.2.4　拟定提纲

通常在写作之前，或者在集体研讨、自由写作和交流之后，我们会列出写作提纲，它也许是粗略的，也许是完善的；有些人会将大纲作为写作的中间步骤，以修正初稿，即先动笔

写，然后列出提纲来完善文章的组织和展开，接着继续写作、修改。而即便有了大纲，也不要让思想受到控制，大纲应该灵活且易调整。

写作提纲应该包括文章的主要部分和次要部分。例如，对于期刊文章，提纲要包括前言、研究方法、研究结果、结果讨论和研究结论等主要部分，应在每部分下面罗列要点及分论点。

3.2.5　写摘要

摘要可以作为整篇文章的一个简要提纲。期刊论文的科学摘要一般包括论文依据的基本原理、写作目的、实验方法、重要结果和最终结论。摘要中提出的所有关键信息都将在正文中进行详细描述，就像提纲贯穿着整篇论文，文章的每一部分都是摘要的扩展。

3.2.6　从正文入手

有些人不知道如何开始论文的写作，但是却清楚地了解正文部分的内容，这并不影响整体的创作。那么，首先写出研究目的，目标明确后更容易找到研究方法，基于研究方法可以写出研究结果。甚至可以先草拟出研究结论。关注那些想与读者分享的要点，而前言部分可以在开始写，也可以在最后写。我们完全可以先放弃文章的开头，从正文开始，然后逐步完善开头和结尾。完美的开头不是论文写作的必要条件，成功的写作离不开不断的修正。

3.2.7　摆脱束缚

首先要放松自己，大多数人在写作或交流时都会受到各种各样的约束，这些约束有时来源于我们的写作老师，上过写作课的学生们都可能有过类似的经历，繁忙的教师经常会在我们的作文上草草标注"优秀""良好"甚至"差"等评语，几乎不对文章的内容或思想做出任何评价，或只会用红笔对错误的语法、符号、拼写标出批注。仅仅一个简单的"优秀"的批注，不论对中学生还是大一新生来讲都不利于他们的写作水平的提高，这会让学生们以为他们的初稿完全没必要修改，然而没有任何一篇科技论文的初稿是无须修改的。这些教师们已经成为英语语法的"教徒"，向所有的学生言传身教语法的严谨性和不可侵犯性。然而，语法是灵活的，虽然我们认同写作的传统标准，也参考一些语法书，但是不要让这些条条框框束缚了文章的内容。把这些细节留到终稿时再关注。建议手头要有一本语法书和标点符号使用手册，修改文章时用于参考。如果在这些方面存在较多的问题，就要多花时间学习一下。许多书中对此有全面的阐述，还有语法规则和实例供参考，比如 Hofmann(2010)，Venolia(2001) 及 Peat et al.(2002)。优先推荐的是 Venolia 的书，她的文笔简洁，书中有非常多的优秀实例。Hofmann 的书中也提供了大量的实例讨论、语法及句子结构的练习。如果以上这些方面的问题不大，建议阅读堪萨斯州立大学的 Nora Ransom 教授的书。他提出了迄今为止最适合科技论文写作的一些准则（见框图3.1）。本书附录1中汇总了一些科技写作中常见的问题。框图3.1所示为本书中可见的适合科技写作的准则。

> **框图3.1 Ransom科技写作的准则**
>
> 1. 传递的信息产生了歧义，则表达出现了错误。
> 2. 深入了解写作的主题、目的和受众。
> 3. 没有证据的事情不要写。
> 4. 文章要保持清晰、简洁、准确。
> 5. 如果内容行得通，就继续写作。

尽快开始文章的写作，不要在预写练习上耽误太多时间，也不要受到不相关的边缘思想干扰，比如对听众无法理解和与写作无关的其他问题的担忧，以及对英语教师灌输的地道表达的规则和结构的疑虑，等等。所有这些因素都可能让写作偏离原来的轨道。唯一的方法就是摆脱这些束缚，按照自己的想法创作，在修改阶段确保文章框架的结构合理，确保语言使用的规范，以便顺利地和观众进行交流。附录2是一篇初稿，需要进行大幅度修改才能被读者所接受，但是这篇只用了10分钟完成的初稿却是修改成一篇成功论文的基础。

3.3 写作的组织和发展

在思考和预写阶段，通常会套用一种模式来组织材料，然而在正式开始写作后，继续遵循以往的模式将会显得很混乱，因此统一的组织框架和发展模式应运而生了，它的出现使传递和接收信息变得更加便捷。除了内容的安排，语言工具也可以帮助读者和观众理解文章的组织结构和发展过程，比如单词、句子、段落、标题、副标题和过渡手段等。

组织结构和发展过程是密不可分的两个概念，只有理解了其中一个，才能对另一个有所了解。应该时刻谨记文章思想脉络的有序发展，时刻想着观众的感受。写作过程中，想象着读者或听众会反复提出的问题，例如做了哪些工作？如何开展？想表达什么？引起这一现象的原因是什么？有相关例证吗？等等。这一系列问题的答案构成了文章思想、语句和段落的发展历程，并使文章脉络有序展开。当使用过多的专业术语时，或需要进一步解释时，又或者文章脉络进展过快，写作背景、定义和因果关系描述不清时，读者提问的声音会在耳畔环绕，提醒我们注意。

无论是写作还是阅读一篇文章，我们都是依照单词—句子—段落—篇章—整篇文章的顺序来进行的。但是，在组织文章时，则应依据相反的步骤。科技论文写作中，论文类型决定篇章结构，比如期刊稿件大都遵循IMRAD（前言、方法、结果和讨论）模式。提案采用不同的框架结构，有可能是前言、理论依据、背景或文献综述、方法和结论。论文或其他评论性文章采用的则是另一种模式。然而，按照时间关系、空间关系、地理位置关系序或逻辑意义（比较或对比、因果关系、正反关系）组织的章节更清晰易懂。

当文章框架清晰后，下一步要做的是分析从属级组织单元。例如，研究方法章节可以进一步分为材料、试验步骤、数据收集、数据科学统计分析等子节，每一个子节下面由三级小节来进一步阐述。按照这一分类，不断向下延伸，直至最小级标题。

当主要细节了然于心时，有些人会放弃结构组织环节，直接进入写作。什么时候开始动笔写，大多取决于个人的性格、专业知识或者思维方式。有些人在大标题确认后就开始写作，而有些人则在主题发展脉络，甚至是每一小节、每一段落的小标题确认后才开始写作。说易做难，正如前面提到的，在写作前的结构组织阶段，我们是由大及小的，而在写作过程中，则是由小及大的。

结构组织阶段由大到小

第一级标题

第二级标题 — 第二级标题

第三级标题 — 第三级标题 — 第三级标题

段落 — 段落 — 段落 — 段落—段落 — 段落

句子 — 句子 — 句子 — 句子 — 句子 — 句子 — 句子

单词 — 单词 — 单词 — 单词 — 单词 — 单词 — 单词 — 单词

写作阶段由小到大

单词 — 单词 — 单词 — 单词 — 单词 — 单词 — 单词 — 单词

句子 — 句子 — 句子 — 句子 — 句子 — 句子 — 句子

段落 — 段落 — 段落 — 段落 — 段落 — 段落

第三级标题 — 第三级标题 — 第三级标题

第二级标题 — 第二级标题

第一级标题

文章的主要章节大都分为一级、二级、三级标题，每一段落都是某一完整意义的描述，正如英文论文中，大写字母一般用于句子或段落的开始，句号则用于句子或段落的结尾。笔者更倾向于在段落开始使用缩进，缩进的出现表明新段落的开始，除非出版或其他权威机构有不同的要求。

口头和书面的提纲计划是论文写作的最有效方法，既节省时间，又有据可依。每个人都有自己的列提纲和组织结构的方法，如果没有，则可以试试以下方法。首先，列出大标题，包括前言、方法、结果和理论依据等；其次，在每一级标题下，对相关内容一一罗列，进而立刻形成文章大纲的雏形。然而，所有记录下来的想法和思路仍需再进一步归纳、分类、分级，才能逐渐形成具有指导意义的大纲。对文章结构有严格要求的作者通常会列出正式的提纲。关于结构组织的知识，可以参考Montgomery(2003)，也可以阅读Tichy & Fourdrinier(1988)的第3章和第4章，其中讲述了列提纲的概念和方法。本书的附录1中给出了通用提纲的模板，附录3中给出了简易提纲的模板。

3.4　协调文章组织和发展

如果在论文初稿的写作中包含了基本的框架组织及脉络发展，在后期的修正阶段就会轻松很多。详见附录2中的初稿的组织和发展，虽然这篇小论文的初稿结构和脉络相对粗糙，中学生都能完成，但其具有认真修改后能够成为一篇真正的好论文的潜质。文章组织结构包括主要观点和引导读者阅读的过渡手段。参见附录 3 中的提纲，其中配有详细的分步讲解。这一提纲沿用了科技写作中常用的外部组织提纲 IMRAD 模式，指导写作的脉络发展。

3.4.1　重点

如果组织结构不与某一论点捆绑在一起，那么它将会分崩离析。在本书中，"论点"指的是主题、动机、重点或者文章中不断出现的关键话题。在交流活动中，艺术与科学遵循同一原则，一部优秀的乐曲或文学作品传递了重要的主题，并让听众和读者能够从更有利的角度倾听和思考，而科学领域的观众则会提出"你的观点是什么？"这一问题，因此必须一再地重复论点或主题。

如果我们用物理图像来解释组织结构，那么可以用组成研究报告各小节的信息模块来解释。在论文写作中，主线贯穿于这些信息模块，将文章组织起来。大部分科技论文会着重于一个主题，也许会有两到三个子论点，主题是以研究假设或研究目标的形式出现的。虽然在方法小节中会出现另一种观点，但是结果部分会关注针对该观点所发现的内容。任何讨论和结论必须严格遵循研究的主题，时刻关注和把握文章的主旨，组织框架才不会轻易偏离。

一篇组织严谨的文章，通常会有一个明确的主题或焦点作为主线，以螺旋式或循环式而不是以渐进或直线式贯穿全文。一般来讲，文章目的通常也是文章的要点，贯穿于整篇文章中，并在最终结论部分得到验证。如果在前言部分对所做假设或者问题给出了可能性的答案，那么在结论部分会得出正式的答案。

3.4.2　过渡衔接

文章的组织结构就像地图一样，指引作者和读者突破各类写作障碍，成功构建论文的组成部分。除了主题或重点，连接段落的桥梁、引导读者前进的指示牌也是写作所必需的。如果把主题作为文章主线，那么以上的连接手段在文中将起到穿针引线的作用。这就是所谓的过渡衔接词，它们帮助统一全文脉络，推动主题发展，形成最终结论。详见附录 2 的示例。

过渡衔接词具有两个功能：连接句子的各部分内容，传递信息。这些词语如同罗马两面神杰纳斯可同时指向两个方向一样，一方面指向文章刚提到的内容，另一方面也可暗示文章思路的进一步发展。过渡衔接词可以是连接词或介词，将意义不同的两个分句组成一句话。例如，and 和 but 是承载相反的句子意义的过渡衔接词，另外还有 to 和 from。时刻牢记过渡衔接词的两个功能：连接句子各部分内容，以及传递信息。

除了简单的过渡衔接词，还包括"一方面……，另一方面……""类似地"等短语，也可以用句子来过渡。比如，"为了降低细菌的数量，第一次试验中使用了氯，而在第二次试验中以氟替代了氯。"在这个完整的句子中，"第一次"和"第二次"起到了过渡衔接的作用，将两个句子连接在一起。类似地，处理更加复杂的关系时，段落也可作为过渡衔接手段，其中包含更多小的过渡衔接成分。

重复是另一种惯用的过渡衔接手段。我们经常会在文章中不断地重复某一词语或短语，甚至会使用不同的单词来描述同一意义。有时，为了让读者集中关注某一重点或主题，我们会在文中不断地重复。重复是很重要的一种过渡衔接方法。但是，要注意区别对待，文章要避免冗长、啰嗦，总之用各种方法使读者始终关注要点。在标题、句型结构、符号、颜色和设计方面，重复既可用来统一各种元素，又可作为过渡衔接手段。使用恰当的过渡衔接词不仅确保了文章的连贯性和流畅性，而且防止了文章思路的中断和跳跃。关于过渡衔接手段的详细讨论见 Marshek(1982)。

无论使用何种过渡衔接手段，抑或论文如何统一规范，优秀的组织框架离不开清晰而富有逻辑的思维，语言惯例和规则的准确使用。换句话说，如果语言使用的惯例相同，那么以惯例进行的写作自然会得到大家的共鸣。否则的话，无论单词拼写错误，过渡衔接词使用不当还是组织结构混乱，语言误用等，都会造成交流失败。第20章专门针对那些母语非英语的读者，罗列出了在英文写作过程中，受文化影响而产生的在文章组织构思方面的种种差异。

3.5　草稿

无论是否提前进行了预写练习，一旦文章的思路和结构确定后，不论是一篇小短文的草稿还是一篇大部头论文的一部分，都应该开始动笔写作了。在这一阶段，假设文章的主题已经明确，并且有了一定的支撑材料，而且你非常清楚文章要向读者所传递的信息，以及读者将会反馈的问题，你也已经尝试过一些预写练习，并且勾勒出了一个可以引导读者跟随作者思路进行阅读的大纲或者其他的文章组织模式。当所有这些前期工作准备就绪时，要立刻动手开始写作，此时任何拖延只能让人分心分神。

通常，第一稿仅仅是草稿，需要认真修改，所以在第一稿中不要追求完美，应忽略语法和细节，不要进行编辑，尽快写完以期之后的校对和编辑。除非像摩西"十诫"，因为是神谕，一版成型，刻于石碑。但是大多数人做不到如此。当对草稿进行修改时，不要吝啬替换新词，直到词能达意。

语言并不像它有时所表现的那般杂乱无章。只有在说者或听者（作者或读者）偏离逻辑结构、词语的标准意义或规范的词序和形式时，才会出现表达不清楚的现象。而经过深思熟虑的演讲或写作，都能够让听众或读者准确地接受信息。

然而，即便文章的结构已经非常清晰，还是会有人无法下笔。我们并没有太多种"开启"写作的方法，所以不要把时间浪费在如何开始写作上。在创意写作中，类似意识流或叙事的写作手法可以适当使用，以增加一些艺术性或哲理性的因素，但是在科技写作中只需遵循以下四种方法：定义、对比、列举、因果关系。下笔前，选定一种（或两种）方法就立刻开始，在随后的写作中可按实际情况选择剩余的写作方法。以上四种方法的应用见附录2。

影响论文和演讲脉络的主要是作者提问或回答读者（或听众）问题时经常使用的大量关键词。作者会用证据、实例、细节、重点、方法、分类、结果、总结、原因、选择、可能等来阐述观点。而这些关键词都与前面所提及的四种常见写作方法息息相关。例如，证据之间既可有因果、对比关系，又可定义某件事，也可列举证明。虽然读者或听众的问题形式多种多样，但是作者的回答方法却非常有限。一般来讲，大部分人会选择先概括观点，然后再详细解释或澄清。

读者的问题经常会明示或暗示采用何种方法开始写作，比如"夸克是什么意思？"（很明显，下定义的方法非常适合回答这一问题），"为什么会出现这种结果？"（因果关系）。如果需要选择写作方法，那么一定要选择最熟练的写作方法或者对读者理解能提供很大帮助的方法。

3.6　示例

1. 问：对于_____的解决办法有哪些？

   答：列举 1、2、3、4、…方法；定义以上方法，也许会需要列举每种方法的步骤，展现各自之间的因果关系，或通过对比手段，选择更合适的一种。

2. 问：A 与 B 之间的区别是什么？

   答：定义 A/B 两项内容，然后或许通过列举方法来对比不同之处。

3. 问：_____是什么？它是如何影响_____？

   答：定义和因果关系。

4. 问：灌溉水稻时，为什么要持续灌溉而不是间歇性灌溉？

   答：在这一问题中，使用对比、定义、因果和列举四种方法中的任意一种都不会太有效果，但是完全可以先选择其中一两种立刻动笔写作，也许会选择列举因果（持续灌溉水稻能够：a. 控制杂草生长；b. 降低氮的流失；c. 提高产量），然后对比持续灌溉和间歇性灌溉的优劣势（再列举）。

定义是论文写作的常用开头，常见的定义模式是**术语＝有关内容的综合分类信息＋其独特性**。（确定一个认识对象或事物在有关事物的综合分类系统中的位置和界限，使这个认识对象或事物从有关事物的综合分类系统中彰显出来的认识行为。）

公式：**术语**是**共性**中的**某一特性**。

例子：方差分析（**术语**）是在_____（**特性**）的一种分析技术（**共性**）。这一特性包含两种或两种以上的变量因素，以及这些变量之间的相互关系。（可以继续列举其他的不同特点。）

对比和因果关系的写作手法中经常会包含定义和列举。这两种写作方法主要的表现形式是举例和具体细节说明。但是在写作前，如果脑海里没有形成对相关信息的直观印象，那么将无法准确定义这一术语。一般来讲，有形形象依赖于人们的感官（看、听、尝、闻、触）或过去的感官经验。例如，柠檬、货运车、广场、玫瑰等词语会在人的意识中与相关的实物联系起来，以增加大家对这一观念和形象的理解。同理，感官意识对体验科技和学术概念的定义也是有很大帮助的。例如，一旦闻到硫化氢或者看到葡萄球菌，那么这些实物对我们理解这两个晦涩的概念会很有帮助。注意观察以下实例的区别。

一般：方差分析是对两种或两种以上因素进行的对比。

较具体：方差分析用于判定作用于三类大豆品种的两种处理方式的相互关系，并且这三类大豆品种位于两个不同的区域。

更详细：方差分析用于判定氢、硼叶面施肥应用在位于费耶特维尔市和马里亚纳的田间试验区的 Forrest，Davis 和 Clark 这三类大豆品种的相互关系。

随着交流的不断深入，用感官交流，能让观众意识到有形形象对定义和解释的理解有很大帮助。无论科学交流有多么晦涩难懂，都要尽量与实物联系起来。如果不能成功地将所交流的信息与有形形象联系起来，就要尽可能详细地解释，至少让这些学术概念更具体、简单。

　　虽然在初稿的写作过程中浪费了很多时间，但是有形形象会帮助加快写作的进程。不用担心这一阶段是否完美，如果有必要，可以给自己设定一个期限，思考更多可能出现的问题，然后给出详细的答案。虽然附录2中的实例并不是科技类文章，但是仍然可以观察出其组织结构、脉络发展、过渡衔接和四种写作方法的应用。

　　在写作中积累的经验会帮助我们熟练使用各种基本的写作手法，就像在句子结尾使用句号、在句首使用大写字母一样，都是无意识的行为。然而，当不知道如何下笔或在修改论文时，参考如下内容有益无害（见框图3.2）。

▶ **框图3.2　组织和写作草稿的清单**

1. 确定读者可能会提出的问题。
2. 列举答案的细节信息。
3. 有序地排列这些信息。
4. 根据自己的判断，选定一种写作方法（定义、对比、列举、因果），然后立即开始创作。
5. 认识到修改的必要性。

参考文献

Hofmann, A. H., 2010. Scientific Writing and Communication: Papers, Proposals and Presentations. Oxford University Press, New York.

Marshek, K. M., 1982. Transitional devices for the writer. In: Harkins, C., Plung, D. L. (Eds.), A Guide for Writing Better Technical Papers. IEEE Press, New York.

Montgomery, S. L., 2003. The Chicago Guide to Communicating Science. University of Chicago Press, Chicago.

Peat, J., Elliott, E., Baur, L., Keena, V., 2002. Scientific Writing: Easy When You Know How. BJM, London.

Tichy, H. J., Fourdrinier, S., 1988. Effective Writing for Engineers, Managers, Scientists, second ed. Wiley, New York.

Venolia, J., 2001. Write right: A Desktop Digest of Punctuation, Grammar, and Style, fourth ed. Ten Speed Press, Berkeley, CA.

Zinsser, W., 1993. Writing to Learn. Harper & Row, New York.

第4章 文献检索和文献综述

> Do not condemn the opinion of another because it differs from your own. You both may be wrong.
>
> 不要随意批判与自己相左的意见，有可能你们都是错误的。
>
> —Dandemis
>
> If I have seen further … it is by standing on the shoulders of giants.
>
> 假如我比别人看得更远，那是因为我站在巨人的肩膀上。
>
> —Isaac Newton

4.1 文献检索准备

科学家应对所研究领域的成果有充分的认识，并且及时了解同一领域的其他科学家所做的研究。然而，可能没有科学家能够阅读完任一特定领域的所有书籍、文章及其他文字材料，甚至无法读完与特定主题相关的所有书籍和文章。因此，我们必须选择性地寻找最相关的文献，高效地利用。

文献综述为研究项目、开题报告、期刊稿件及其他的报告提供了背景资料。研究生学位论文中的文献综述是个完整章节，有助于学生理解研究目标。同样，科学家在选定研究目标的时候也需要知道这一领域中已有的研究成果，需要调研最新的研究方法并进行实验。文献综述可以单独成文发表，也可以作为书中的一章，是对已有的研究发现的信息介绍和讨论。

与前些年枯燥的检索方法相比，科技的发展使我们对文献检索、文献目录的编辑变得更加轻松。但是，网络检索方式仍存在一些严重的瑕疵，比如无法实现就某一主题的全面的、充分的检索，所以对网络检索要持非常慎重的态度。不过，这并不意味着网络检索没有帮助，坐在计算机旁边动动手指就寄希望在网络上找到所需文献资料之前，先要考虑如何才能最佳地完成这项任务。

有目标、有条理的文献检索既省时又省力。虽然检索是持续的过程，但是首先应寻找与写作主题相关的内容（粗略搜索），然后进行特定搜索（与研究目的密切相关的内容）。当然，在这一阶段，我们要时刻关注最新的研究动态。

首先，在假设命题和明确写作目的之前，要进行的是探索性搜索。在这一阶段，要对相关主题进行全方位的检索，选出最感兴趣的话题，以及现有的研究成果。然后，寻找研究空白、分歧、漏洞与不足，并选择具体的实验方法，提出方案并继续研究。这些工作大多可以在网络上进行，书籍和期刊中的一些综述和评述也有助于进行检索。在探索性搜索和之后的特定搜索阶段，要关注与自己的研究目的相同的文章，尽量避免重复写作，做无用功。

其次，特定搜索既为写作提供了研究背景资料，又揭示了所研究内容在科学领域中的适用性。调查与写作目的相关的信息是特定搜索的第一步，有时仅仅通过一篇文献就可能触发我们的搜索，继而再去查阅一系列的相关参考文献。而在研究不断深入的过程中，将会有更多的需求产生。例如，使用一种研究方法的过程中，需要知道其他人是如何使用的？它的效果如何？或者哪种新型实验设备更适用于当前的研究。通常，在这种情况下，特定搜索更具针对性。

在进行文献综述和调研过程中，一定要关注最新的研究动态，比如关注计算机的数据更新，培养良好的阅读习惯，保持与同行的交流互动，定期查阅发表的最新期刊文章等。当然，互联网是我们关注最新动态的非常重要的渠道。

在文献检索的整体规划阶段，可以参考以下内容。

4.1.1　图书馆查阅

当今社会，计算机已得到广泛应用，图书馆看似已经失去了存在的意义，但这里仍建议在写作前一定要去图书馆查阅相关资料。虽然通过网络可以完成很多工作，但是如果事先已经去大学或其他教育研究机构的图书馆进行了相关的搜索、查阅，就会事半功倍。花30分钟或更多的时间，查找可以获取资料的系统。要大胆地向图书管理员寻求帮助，利用他们的专业知识获取信息，还可以听听讲座，学习如何使用最新的搜索引擎来查找、检索和编辑文献索引。可以收集有关图书馆的宣传单或手册，寻找特殊文件的收藏位置，学习如何搜集其他图书馆收藏的资料。馆际借阅有时是免费的，有时会收取一定的费用。可以在网上浏览其他的图书馆，如果这个图书馆没有所需要的书或文章，馆际借阅台的工作人员就会帮忙寻找并预订。在文献研究阶段能够熟练地在图书馆查找资料，是一笔受益匪浅的财富。

4.1.2　预留检索时间

很多情况下，科学家对研究本身及其应用更感兴趣，而忽视文献研究的重要性。然而，在文献搜索过程中，会了解到相关主题研究的最新数据和最新的实验技术，从而为以后节省大量时间。更重要的是，在写作前，熟知该领域的研究成果和最新研究进展，这是研究者的责任。无论是开题报告、海报、幻灯片演示还是期刊手稿的写作，文献搜索都至关重要。因此，要留出时间去研究、寻找和阅读相关的文献。如果时间充足，就尝试写出文献综述。

4.1.3　专注研究目标

在特定搜索之前，可能会浪费时间做无用功，甚至会一再关注一些与研究主题无直接联系的文献。这时需要考虑研究的动机、研究目标，以及所给的研究时间。针对一篇论文、开题报告、期刊稿件及其他一些报告，围绕研究目标去寻找支撑材料，回答研究问题。因此，在明确文章目的和假设后，要专注于相关文献的检索，至少要保证每条信息的获取都是有价值的。

4.1.4 认真归档

检索到的重要文献要详细记录归档。比如，文献目录应包含作者全名、文章全名、期刊名称、册数、页数、出版社、发表日期、电子版网址，以及其他期刊投稿要求的相关信息。对于重要参考文献的原件，应复制备份并确保包含了以上信息。虽然这对文献综述的写作有很大帮助，但是过度使用也会产生不利影响。大量的资料复印件会让人觉得杂乱无章，应采取措施将这些资料分门别类地按参考价值依次排序，避免遗漏重要信息。可以阅读或快速浏览检索到的文献，并记录好能用于目前研究的要点。在文献上粘贴便签非常便利，能够突出重要信息，因为几周以后检索到更多文章，可能已记不清哪篇文章包含着重要信息了。在做文献目录时，可以利用 EndNote，ProCite 或 RefWorks 等软件来汇编和归类文献信息。有时，图书馆内的文献检索系统可以免费使用这些软件。

4.1.5 有选择地检索文献

并不是所有相同主题的文献都与当前的研究内容相关。有些出版物的标准较低，一旦引用很有可能会降低文章的信度，没有引用重要文献和引用了有问题的文献所带来的负面影响是一样的。因此，如何筛选出高标准的参考文献是考验作者鉴别能力的关键。一些具有很强鉴别能力的科学家会对自己所研究领域的科学家和文献资料很熟悉，他们不会受到不相干信息的影响而导致引用失误或失去研究的信度。要慎重选择来自网络的文献信息。对选择包含教育资源的书籍和期刊，图书馆有基本的辨别能力，并且所提供的网络数据库也值得信赖，而上网时则要自己具备鉴别能力，更多关于资源信度的建议可参阅 4.3.2 节。

4.1.6 验证文献准确性

在文献搜索过程中，最重要的原则是文献的准确性。因粗心而引用有歧义的概念会损害引用者的名誉，而不恰当的文献信息不仅会误导同行科学家对这篇文章的错误引用，从而浪费宝贵的时间，更严重的甚至可能使作者因此而退出科学界。所以说，无论使用哪种方式，要确保信息的准确性及完整性，以便读者追溯。按照想当然的方式编辑参考文献的名称、册数、页码等信息，与随意加载科学数据的性质相同，都是不诚实的行为。因此，要验证所有信息和资料的准确性。

4.1.7 适时停止检索

在检索文献时，我们很容易无限制地扩大范围。论文完成之前，不要停止相关文献资料的搜索，但也不要盲目地进行，应忽略与研究主题联系甚少的资料。在文献检索进行了一段时间之后，应该适时停止，将获得的信息加以整理，应用到研究和论文中。随后，根据最新的研究需要，继续检索文献，并不断地更新原来的内容。

要通过前面所做的记录，汇总出文献目录的草稿。将直接关系到研究内容的书籍和文章分门别类整理，并开始草拟文献综述，以便日后用于开题报告、论文，或用于后期的期刊稿件、演讲或陈述中。

4.1.8　核实更新文献

在文献收集和引用时，要不断地对照出处，对文献目录及文献综述进行核实，确保没有任何错误。每次修改时要再次核实，特别是当给期刊编辑或审稿人提交论文之前更要如此。

我们都清楚，一些大学教授仍沿用很久之前的讲义进行教学，但写文章时不要陷入这种模式，因为科学领域中每年都会有成千上万本书籍和期刊出版，可供参考，所以文章要跟紧时代步伐，更具有创新性。

4.2　文献查阅

无论从事何种工作，在文献搜索过程中，都要熟悉相关领域的研究工具、术语和信息来源。研究成果和其他科学信息会发表在教材、专题著作、会议记录、期刊、学位论文、专利、标准、政府公告、报告等各类媒介中。一般来讲，原始资料和二手来源资料包括纸质版、电子版、缩影胶片、录像带或录音带等多种形式。得到这些资料的方式有许多种，包括使用索引、数据库、目录等不同搜索技术。信息的来源可能来自于网络搜索、纸质文献索引搜索，或者与专家的交流。

当我们用Endnotes或RefWorks等软件来整理引文和参考文献时，在线搜索引擎有助于找到研究交流所需的文献。搜索专业研究领域的网站，如SciFinder，Science Citation Index，CAB，Agricola及Medline等，可以获得大量文献。但是也不要仅限于此。只用一种搜索引擎能获得30%~50%的相关领域的文献。我曾经问过一位资深的图书管理员（自从在线搜索问世以来，他一直工作在这一领域），用6种不同的搜索引擎来搜索给定的主题，能否获得至少90%的相关信息？他摇摇头说不能。要想进行全面的文献检索，就必须将人工检索和电子检索相结合。不管用哪一种方式，一定要想清楚需要什么，以及如何充分利用时间和精力。

首先，与人交流。就像在幼儿园一样，分享、给予和获得信息。与同行的研究生、教授、同事或合作者交流；与同时参会的学者交流，特别是与那些提交了和自己的研究内容相关的论文的学者进行交流。令人惊讶的是，在学术会议上能学到更多的在大会上没有交流的东西。在会议中可以谈论彼此的研究，以及其他人的类似研究和已发表的成果。一定要记得带笔和笔记本，记下不同的思路、观点和参考资料。从海报和会议的主旨发言可以搜集到可借鉴的信息。换句话说，网罗信息，接下来把这张网铺开，搜集到的与自己的研究密切相关的出版物，查看其中的参考文献，找到相关文章并阅读。在阅读过程中，又会发现其他参考文献目录，再去寻找阅读，继续查找参考文献。如果用这种方式逐一让作者来指引文献检索和阅读，很快将获得数量可观的文献目录。这种方法就是Smith et al.(1980)提出的"滚雪球法"，雪球会越滚越大。利用这种办法，在很少的时间内将获得与一般的在线搜索数量同样或稍微少一些的可用参考资料。但是要记住，采用这种方法时要及时地回顾文献，筛选出相关或不相关的文献。

不要停下来，现在该利用在线搜索引擎了。可以使用全世界最大的出版物文献索引平台WorldCat进行检索。许多学术型图书馆都能登录这一平台，如果无法进入一个好的图书馆平台，也可以直接在网络上搜索到，可能需要注册缴费，有些图书馆提供免费服务，但是这个钱花得物有所值。除了在线搜索，有时要查找一些不太知名的或非近期出版的资料，可能需要利用图书馆、微缩胶片档案、政府文件、专利或其他在线或不在线的资源进行人工检索。许多在线搜索引擎可能无法检索到早于 20 世纪 60 年代的文献，而确实有一些非常珍贵的出版物值得阅读借鉴。除了搜索早期的出版物，有时也需要寻找那些已出版却未进入检索系统的资源。一些新知通报的资源会给我们提供相对最新的信息，如 Current Contents Search，Ingenta 和 Articles First，及时关注网络信息更新。

　　以下几种指导性书籍可供参考。比如，List(1998) 和 Munger & Campbell(2006) 这些书中都提到了几种有效的搜索技术。Schmidt et al.(2002) 既提出了关于索引、摘要服务及如何获取原始文献和二手文献的途径，又给出了如何进行在线搜索的信息。还有其他书籍，如 Knisely(2002)，McMillan(2001) 及 Smith(1998)，都针对科学文献的检索与应用提供了许多见解。Smith et al.(1980) 阐述了人工搜索文献的基本知识。然而，图书馆管理员能为文献查找提供最佳指导。许多图书馆都有具有不同学科背景的专业人士，能够帮助读者找到网络上或在其他地方的所需资源。可以选定相关的关键词，利用布尔运算符辅助规划检索手段，还可以充分利用图书馆提供的图书检索方面的课程或培训活动。电子检索信息和文献一定要跟进最新动态，现在的新技术可能到明年就过时了。一定要牢记，对待任何渠道获得的文献资料，都要时刻保持其客观公正性和可信性。

4.3　文献选择与评估

4.3.1　资源利用

　　面对众多可供利用的文献信息，我们要选取切合主题的信息，摒除无关及不恰当的信息。对与主题密切相关的内容，要深入阅读及理解，而有些信息我们事先并不知晓是否有用。因此，为了节省时间，在阅读整篇文章之前，按照题目—摘要—大标题—主题句—小结—结论的顺序，逐一查阅，看是否与主题相关。如果相关，则继续查阅结论、表格和图形数据，以及相关的研究方法。进一步了解之后，再决定是否需要阅读整篇文章。这种浏览文章的方法既省时又省力。但是，一旦决定引用某篇文章，就一定要详细阅读，充分了解作者的意图，否则，误用或断章取义会造成严重的误解和偏离。

　　虽然文献选择有一定的难度，但是每一篇选中的文章都必须值得信任、切合主题。如果参考文献作为支撑性历史背景材料确立了研究的定位，或提供了完成研究目标的新方法和新思路，就表明这篇文献是切合主题的，而它也许不仅能详细阐述还能验证所研究的主旨、发现的结果、方法和结论。一篇公正、全面的文献综述会增加文章的信度，这里所指的公正，除积极、正面地反映文章研究目的以外，还能包含与研究结果不同的内容，以及判断为何不同研究者会得出不同结论的原因。

4.3.2　资源评估

　　在完成相关文献搜集之后，选取其中恰当、可信的参考文献进行评述。文献的恰当性不仅取决于出版物本身的质量，还取决于它对相关读者和当前研究目标的价值，而信度则取决于所报告的研究的质量、作者、出版商，以及发行的目的。无论文献出自何处，其信度都是至关重要的。读者可以仔细思考框图 4.1 中的几种情况。

▶框图4.1　科学文献相关性及信度的判定

1. 能否对你的研究目的提供帮助？
2. 出版时间是最近的吗？与你的研究主题有关吗？
3. 作者的身份学识如何？
4. 出版商是谁？文章在出版前是否被审校过？
5. 语言是否公正、客观？
6. 如果是一篇科学研究的报告或评论，那么

　　a. 文献引用是否恰当？

　　b. 研究方法是否科学？

　　c. 数据解释是否客观？
7. 如果是一篇网络信息，那么

　　a. 谁为这篇文章负责？

　　b. 是否有其他权威性信息的链接？

　　c. 访问的域？

---

1. 只要信息来源切合研究主题，这篇文章就是有帮助的，即便它与目前的研究假设或研究结果不一致。提出相反结论的文献和相同结论的文献一样重要，而对于与主题几乎不相关、相关度很低，或毫无信度的文章，则是要完全摒除的。

2. 文章写作和出版的时间需要引起关注。多数情况下，科学写作中引用的文献要与时俱进。当然，有年代的文献也有一定的参考价值，比如就某些主题来说，也许50年前甚至更早之前的文献所起的作用更明显。因此，对文献出版时间的要求主要取决于主题本身和文献历史评论的必要性，比如转基因植物研究在70年前是不存在的，但是在物种命名研究中，植物鉴定的工作则相当重要。

3. 作者不一定是德高望重的科学家，很多年轻的科学家和研究生的文章也非常优秀，但还是需要对作者的从属关系（工作单位）进行查询，他是否在大学或信誉良好的机构工作？虽然有一部分隶属于盈利组织或特殊利益群体的科学家所做的研究也很公正，但是他们的观点有可能偏向利益群体。

4. 通常，专业学会及知名出版商发布的文章的信度很高。有时可能发布了一些新闻，或出版了一些非专业期刊来推测科学领域中还没有足够的数据来证实的突破性发现。一般来讲，我们可以根据文献的格式或目标受众来判断这类文献。出版前，绝大部分稿件要经过其他科学家的审阅，大部分科学期刊都会标注其出版文章已经过审阅的信息。如果出版商并不是专业学会，或者期刊知名度不高，就要确定该出版商的隶属关系和出版的原因。很多时候，语言倾向性会说明一些问题。

5. 语言倾向性很容易被察觉到。如果作者或出版商在推销理念或产品，或者对某一话题/问题带有主观性、保护性的想法，那么在语调和写作上会明显表现出来。对于不考虑相左的观点的文章、带有倾向性语言的文章、语言夸张和辞藻华丽的文章、有明显偏见的文章，尤其是作者不详或缺乏足够数据支撑的结论的文章，要保持谨慎态度。

6. 科技报告中出现的错误内容和不完整信息，可以通过仔细研究文献综述、方法和数据来发现。如果作者文献引用不恰当，或者不包括那些与研究结论不一致的参考文献，那么即便这篇报告内容正确，也无法避免它的不完整性或偏向性。另外，还要关注文献中的研究方法是否科学、完整、可复制。比如，前人的研究报告中就同样的研究主题是否进行过多次验证？有无充分案例说明？通过合适的概率设计及分析方法能否客观地呈现数据？数据能否清晰地支持结论？讨论结果是否公正客观，无语言偏颇？

7. 以上 6 条判断标准可适用于所有来源的信息，包括科学期刊、书籍、未发表的报告、演讲等。但是，对于来自网络的信息资源仍要更加谨慎地对待。这里列举了判断电子资源信度的线索。第一，判断对该信息来源负责的作者或出版商。一些科学学会也在发布在线期刊，应查找确定文献是否由该学会负责。通过各种链接追踪其他信息来源，如果未能找到以上信息，那么这篇文章的信度将受到质疑。虽然通过浏览访问地址的域名，比如以缩写形式出现的域名 edu、com、gov、net 或 org 等能够查出文章来源，但无法保证网站域名的可靠性。比如，org 可能是美国医药协会（American Medical Association）网站域名，但也可能被某些不法分子用来进行网络宣传。另外，edu 代表的是教育机构网站。第二，网页制作和网络文档也提供了判断信息来源信度的线索。比如，正规组织和出版商会使用其独特的标识或有吸引力的设计，而这些通常比较统一、保守、柔和。与语言偏颇性所造成的影响一样，图示设计和装饰在销售理念及产品时，会专注于吸引观众的注意力，唤起他们在情绪上的共鸣。对此，大家要谨慎小心。

除此之外，Munger & Campbell(2006) 给出了判断网络和纸质文章的信度的标准。但是，不应将过多的时间浪费在判断和评估信息来源上。因为，大部分有声望的科技期刊都是由专业学会和专业出版商出版的，发表的文章都是由知名科学家审阅过的。而经过诸如美国农业部、国防部等政府机构里的职员编写的科技研究报告则被收录为政府文档。通常这类文章的信度无须评估，但是需要区分每篇报告的目的和受众群体。不过，这些出版商有时会在一些非专业的杂志上发表某些内容，但数据并不完整，不足以支撑当前的论点。在研究报告成稿或正式发表之前，有些作者会将研究过程中的交流记录、信件往来、会议记录等编辑成小论文，提前发布出来，以起到宣传的效果。但是，研究成果的主要出版物与对研究的有趣应用的推测，或研究进展的早期报告之间是有明显区别的。因此，在引用这些出版物时要保持谨慎的态度。

有些企业和公司有自己的行业刊物或宣传手册，用于介绍重要信息，尤其是关于产品研发的设备信息和使用说明等。如果当前的研究需要相关产品，那么这些资料将提供很大的帮助。一般来讲，行业刊物的语言偏颇性较明显，无论文章的观点倾向于哪一方，暂时只能接受它。同样，为了帮助员工时刻关注产品研制和公司发展，很多公司会印刷相关的刊物，这些企业和公司也为学生和社会大众提供了有价值的教育资源。通常情况下，一旦对出版目的和受众群体做出判断，就可以决定科技文章中适合引用的文献资料。作为一名科学写作者，在引用文献时必须具备清晰的判断力，否则信誉将会受到挑战。

4.3.3　引用未发表的文章

　　除了已经发表过的文献，还应该了解现阶段相同主题的未发表的文章，并就相关内容与同行在专业会议上或通过电话、邮件、传真等方式交流信息。一般来讲，要等到其他研究者的研究成果发表以后，才能明确地参考引用他们的观点和数据。但是，在别人允许的情况下，有时上面提到的个人交流信息可以在研究中被引用。虽然真实的期刊论文比个人交流更容易得到观众的信服，但是专家的金口玉言同样为文章提供了支撑材料。我们期望优秀的研究结果已发表在期刊上，但是对于某些独立发现或近期研究来说，研究结果很重要却因来不及出版而无法引用，令人遗憾。然而，个人交流却能提供很多正在审阅中的、出版中的甚至是研究中的信息。在写作过程中，同行会提醒注意被忽略的文献资料，帮助完善研究方法。在与同行的交往中，获取相互之间的信任和尊重，会赢得应有的荣誉。与同行之间相互信任，公开透明，这是职业道德规范。在使用这一类资源之前要确保获得书面授权，并且拟投稿的期刊能够接受这种个人交流信息的引用。最后，切记谨慎引用不同来源的文章。

4.4　文献综述

　　在开始做文献综述之前，要清楚论文写作中最常见的一种不道德行为："**剽窃**"，以及如何避免这种行为（详见第12章）。要认真记录所有信息，采用科学的引文体系进行文内引用和参考目录编辑（详见第8章）。

　　文献综述是在选题确立后，将前人研究的内容进行归纳整理，或将原始研究引入自己的论题的一种评论性文章。文献综述不仅能为所研究领域添砖加瓦，而且有助于验证论文主题、支撑论文结果、建立研究方法。发表的评论性文章很有价值，因为通过对比研究成果、理论和观点，这些文章总结、融合了许多研究者的成果。通过对前人研究的阅读和分析，将其观点引入论文，能够加深自己对主题的理解。文献综述既可以用于开题报告、学位论文、期刊论文、口头科技论文报告和其他类别的报告中，也可以作为独立的评论性文章发表。某些出版书籍、专题论文或期刊论文就是纯粹的评论性文章（详见附录4的样例）。

　　做文献综述不是一件容易的事。首先要学会区分单独发表的评论性文章，以及论文、开题报告或期刊稿件中的文献综述。在对研究主题相关的文献进行广泛阅读和理解的基础上，就能着手对笔记或记录进行整理了。根据评论性文章所参考的组织模式，划分各章节、明确标题，并逐步制定出提纲概要。

　　在大部分毕业论文、开题报告或期刊文章中，文献综述会独立成章，内容以论文研究目标为基础。在阅读文献时所做的笔记可以划分为以下几类：基本信息、研究方法、研究目标1的证据、研究目标2的证据、相似假设、研究结果对比、主题历史背景、利弊的争议等。笔记的记录方式包括卡片、活页纸等，这对于内容组织非常便捷。然而，如果更倾向于使用装订笔记本和电子记录，就可以开发一个系统，使信息可以随时排列和重组。当然，RefWorks和Endnotes软件也可以辅助我们编辑参考文献。

　　对文献的全面和深入理解是文献综述写作的关键。无论多么复杂的工作，在对其进行分门别类之后逐一击破，是最有效的解决途径。对此，有以下两点建议。

　　列提纲。研究主题影响文章整体组织结构。所选主题的发展史可以按照时间顺序进行归纳，有关相同主题的争议或不同意见既可采用对比手法又可使用列举或描述的方法表达。详见第3章写作组织发展，无论选择何种方式，在写作前要做好准备。

　　回顾以前记录的阅读笔记和归纳的标题，对照已初步整理的组织结构（年代表、列举和描述等实用写作方法）时，也许要对内容进行重新组织，二合一或一分二。在这个过程中，可以记录文献综述所有章节中的各级标题。这就是在列提纲。如果文献综述内容较长，可列多个提纲，提纲之间既可相互独立，也可相互影响。虽然不断的重组和分分合合将耗时很长，但是能为后期的写作节省很多的时间，也是成就一篇优秀论文的必经之路。

　　按照既定的组织模式编辑所有的章节，采用恰当的转折手法将这些章节连接起来，以便于读者阅读。

　　写纲要。如果所列提纲达不到写作要求，那么可以尝试写一些随笔。列举与所选主题相关的话题，并记录对这些话题的想法，当时机成熟时，即认为可以把这些看法写下来时，根据检索到的一些文献写一篇相关的小论文。如果编写篇幅中等的文献综述，以便将来用于学位论文中，作为初次尝试，最少要结合6 ~ 8篇参考文献。文章目标和研究重点始终是论文写作的核心，对于无关主题的信息要果断放弃。

　　在已完成的小论文基础上，精炼出即将表达的重要观点，进一步明确文献综述的各章节。不要心浮气躁，因为这部分工作迟早要完成。只不过小论文的写作帮助理顺了各类问题，并让所有的事情循序渐进地发展。在已明确的章节基础上，要对前期记录的随笔和小论文不断进行修改，而修改稿则成为编写文献综述初稿的纲要。在修改稿的基础上，又可以添加除小论文所参考的6 ~ 8篇参考文献以外的其他文章内容。

　　在文字处理软件的帮助下，编辑和修改文献综述非常便捷。同样，文字处理软件便于梳理各种文献，并快速搜索文章每一部分的准确信息。有时，我们会需要在文献综述的不同章节引用同一篇文章，如果计算机上有已编辑好的纲要，把信息添加进去就会非常简单，当然，还要进行修改，以确保语句通顺和转折连贯。

　　列提纲和写纲要相辅相成，它们是组织结构构成的两种手段。无论使用何种手段，都需要反复修改，使信息有条不紊地、流畅地传递给读者。Hofmann(2010)，Day & Gastel(2006)和Silyn-Roberts(2000)等书中的观点值得借鉴。

　　文献综述写作中的一个常见问题是将众多观点罗列成段落式的表达。观点转换时，注意使用评论性和转折性语句，增加适当的副标题（不要过多）和过渡性短语，使内容更通顺、流畅，这是很有必要的。语言也需要增添趣味性。相信很多人都有过在阅读一本枯燥的书时昏昏欲睡的经历，不要让自己的文章也重蹈覆辙。应注意变换语言的表达形式，令观众保持阅读的积极性。另外，还要注意主动动词的使用。很多时候，语言的任意性会毁掉一篇文献综述。比如，在看到"作者A发现了""作者B发现了……""而作者C又发现了……""作者D也发现了……"诸如此类的表达时，每个人都会觉得很烦躁无趣。同样含义的情况下，下面给出了不同的表达，"……展示了……""提供了证明……""建议……""观察到……""据报道……""据调查……""推断出……""标注出……""确信……"等等（这些词语的意思稍有不同，选择合适的使用即可）。而除了用"作者（姓名）发现了……"开头，还有"研究表明……""早在20世纪80年代，……""根据作者A所描述的……"等多种表达方式。如果使用恰当，也可以简单地将引文置于句末。英语语言包含众多的主动动词和句子结构的变化，可以灵活地应用。

参考文献

Day, R. A., Gastel, B., 2006. How to Write and Publish a Scientific Paper, sixth ed. Greenwood, Westport, CT.

Hofmann, A. H., 2010. Scientific Writing and Communication: Papers, Proposals and Presentations. Oxford University Press, New York.

Knisely, K., 2002. A Student Handbook for Writing in Biology. Freeman, Gordonsville, VA.

List, C., 1998. Introduction to Information Research. Kendall/Hunt, Dubuque, IA.

McMillan, V. E., 2001. Writing Papers in the Biological Sciences, third ed. Bedford/St. Martin's, Boston.

Munger, D., Campbell, S., 2006. What Every Student Should Know About Researching Online. Longman, New York.

Schmidt, D., Davis, E. B., Jacobs, P. E., 2002. Using the Biological Literature: A Practical Guide, third ed. Dekker, New York.

Silyn-Roberts, H., 2000. Writing for Science and Engineering: Papers, Presentations and Reports. Butterworth-Heinemann, Woburn, MA.

Smith, R. C., Reid, W. M., Luchsinger, A. E., 1980. Smith's Guide to the Literature of the Life Sciences, ninth ed. Burgess, Minneapolis, MN.

Smith, R. V., 1998. Graduate Research: A Guide for Students in the Sciences, third ed. University of Washington Press, Seattle.

第5章 开题报告

> A new idea is delicate. It can be killed by a sneer or a yawn; it can be stabbed to death by a quip and worried to death by a frown on the right man's brow.
>
> 新想法是非常脆弱的，它可能会被一声嘲笑或一个呵欠扼杀，也可能被一句嘲讽刺中身亡，或者因某位权威人士紧皱的眉头郁郁而终。
>
> —Charles D. Brower

开题报告的写作能力对每个人的学位、工作、升职或足够的研究经费有重要的影响。作为一名科学家，一生中可能会经历两种重要的开题报告：研究生开题报告和基金申请书。由于受众、指南和目的不同，两种报告之间存在很多不同之处，但是仍需要有相似的计划、组织结构和执行能力。研究生开题报告的主旨在于引导评委老师理解论文脉络和研究目的，这个经历对以后职业生涯的写作很有价值，因为它有助于未来研究的基金申请书的撰写。对于尚未获得名气的年轻科学家来说，写作技巧的培养相当重要。

5.1 研究生开题报告

研究生开题报告至少包含三个目的。第一，将研究内容专业地汇报给导师和评委组；第二，希望获得导师和评委组的认可和赞同，当开题报告得到一致同意时，就可以继续研究；第三，开题报告可以作为写作方案和大纲贯穿于整篇论文写作中，使其不偏离主题。

无论研究课题是否要求写一份书面的开题报告，都应为自己写一份开题报告。对于研究生来说，组织和写作开题报告的重要性在于：1）提前制订研究计划；2）和导师探讨；3）回顾前人研究成果；4）预知前方所面临的风险；5）时刻关注原目标与实际目标的一致性；6）为将来职业生涯中不可或缺的基金申请书的撰写积累经验。开题报告还可作为学位论文和期刊论文的草稿，在经过认真修改后，其中一部分内容可构成学位论文的某些章节，比如介绍、文献综述和方法部分。非常清晰的研究计划或者书面开题报告可以缩短获得学位所需的时间。曾有两位博士研究生，他们作为研究助理非常地努力，多年来进行了大量的卓有成效的调研，甚至还发表了一两篇文章，但是却没有着手毕业论文的撰写。等到毕业时，他们没有按时完成毕业所要求的学位论文，进而影响了学位的获得。

研究生开题报告不仅是论文写作要遵循的步骤，更重要的是对录取研究生的科室（系）研究项目组、研究生院和导师的承诺，是合理利用时间和身边资源的承诺。尤其在科学学科领域，导师、科室（系）和研究生院会与研究生达成协议，指导并资助其研究。如果不能履行承诺，就会浪费别人的时间、精力、金钱，耽误项目研究的进展。开题报告为那些对此成果感兴趣的人提供了一些成功的保证，因为在开题报告中提出了要完成的目标，研究这一目标的原则和理由，以及实现这一目标的可行性方法。开完题后的工作就是完成这些任务。正如DeBakey(1978)所说："许以巍峨高山，给以鼴鼠小丘是不对的"（不要许了西瓜给芝麻）。

5.2　基金申请书

上述警示也适用于基金申请书的编写。然而，与研究生开题报告不同的是其受众群体和写作目的。研究生开题报告是进行研究生教育和获得学位的需要，而撰写基金申请书的目的可能是研究、其他项目或职业生涯阶段需要资助，或者是资助机构的意图。但是，两者在内容、形式和原则上大同小异。这里建议此类报告的作者需要事先认真研讨基金组织的需求，遵循对方提出的指导方案，必要时可参考Reif-Lehrer(2005)，其中对经费申请类文章的写作，文中有大量的经验之谈。不论是针对政府机构、私人基金组织还是个人出资者，Hofmann(2010)就如何撰写基金申请书提供了很多建议，Paradis & Zimmerman(2002)就如何准备和撰写基金申请书也给出了有益的信息。

在真正落笔或敲键盘之前，务必做好准备。首先可以通过网上查阅学科信息和资金来源，找到合适的资助机构。一些公司和企业通常会在网站上发布基金资助的信息。政府部门和一些机构，比如国家卫生研究院、国家科学基金会、能源部、教育部、农业部都会在网上提供此类信息。选定了基金组织并不等于一切就绪，因为相关主题的背景研究和文献综述是很耗时的。但是，如果做好充分的准备，不仅可以加快撰写申请书的速度，而且节省了研究所需的时间。要留出足够的时间进行准备和写作，未能在截止日期前提交申请就会失去申请资格，提交太迟很可能遭到拒绝。

如果有可能，与同事、基金组织的代表交流观点和想法，确保申请的主题符合基金组织的要求。无论将来评审人是否是科学家，申请书的科学性很重要。要认真研究出资者提供的选题和要求，拟定提纲，仔细审阅。在写作前，还需要做到以下几点：1）梳理所需的人员、资金、设备和时间；2）平衡研究和其他工作的关系，规划后续工作安排；3）考虑自己所在工作单位的需求，以及如何满足这些需求；4）邀请同行审阅申请书，计划好同行审阅的时间节点——务必保证在交稿前；5）参考Reif-Lehrer(2005)，Hofmann(2010)和Paradis & Zimmerman(2002)的写作指南；6）与基金申请获批的同事交谈；7）制订时间计划表。为自己设定研究文献、完成初稿、送审、修改、完成终稿，以及申请书提交的各个时间节点。换句话说，当一切准备就绪时，就可以开始撰写基金申请书了。

5.2.1　内容与形式

在写作之前，作者必须确认研究主题，掌握背景文献资料的具体信息，明确提出假设和研究目的。以上这些是构成文章内容的主要部分，也是组织结构的大体框架。DeBakey(1978)提出了一条具体的写作建议：记录下待回答的确切的问题和预期的答案。在写作中不断巩固已提出的假设，明确研究目标，将对指导报告其余部分的内容大有裨益。

无论是研究生开题报告还是基金申请书，文章内容和形式取决于作者的目的和受众群体。由政府部门、私人基金组织等渠道支持的研究报告大多会提供详细的指导和要求，主要包括：按照规定的格式和长度要求写作；提供报告所需的所有信息；有时，甚至会提出详细的字体、排式、间隔和边距等要求。在写作时要认真遵守这些规定。很多基金组织之间是竞争关系，有时一篇报告遭拒的原因仅仅是因为作者没有遵守写作规定。当基金组织只能赞助10份报告但却收到约200份申请书时，很多细节内容就会显得尤为重要，比如报告的外观。一定要确保从基金组织处取得的写作要求是最新的版本。

虽然研究生院、科室（系）、导师或基金组织通常都会提供写作模板或大纲，但是为了能够最有效地向特定的受众群体传递信息，作者有时可以确定适合报告本身的结构形式或大纲。交流主要是提出问题—解答问题的过程，而撰写一篇成功的报告就需要了解观众会提出的问题，以及如何有效地回答这些问题。换句话说，在撰写报告时，首先要考虑到受众因素。以下是审阅报告的7条基本准则。

1. 独创性，是否为基金组织带来商业利益或科学价值；
2. 对学科或当前问题的重要性；
3. 可行性；
4. 基本原理与方法论；
5. 研究者的能力与经验；
6. 所需的预算、设备和时间；
7. 遵循写作指南，关注报告外观。

报告应回答以上准则所包含的问题：这篇报告值得去做吗？成功的几率有多大？研究者的能力匹配吗？会带来哪些利益？所花费的时间与金钱是否超出预算？这些问题的答案为报告本身和后续研究提供了理论基础和判断标准。

作为一名研究生，在撰写开题报告时，首先要明确主题、要研究的问题或假设、研究目的等，并且这些已经通过导师的审阅和同意。对于研究生开题报告或基金申请书而言，一旦确定要回答的问题或研究的目标，就要决定这些内容放在哪些章节合适。以下是报告的组织构成，几乎任何一篇报告都包括以下常规部分。

1. 扉页（标题页）、执行纲要或摘要；
2. 假设或研究目标；
3. 研究重要性或必要性的讨论（选题依据/判断标准）；
4. 前人研究成果及目前研究现状（文献综述）；
5. 材料（研究所需设备、器材等）、方法或实验过程；
6. 预期研究结果（结论）；
7. 进度安排、经费预算和研究人员信息。

以上并不是严格的组织结构大纲，但是每篇报告中都应包含以上内容（至少前6条）。在此基础上，设定适合自己文章的大纲，或者按照研究生开题报告或基金申请书所设定的报告模板进行写作。一篇成功的报告，它的模板并不一定适用于其他所有的文章。有的作者会将研究的必要性讨论放在第一部分，而不是研究目的或假设；有的作者喜欢将预期研究结果放在介绍部分；有的作者一开始就列出了研究目标，然后通过实例进行求证。

研究生开题报告的文献综述要比基金申请书的文献综述复杂得多。虽然研究生开题报告不包括经费预算、进度表和人员信息等，但是研究生、导师和其他评委老师都应思考这些问题。要熟悉前面提到的7条报告模板，也许在不久的未来，当你走上工作岗位后，这些报告模板会为你获取研究基金提供帮助。无论使用什么格式，无论指南要求的顺序是什么，都应该包括以下部分。

5.2.2　标题与扉页

标题应简明扼要、点题。标题有两大作用：一是吸引读者对假设问题的注意力；二是明确表达报告的研究目标。在撰写报告前，为了方便创作，可以先暂定一个简单明了的题目，然后编写摘要内容。待报告完成后，对标题和摘要仔细审阅，如有必要可重新修改。对于审稿人来说，第一眼关注的就是标题和摘要，因此不能有丝毫马虎。在标题中应避免使用概括类词语或抽象词语，例如"对……的研究报告"，只出现关键词即可。

扉页给人的第一印象也至关重要，首先要整洁大方，除了措辞谨慎的标题，还应包括主要作者的姓名、联系地址、交稿时间、研究项目的主办委员会或基金组织名称等信息。有些基金申请书的扉页还需要填写申请金额、研究起止时间（进度表）、研究人员签名、参与赞助的企业或机构的负责人的签名等。而诸如政府机构等则需要填写更复杂的扉页，后面还附带一份法律声明，或者需要申请者回答的关于合同、合作协议、债务等的相关问题，这些同样需要签字。如果没有特定的扉页参考，特别是研究生开题报告，可以自行创建属于自己的扉页，如图5.1所示。

> Influence of Benzoic and Cinnamic Acids on Growth and Survival of *Heliocoverpa zea* Larvae
>
> a proposal
>
> submitted in partial fulfillment of the degree of
>
> Master of Sciences
>
> by
>
> Gerald L. Bjornberg
>
> to
>
> Graduate Committee
>
> Department of Plant Sciences
> College of Arts and Sciences
>
> University of Tokenburg　　　1 January 2002

图5.1　传统的研究生毕业论文开题报告扉页模板

5.2.3　执行纲要或摘要

对基金申请书来说，执行纲要或摘要是除扉页以外最重要的部分。它应简洁、引人注目。基金组织通常通过阅读执行纲要或摘要来决定认可或拒绝该报告的内容。在约200份竞争报告中，第一轮筛选将针对报告的整洁性，是否遵守写作要求，以及执行纲要或摘要的内容来进行。换句话说，在第二轮筛选前，评阅人只阅读了报告的执行纲要或摘要部分，可见这部分的重要性。

也许，有的研究生委员会并不要求撰写执行纲要，或者某些基金组织或研究生委员会要求的是摘要而不是执行纲要。虽然执行纲要和摘要在这里是同义词，但是无论怎样要求，报告中更需要的是对研究提出的假设、目标和预期的结果进行简单描述和总结。在撰写研究生开题报告时，可以参考上一届同学的优秀报告，参考他们的写作格式。而对于基金申请书，遵循申请指南即可。可以参照同一基金组织曾经批准的同一类型的基金申请报告，或者向基金组织里的工作人员询问信息。如果得不到详细信息，则可以参考第10章中信息摘要的特点，尽可能完成摘要或执行纲要的编写。基金申请报告的纲要与期刊出版物的信息摘要的不同之处在于研究结果的不完整性。这种不完整性为研究方法、判断标准及预期结果提供了更多的空间。指南有可能规定了执行纲要的字数。执行纲要强调报告的目的、假设、依据、结果的应用，应清晰、简洁地描述研究项目。

5.2.4　引言

因受众群体和报告脉络发展不同，引言的内容和形式也大不相同。但是，无论使用哪种表达形式，都应先将报告的研究主题、要回答的问题和依据的基本原理等告知读者。此外，为了体现研究的科学意义和科学目的，还应包括以下内容：与主题相关的文献综述或历史回顾；研究价值陈述；报告的研究目的或研究范围。最重要的是报告所提出的研究问题，假设和研究目标需在引言部分表达清楚。

本书中，"假设"（hypothesis）一词即是"议题/命题"之意，也可理解为希望证明或反驳的假设陈述，或是研究问题，抑或是亟待解决的难题等含义。它指出了当目标达成时，哪种观点是可信或不可信的。目标（objective）一词具体指代某些为假设提供答案的具体目的，即简短、精确、数量及范围受限的研究目标。一般来说，当研究目标数量过多，涉及过多的主次目标，报告的关注点就会被作者和其他人所混淆。

然而，不同的作者对假设和目标的理解也不尽相同，还有些作者使用goal（目标）、aim（目的）、question（问题）和purpose（目的）来替代hypothesis和objective。有时需要证实无效假设。例如，假设某种基因能控制人的肤色，那么无效假设则是验证该基因不能控制人的肤色。如果不能证实无效假设是正确的，则说明积极假设是合理的。这些研究人员明显认为证明无效假设可以让头脑保持冷静、客观，从而不至于轻易忽略或不信任验证假设是错误的证据。但是，这些词语定义和使用之间的微弱差别不应该成为研究人员的困扰。在撰写报告前，应认真查阅指南或者仔细询问导师的意见，参考前人已通过的报告，保持全文术语使用的统一性。

要明确区分假设和目标的不同，以保证报告的选题依据和内容清晰易懂。这里，借用van Kammen(1987)书中的Christopher Columbus一例来解释我对这两个术语的理解。如果说哥伦布正在为伊莎贝拉女王和费迪南德国王撰写一篇报告，而报告的标题为"通往东方之国的新贸易航线"，那么他的假设就是世界是圆形的，由西航行可达东方之国，并为西班牙及欧洲诸国开辟一条新的贸易路线。而这篇报告的目标则包含：1) 向西航行，开辟一条与以往不同的贸易路线；2) 带回三艘船的生物物种。要注意假设和目标的区别。假设是一般性的推测，包括尚未被证实的预想；目标是可以实现的实际、具体的事物，决定着假设能否成真。如果由记录的实验数据（距离和方向测量），以及有形的成批的茶叶、肉桂和精油作为证明，那么即可说明假设是正确的。这些目标必须真实，对资助人有吸引力。虽然，伊莎贝拉女王会质疑这些目标的真实性，但是它们却必须足够吸引女王的眼球，这一原则同样适用于研究生开题报告和基金申请报告，研究目标必须真实且引人注意，才能打动导师、评委会的老师和基金组织。

然而，并非偶然，在我们引用哥伦布一例时，van Kammen(1987) 又提出了 Columbus paradox（哥伦布悖论）一说。因为哥伦布并未实现他的目标，他的研究在半路触礁了。虽然哥伦布未能成功验证他的假设（他自认为自己发现的新大陆就是东方之国），但是他的研究对美洲甚至是整个世界都有积极的影响。在哥伦布之后，其他怀揣同样假设的探险家（航海家）确实发现了东方新大陆。这说明，即便研究一开始失败了，也并不能说明这项研究毫无意义，有时新的发现所带来的意义要比原目标更重要。

5.2.5　选题依据

选题依据或基本原理是报告完成的重要支撑条件，也是评判最终报告的基本准则。从标题到结论，选题依据贯穿于整篇报告中，为验证假设提供理论依据，使研究得到认同。无论是否在特定章节加以详细阐述，都要确保报告中所有帮助实现目标的时间、努力和金钱等是合理的。

选题依据部分不仅概括了实验内容，拟采取的实验方法，以及实现最终目标的要求等，还描述了研究对科学和科学应用的重要性。这一部分既能证明研究的时效性和经济意义，又能证明研究者自身的能力，以及能否获取有效资料以便实现研究目的。因此，选题依据作为报告格式不可或缺的一部分，在写作时都要遵循如下几方面：

1. 理性与逻辑性；
2. 初步研究；
3. 科学原理；
4. 前人研究成果（文献）；
5. 研究方法的可行性；
6. 结果的适用性或经济性；
7. 高效而合理地利用时间、金钱和精力。

在某些情况下，课题报告的建立在一定程度上基于初步调查研究。如果是这样，那么我们会希望在报告中将所收集的数据、实验结果呈现出来，讨论它们为什么能够并且如何给后续研究带来好处。实际上，在一些学术部门，缺少初步研究结果的开题报告是无法通过的。同样，基金申请报告在得到基金组织同意前，也需要提前做一番调研。这样，获批的可能性就会增加。研究结果离不开科学原理和相关文献的支撑，附录5提供了一篇研究生开题报告的样例。

5.2.6 文献综述

对于研究生开题报告和大部分基金申请书，文献综述是针对某一特定研究主题搜集大量资料，经过阅读、分析、整理后形成的总结性评论文章。文献综述主要包括：回顾以往研究历史，概括目前研究现状，求同存异；考虑此研究要填补的空白或要缩小的差距；简要描述可行性研究方法等。一篇优秀的文献综述，通过对某一领域中前人的研究成果、现今发展状况和未来发展前景的详细介绍，可以成功建立研究者的信度，增加研究报告的通过概率。为确保所有讨论都与具体的研究目标和假设相关，就要做到时时将他人（正在进行）的研究报告和已出版的报告中提到的相关信息与自己的研究联系起来，进行引用、分析对比。对于大部分报告来说，包括文献综述在内的所有章节都应简明扼要，以保持读者的注意力始终放在研究目的上。然而，对于研究生开题报告，有些导师希望能看到篇幅较长的文献综述，只有这样他才认为学生已经充分地研读了相关领域的文献，并且对自己所研究的主题有了较充分的理解。也许文献综述有时并不独立成章，也许会作为引言或选题依据的一部分，或者作为引语或引文出现在方法、讨论和结论章节中。关于如何选择，学生可以向导师寻求建议，或者参考写作指南甚至前人的已通过的开题报告。

5.2.7 研究方法

在文献综述或研究方法部分，如果作者采用的是经过多人重复验证过的方法（无论成功与否），就会为这篇报告的信度加分。研究方法可称为"操作计划"或"材料与方法"，抑或"实验步骤"，是可行性研究和实现科学研究价值的基础。在方法的描述中，应给出足够的细节信息，以说服读者研究计划的可行性并在研究中应用该方法，具体包含以下内容：有关材料、取样、分析、数据甚至合作人员的信息；实验步骤；如何收集数据；如何分析和使用收集到的数据。另外，还要详细描述实验过程中的不足，遇到的限制因素和各种潜在问题，以及所采取的解决措施。实验步骤的顺序应和实验目标的顺序一致，每一阶段的实验都会对应某一研究目标的实现。基金申请报告中的预算一项要包含在本章节，时间和材料成本的核算基于实验所需。

5.2.8 结论

除了前面几章中描述的内容，在结论部分中也许没有什么结果或讨论可重复说明，但是需要再次强调研究目的，引导读者再次回顾研究问题、假设以及研究意义。在结论部分，研究意义可以扩展到未来研究的应用中。但是要适可而止，不可超越开题报告或申请书的范围。

5.2.9 参考文献

参考文献也是报告中相当关键的部分。文献的完整性表明了作者对课题研究的深度，也有助于审稿人评价报告。虽然参考文献中列举了所有重要文献并在正文中引用，但仅靠这些仍不足以打动审稿人。因为作为该领域的资深专家，他们都很熟悉这些已发表的文章。事实上，也许其中引用的一些文章的作者还是这些审稿人，所以这部分内容中出现的一点遗漏或瑕疵都难逃法眼。因此，文内引用和文末文献罗列必须精确，引用模式要全文保持一致。任何细小的错误都有可能破坏论文的信度，甚至导致报告不能通过。关于文献部分的详细信息可参阅第4章和第8章。

5.2.10　经费预算与进度表

对于基金申请书来说，最重要的问题是时间和经费需求。即便基金组织认为研究具有可行性，但是基金申请书中的预算和时间安排不合理，也会导致方案被拒。而无论预算过高还是过低，都会对申请书造成消极影响，因此要认真计算，提出合理需求。正如DeBakey(1978)所说，"诚实和常识是最好的指导。"

研究生或初出茅庐的科学家可能对经费预算缺乏经验。研究生应该和自己的导师来讨论课题的开支。大学一般由资助计划办公室提供相关信息，例如允许的成本、匹配资金、杂项开支及相关研究的间接费用。供职的公司或者单位可能会有规章制度来明确与申请项目开支相关的一些责任，要确保遵守研究所和公司关于预算的规章制度。

预算要认真规划、仔细评估，并且要尽可能做得精确。即便对各项成本花销并不十分明确，但是根据对研究过程的大体规划，也可以得出一个比较合理的预算，包括工资、设备和物资、出版费、实验差旅费、会议差旅费、电话费，以及机构或公司收取的管理费或间接费用。其中，管理费用会占很大比重，比如20%或40%，有时甚至更高。但是，有些基金组织是不允许将间接费用纳入预算中的。

某些申请能够成功，很可能是因为申请人所在单位具备的研究资源和提出的预算符合基金组织的要求。在这种情况下，申请报告需将这些有利资源加以详细描述，比如单位可供此次研究的设备和器材。另外，单位员工也可作为此次课题研究的工作人员，与申请者一起工作。这样，根据参与者的实际工作时间计算人工成本，纳入预算中，将大大节省人工费用，也是承接项目的单位的优势之一。

对于基金组织来说，时间和资金同样重要。研究申请的时间要充裕，但是不能浪费，决定时间长短的关键因素是申请报告正文部分的依据。有些实验过程会比较长，比如在做实验分析时，每分析一条数据组需要5周（工作日）时间，那么完成10条数据组分析和所有研究报告则可能花费1年半到2年时间，但如果是现场试验，因环境情况的特殊要求而可能需要在2~3年内不断重复实验过程，就要对时间提出更多需求了。但是无论何种原因，关乎经费和时间问题，都要据实以报。

作为一名研究生，并不需要为研究报告的经费和时间而担心，这是导师关注的事情。学生所要做的是全神贯注于课题的研究，按时完成学业，而不是去考虑经费的来源。导师会要求学生为研究计划准备一个时间表，或为学生安排好。但是，在某些大学，课题研究时间受限，一旦未在规定时间内完成，就会错失这次研究的经费支持，所以在这个时间范围内，需要列一个更具体的完成时间表，然后在规定的时间、经费和毕业期限内工作。

5.2.11　个人信息

研究生开题报告中可以不含作者的个人信息，因为导师早已在学生入学申请时了解清楚了。但是就基金申请书而言，个人简历的内容对申请人和主要审阅人就显得至关重要了。在这个简短的简历中要清楚地表明你有足够的能力承担此次研究任务；重点强调和本研究所需专业知识相关的培训和工作经验；避免大量展示与本次研究不相关的信息。

5.3 其他因素

在每位科学家的工作生涯中，报告类文章是很重要的一部分。在研究生院，一名带薪的助教或研究助理，就有可能参与基金申请报告的撰写工作，比如被要求协助完成一项超出自己研究范围的报告。无论撰写哪类报告，都是宝贵的经验，能为以后的科学生涯积累丰富的知识。

重要的报告文章都要经过一番审阅和修改。在保证按时交稿的基础上，一定要为审稿人留足审阅的时间，也为自己留出修改的时间。

无论是约稿性还是竞争性报告，都要简明扼要、直截了当，遵守写作指南，符合实际要求。影响报告成功的要素有作者的能力、时间、资源、预算等，这些因素必须实事求是，否则再伟大的科学理念也不能保证开题报告或申请报告的成功。

尽管在撰写报告时投入了大量的精力，但是有时仍然难逃被拒的厄运。写了一份未获批的基金申请书或被拒的研究生开题报告，一定很沮丧。但是，当我们意识到它们有意想不到的好处时就没有那么难过了。有人说，失败是成功之母，我们也可以这样理解，报告被拒也不是没有带来收获。比如，在撰写报告的过程中，对主题做了深入研究；从文献中学习了更多；知道了目前正在该领域进行研究的专家；熟悉了未来即将合作的伙伴；掌握了写此类报告的技巧。在一项25万美元的项目被拒的情况下，以上这些优点可能不值一提，但是对以后的发展仍有裨益。因为报告写作不仅能让我们关注本领域的最新研究动态，而且能促使我们阅读文献，并学会与同事协商、合作。另外，被拒的报告也可作为下次提交给基金组织或研究生院评委会的半成品草稿。通常，无论是研究生评委会，导师还是基金组织，都会对被拒的报告提出各自的意见，按照他们提出的建议修改稿件，为第二次甚至是第三次交稿增加了成功的可能性。所以说，报告修改和再次提交也是基金申请写作过程的一部分。

最后，与报告的通过和获得资助同样重要的是项目执行。在项目开展后，各种问题都会随之出现，当初制订的计划不得不进行调整。例如，有一种新方法或新设备能够带来更优的结果，发现了必须改变最初假设的证据，或者某个特定设备无法使用。这时，原来设定的报告已无法克服研究过程中出现的种种问题，也无法解释清楚这个过程中的新发现。记住，基金组织必须批准预算的更改，允许资金在不同的类别间进行调整。但是，要了解各个类别的金额限制。这时需要有足够的创造力来找到新的解决方案，无论前方有多少障碍，都必须坚持下去。而关于解释和克服这些障碍的过程，都应该被详细记载在进度报告中，为后续研究提供宝贵的借鉴。

5.4 进度报告

为保证项目进展顺利，记录实时更新，很多基金组织和指导研究生工作的导师都会要求研究人员在项目开展期间给出项目的进度报告。进度报告的如实记录反映了研究人员的信度，要按时提交报告，报告中应详细记载项目的当前状态、已取得的成果、下一步的计划等信息。如果在项目开展期间遇到问题，则应及时报告，不要过于悲观，而是要积极面对。不要说"我们无法在4月之前完成实验，"而是说"我们将在6月完成实验。"然后向基金组织和导师解释发生这种情况的原因，以及即将面临的阻碍，同时将解决方案告知对方。相信他们都是理性的人，让他们知道研究者正在全力以赴地完成报告。

对基金组织来说，进度报告与基金申请书一样正式和重要。因此，撰写进度报告也是有一定难度的。对于正在开展的研究，基金组织更关注具有可靠的科学准确性的质量保证，以及资金使用的合理性。如果他们对报告满意，有可能会为项目延期而追加资金。因此一定要保持积极心态。如果成功克服了各种困难，投资人就会对此表示肯定；如果在困难面前放弃了，那么相信他们也不会浪费资金。Silyn-Roberts(2000)给出了撰写进度报告的相关建议。任何中期的进度报告对编写最终进度报告都有积极的帮助。

最终进度报告对所有研究项目，无论是出版物、学位论文还是基金申请书的最后一步，都起到了关键作用。没有进度报告的研究是不完整的，而这一报告是责任心的证明，以及时间、金钱、资源得到充分利用的说明。科学家有着优秀的筹集资金的潜质，或者如Stock(1985)所说的"是一种为研究获得资金支持的艺术行为"，在这一艺术中，科学家通过报告、论文和出版物与人进行交流的能力非常重要，对其科学生涯至关重要。

如果不想按照既定的报告格式进行撰写，也可以采用不同的模板。比如，在撰写开题报告时，可以采用Peters(1997)中的关于研究生开题报告的建议；Silyn-Roberts(2000)提供了编写报告和进度报告的不错建议；Reif-Lehrer(2005)详细建议了如何为知名基金组织撰写基金申请报告；Goldbort(2006)就报告的各部分给出了实例；DeBakey(1978)，Hofmann(2010)和Paradis & Zimmerman(2002)分别介绍了报告写作的基本策略。本书附录5讲解了一篇研究生开题报告样例。无论参考以上哪些建议，一定要遵循由研究生委员会或基金组织提出的写作指南。

参考文献

DeBakey, L., 1978. The persuasive proposal. In: Gould, J. R. (Ed.), Directions in Technical Writing and Communication. Baywood, Farmingdale, NY.

Goldbort, R., 2006. Writing for Science. Yale University Press, New Haven, CT.

Hofmann, A. H., 2010. Scientific Writing and Communication: Papers, Proposals and Presentations. Oxford University Press, New York.

Paradis, J. G., Zimmerman, M. L., 2002. The MIT Guide to Science and Engineering Communication, second ed. MIT Press, Cambridge, MA.

Peters, R. L., 1997. Getting What You Came For: The Smart Student's Guide to Earning a Master's or PhD. Noonday, New York.

Reif-Lehrer, L., 2005. Grant Application Writer's Handbook. Jones & Bartlett, Sudbury, MA.

Silyn-Roberts, H., 2000. Writing for Science and Engineering: Papers, Presentations and Reports. Butterworth-Heinemann, Woburn, MA.

Stock, M., 1985. A Practical Guide to Graduate Research. McGraw-Hill, New York.

van Kammen, D. P., 1987. Columbus, grantsmanship, and clinical research. Biol. Psychiat. 22, 1301-1303.

第6章　研究生学位论文

> Camante, no hay camino, / Se hace camino al andar.
>
> (Traveler, there is no path, / Paths are made by walking.)
>
> 世界上本没有路，走的人多了便成了路。
>
> —Antonio Machado

6.1　学位论文

除非有天赋异禀之人，否则任何人都不可能在一周或一月内完成一篇学位论文。学位论文是整个研究生学业阶段研究的最终报告。为保证合理利用时间，协调好论文写作与课程、专业会议及研究本身等活动之间的关系，随着研究工作的推进，文献综述、研究方法、实验结果和初步结论都可以写成草稿，开始着手时的和早期完成的草稿，都会让研究生生涯的最后几个月轻松许多。

研究生课程开始后，就要制订一个从入学到毕业的初步工作进度表，标出计划中各个节点的日期。一定要查阅所在院系关于论文提交的截止日期、答辩委员会的要求，以及其他程序问题的各种政策，因为这些都会影响进度表的制订。出现在这份进度表上的内容会渐进明晰，因为研究生入学后会不断接触专业课程，从而需要对工作计划进行修改或调整。附录6中的图A6-1是仅供参考的研究进度计划的模板。但是除了论文撰写和相关工作，研究步骤的具体操作、课程、课程考试、求职、会议或课堂汇报，以及其他对个人项目研究有帮助的事情，它们所需的时间都应包含在计划中。如果无法兼顾以上事情，那么可以参考 *A Practical Guide to Graduate Research*(Molly Stock, 1985)。

学位论文是记录研究工作和结果的文章，反映了研究生阶段的学识。通常来说，一篇学位论文要建立在以下内容的基础上。

1. 全面的文献检索：相同或近似研究领域里前人所做的工作；
2. 原创性研究或专业项目：依据由导师（或专业教授）和研究生院认可的研究报告所做的现场实验或实验室实验；
3. 整合综述：将实验结果、结论、数据分析和其他科学家的想法结合在一起。

忽略以上任何一条，论文质量都会大打折扣。优秀的论文基于对前人研究的深度概括、研究工作的一丝不苟、论文视角的清晰准确。除此之外，另一个制胜法宝就是交流，即写作本身。

即使在同一学科领域，硕士研究生的学位论文和博士研究生的学位论文的要求也是不一样的。获得学位的整体要求是由科室（系）、学院和研究生院制定的，但是导师、委员会或不同的学位课程教师还会据此制定出其他更具体的要求。因此，在写作前要仔细阅读相关准则，与导师和委员会成员等保持交流，并认真学习往届学生（尤其是近几年优秀论文获得者）的学位论文。换言之，在动笔前要对自己的论文有清晰的认识，在论文写作的前几个星期所做的所有了解后续工作的努力能大大地缩短获得学位的时间。论文的格式可能采用一个期刊或者多个期刊稿件的格式，再添加或者不添加一些其他部分，比如前言、提要、附录和总摘要。学位论文也可以采用一种不为发表的传统模式。不论采用哪种格式，学位论文通常包括以下内容。

1. 引言：研究的基本依据、原理、研究假设，或问题、研究目标的具体描述；
2. 文献综述：国内外研究现状（有时与引言放在一章中）；
3. 材料和方法：研究过程中，关于具体实验技巧或方法的详细描述，包括使用的设备或材料、实验步骤、统计设计、数据收集和分析；
4. 结果：研究所获得数据的意义及呈现；
5. 讨论：实验数据的重要性描述，以及与其他科学家的发现有何关联（结果和讨论可合并为一章）；
6. 结论：总结研究发现，描述发现的重要性，也可以提出对后续研究和科学发现应用的建议；
7. 参考文献：引用的文献目录；
8. 附录：提供论文支撑材料或案例，对理解论文本身无重大作用的附加信息；
9. 摘要：博士论文要求撰写摘要，有些硕士论文也要求有摘要。

如果对论文的内容和组织框架有大致的规划，写作起来就会相对容易些。有了开题报告，学位论文将提出问题，即要回答和解决的问题。通过和导师沟通，对相关文献进行仔细阅读，提出假设或给出相关问题的答案，确定具体的研究目标（见第5章关于区分假设与目标的内容）。如果开题报告真正起到了指导作用，那么对论文的引言、文献综述和方法部分的编写会有很大的裨益。一旦通过实验对假设进行了验证，就能够用实验结果来报告和解释原始问题和研究目标了。在撰写学位论文时，需要参考以下几个方面的资料。

6.1.1　论文要求

大部分研究生院会将撰写学位论文的要求印刷成册，或可在线查阅，供学生参考。有关截止时间、费用等都做了详细记录，例如汇报时间的限制、评委会成员、对文档的要求（页边距、字体、字距、纸张类型）等。学生提前知道这些注意事项会避免很多麻烦。

6.1.2　样式表

除了研究生院或科室（系）对论文的文体特点有统一要求，不同学科也有自己的要求。例如，*Scientific Style and Format*(Council of Science Editors, 2006)，*The ACS Style Guide*(Coghill & Garson, 2006)和*AMA Manual of Style*(Iverson et al., 2007)等书中介绍了科技文体论文中的缩写

词、标点符号、参考文献条目等适合不同学科的写作规范。其他一些科学组织机构，例如欲投稿的出版商和政府机构、学会等都有各自具体的格式要求。如果对论文格式不了解，可以咨询导师。通常情况下，导师和委员会成员会推荐使用相应学科知名期刊里的文体格式。虽然由于编辑和出版商不同，大部分出版物的文体风格也会各不相同，但是这些期刊多数会附"作者说明"或附沿用的样式表。因此，我们要了解自己所在领域的文体格式，并保存下来以备不时之需。更多关于文体格式的内容详见第8章。

6.1.3　图书馆（文献搜索）

越早去熟悉图书馆并展开文献搜索，节省的时间就会越多。文献搜索的难易程度取决于是否了解自己要寻找的文献，如何快速获得这些内容，以及能否迅速质疑已获得资源的价值和信度。有些文献可以通过网络进行查阅。图书馆都配备各个专业领域的图书管理员，在研究生学习期间，他们是非常有价值的资源，能够指导学生手工检索和在线检索文献。更多关于文献搜索和资源评估的内容详见第4章。

6.1.4　导师

导师是我们的宝贵资源，他（或她）的专业知识能为我们带来巨大的帮助。但是，研究生要学会独立思考，有些问题可以去查看研究生院的手册、格式指南和其他一些资源来寻找答案，不要都去麻烦导师。要定期向导师汇报自己的论文进展。因为科室（系）或研究生院对论文的要求不同，除了自己的导师，任何人都无法知晓你的论文最终结果会如何。同时也可以咨询系里那些熟悉政策和论文写作答辩程序的人。他们也可能是自己的导师，也可能是行政助理或其他工作人员。另外，随着学习的不断深入，学位论文的评委老师绝对是优秀的咨询顾问，每个人都有成为这个评委组一员的理由，所以应尽快了解并定期拜访这些老师。如果可能，去听他们的课，学习更多的专业知识，了解他们的研究兴趣。

6.1.5　其他专业人员

除了导师和评委老师，还需要随时咨询专家。比如，论文中极有可能存在定量的数据，在完成分析，甚至在规划实验和收集数据时，都需要咨询专业的统计师。在实验初期，规划实验设计和确定实验步骤，对之后节省时间和提高研究质量也有很大帮助。同样，在写作、修改和编辑时，也需要专业人员的指导。这些专业人员提出的建议能对论文整合提供有价值的帮助。我们需要独立思考，但是不要犹豫，去求助于这些专业人士并寻找信息资源吧。

6.2　规避风险

学位论文不仅是毕业设计的文字记载，而且也反映了学生在研究生期间获得的专业能力和专业声誉。学位论文是毕业答辩的基础，想要在同学、教师或其他专业人士那里建立和维持专业声誉，不仅取决于最终答辩时的论文质量，而且取决于研究期间处理问题的能力。开题报告、研究项目、团队合作和学位论文，无一不体现出一个人的科学能力和专业素养。能否高效地完成论文写作并在之后的求职中获得学校的大力推荐，在很大程度上取决于如何将报告、研究和合作等活动有效地结合起来。

　　不断延期都是因为研究项目和论文写作计划做得差、执行不到位。在深入研究项目前，大家可以参考 *Getting What You Came For*(Peters, 1997)的第17章至第19章。本着对研究负责的态度，可以寻求导师的帮助，但不要等着导师催促写开题报告、查找文献、写文献综述。如果学校没有要求，也应该提前准备这些。项目研究既离不开团队合作，又不能缺少独立创作，但不要过于我行我素，以至于跨越了该有的谨慎和礼仪。学校都有自己的政策和处理流程，你可能正在使用这些资源而自己并不知道。导师可能会用专门的基金支持学生的研究以期实现特定的目标，因此该研究必须服从于这些研究目的。要主动去咨询导师，不要冒失行动。了解了这些事项并熟悉了一起工作的同事后，再思考独立自主的问题。以下是帮助研究生避免陷入麻烦的一些建议。

6.2.1　论文写作宜早不宜迟

　　完成学位论文是研究生的义务。研究生培养计划开始的那天就是论文计划开始的时间（详见附录6的图A6.1）。尽早明确研究方向，接下来选择导师、课程、文献搜索、现场或实验室试验都会围绕学位论文的具体研究目标进行。如果发现研究的题目并不是自己真正喜欢的主题，就要考虑做出选择和更改研究目的。但是要尽早做决定，以专业的方式对待。如果导师同意资助学生的研究，经费可能来源于有非常具体的研究任务的基金组织，如果学生开始同意做这个项目，但是之后又决定更改论文题目，导师就有可能不再提供资助。接下来就要换导师、换题目，甚至有可能换专业，但是我们不推荐这样做。因为一旦开题报告通过，就形成了一个合约，撤销合约不仅会影响学位的获得，而且会影响导师和所在部门。违反合约，无论是否合法，都会损害学术声誉。如果的确需要更改，要和导师及其他专业人士沟通，力求顺利、专业地进行更改。

6.2.2　与导师保持良好的工作关系

　　导师也是有个性的普通人，并不一定把哪一个学生的研究放在工作的首位（因为可能同时指导着许多学生），但导师会积极地参与到所有学生的学习中。大部分导师对自己的学生都是非常关心和关注的。不要因为他们没有时刻把哪一个学生的研究放在首位而生气。但是，如果他们有时太专注于帮助你，也要学着掌握自己的命运。要协调工作，也要学会自己独立思考，对项目负全责，无论导师为学生付出多或者少，学生都应按时完成研究和论文，获得学位。

　　学生提问题太多或太少，对导师来说都是很不尊重的。不要为一些可以在词典、大学手册或其他参考文献中能查到的问题而询问导师，也不要为论文中一些零碎或晦涩难懂的内容发问，更不要随意攀谈或过多打扰导师，这都是在浪费他们的时间，但是避而不见导师也是不尊重的行为。一段非正式的评论、一本参考书或一条个人感悟，都能帮助导师了解学生和学生所研究的课题。因此，要善于与导师保持一种正常的、和谐的、专业的关系。向他们咨询选课的问题、共同感兴趣的话题，以及正在进行的研究和论文，这些都是对你很有利的，而导师也不会认为这是在浪费时间。项目研究后期会发表很多文章，而作为整个项目的负责人和文章的作者，要思考如何制订时间表、划分责任，以及表达看法等，这些都需要与导师认真探讨。同样，支撑论文的研究和论文的撰写也需要不断地与导师进行讨论。

6.2.3　起草有计划、有条理的开题报告

没有开题报告的学位论文就像是去陌生国度旅行时没带地图。如果论文写作之前没有确定大纲或开题报告，即便最后完成了论文，那么过程也是艰难的、盲目的，会经历重重阻碍，这无疑是在浪费自己的宝贵时间。如果在开题报告阶段将文章假设、研究目的、理论依据、文献和方法了解清楚，后期学位论文的写作就会事半功倍。开题报告不仅是学位论文写作的草稿和大纲，也是保证研究正常进行和帮助评委老师理解论文的前提条件。如果研究生院没有要求写开题报告，学生也要写个草稿或至少带上研究计划的提纲去见导师。一定要包括具体的研究目标、假设、文献信息，以及对具体的研究方法的考虑。所有这些让导师看到了研究的前期准备。请导师提出意见，并向答辩委员会提交一份完整的开题报告，和他们见面并听取意见。对于这种负责任的做法，导师都会比较欣赏。

6.2.4　记录完整准确的数据

应搜集所有的研究数据并认真记录，彻底分析，尊重发现，然后保存所有数据。数据搜集和记录可以参考Macrina(2000)中关于记录科学数据的章节。俗话说，好记忆不如烂笔头。要详细记录场地实验计划、化学分析和试验方法、材料用量等。在实地观察时，也要记录下当时的天气情况。在阅读文献时，保证将引用部分的页码和文献全名记录下来（不要使用"等"这类字眼）。因为有时即便是再好的记忆能力也无法保证百分之百不出错。

另外，相机也可以记录数据。尽量找到高质量的相机并经常使用它。照片在论文、幻灯片和海报展示时，也会起到很大作用。尽管我们喜欢彩色照片，但是大部分期刊中使用的是黑白照片。

6.2.5　开始撰写学位论文

一次性完成一篇学位论文是一项不可能的任务。但是我们可以把任务合理地分解（见附录6中的图A6.1）。Peters(1997)和Bolker(1998)建议要合理写作，每天写一部分。这一点非常重要。

在研究开始之前，或在开题报告编写之前，要充分阅读和了解相关文献资料，并撰写文献综述。此时可将需要引用的文献资料逐一汇总。在完成开题报告和研究计划后，就可以着手写作材料与方法部分了，而在研究完成时则可以起草结果与讨论章节。这些内容在后期都要再次修改和调整。其中，最轻松的环节是脑海中装着满满的知识，急欲奋笔疾书。而引言和结论则是最后完成的部分，引言的内容大都只是对开题报告的引言部分做简单调整和修改。引言在文章中的作用主要是引导读者继续阅读，而结论部分则将读者的注意力集中在主要的科学发现上。

6.2.6　完成学位论文撰写

对自己研究工作的一丝不苟，对前人所做研究的全面梳理、掌握，以及对现有文献的补充添加，一定会让我们为自己最终写作的论文而感到骄傲。条理清晰的、经过深思熟虑的文本，既吸引人又颇为专业的外观，一丝不苟的细节处理（认真选择字体、间距等），这一切都表明你是一个负责任的作者。

6.2.7　论文出版事关学术声誉

论文出版的最佳时机是研究内容和数据最具有说服力和实效性的时候。有时博士论文会编著成书或按专题著作出版。我们可能需要为作品注册版权。如果是一篇博士论文，那么在发表前，研究生院通常会需要该论文的文章摘要，以提供给论文出版服务机构（博士论文一般会收录在UMI论文数据库中，该服务机构位于300 North Zeeb Road，Ann Arbor，MI，USA 48106-1346）。研究生办公室会妥善处理博士论文摘要，提交出版的事宜。

无论是从出版还是保护版权的角度，研究结果至少都应该发表在期刊上，因此可以选择一些比较重要的研究数据或结果，并按照期刊发表的格式要求进行整理，在研究数据还能让人耳目一新的情况下，向读者介绍研究的实效性和重要性。如果不断地推迟发表时间，等到时过境迁，旧的数据已不能说明问题，一切研究就白费力气了。然而，如果研究结果不能及时发布，研究最终获得的结果和数据就会停滞不前，编写的论文最终只会束之高阁，无人问津。因此，在正式撰写论文前，就要考虑出版事宜。

6.2.8　收尾工作

在论文圆满完成后，有些收尾工作仍需要花费几周的时间。准备答辩前，要保证给每位评委老师留出足够的时间提前审阅答辩论文并评估研究工作。如果可能，在最后答辩前需要逐一拜访这几位老师，以寻求他们对论文的意见，并在综合所有意见后，对全部或部分章节及某些细节进行修改或调整。

按照评委老师的意见修改完后，给他们每人提交一份最终版本的论文和3份左右的签署页来签署意见。如果比较幸运，2个小时就会拿到他们的签字。而假如正巧老师们都不在，有可能5天后你还在等，比如一位老师刚出城收集研究样本了，一位老师在伦敦参加会议，一位老师恰巧在你每次拜访时都与你失之交臂。可能还有一位老师需要更长的时间来检查修改后的论文，他不是在否定或针对你，而是本着对你和系部、学校及研究生院的声誉负责的态度。虽然有一些学生急于拿到最终的签署意见，但是相对认真严谨的学生则明白院系要求得越严格，他们的学位和学术声誉更受尊敬。这些老师在签署同意前，还会再次对论文进行检查，敦促学生修改，以提高论文质量。

在论文最终成稿前，一定要再次核对研究生院发布的论文写作要求，尤其是某些特殊要求，比如格式、页边距等。在打印时，有时也会出现错误排版或乱码情况，因此要注意检查，不要出现以上问题。另外也不要出现丢页、漏页的情况，否则在递交科室（系）、研究生办公室、图书馆时，很有可能会被拒收。

同论文一起交到图书馆的还包括一份授权说明书，表示同意图书馆人员为了某些研究目的而复制使用。而授权说明的签字必须是本人的，不能由他人代签，千万不要因为这个原因耽误毕业。

在将论文上交到科室（系）、研究生办公室和图书馆后，整个论文阶段才算结束。建议给导师和对你的文章表现出特殊兴趣的委员会成员也留一份复印件。当然，记得给自己也留一份，带到以后生活或工作的地方。

6.2.9　完成论文后再考虑工作

毕业前的最后几个月肯定比较忙碌混乱，除了论文撰写、答辩、研讨会等，还要找工作。一般来说，很多人在论文完成前会得到工作机会，建议大家在完成论文后再安排工作的事宜，因为新工作会占据我们大部分的注意力，即便晚上有时间安静下来，也很难再做到全神贯注于论文写作。当专注于工作和新的环境时，论文已不再是脑海中最重要的事情。而此时远离导师的谆谆教诲、远离图书馆和同学，已无法安心和专注地写作了。以往有过此类经历的学生应劝告下一届的学生，千万不要在完成论文前就去安排工作的事情，否则影响了正常毕业，后果很严重。

6.3　学位论文撰写规划

在计划编写论文前，首先要决定论文的形式。一般的论文形式取决于以下几个因素：论文内容、是否作为专著或者期刊文章出版、研究生院或系里的要求、答辩委员会的要求等。

关于博士学位论文的形式，Council of Graduate Schools(2005)提到，一些大学承认用一篇或者多篇发表的期刊论文或者提交出版的手稿作为学位论文。在这种情况下，为了使学位论文更加连贯完善，博士申请人在学位论文中要添加前言、过渡和结论部分。研究生委员会还特别强调了学位论文必须具备的一个特点，"它是经过高水平的专业训练，对所在领域知识的原创性贡献。"但是学位论文的很多特别要求和可接受的形式是由研究生所在系部或研究生院决定的。硕士学位论文的要求比博士论文更加灵活且具有多样性。有些学校不要求必须撰写硕士论文，但是会有其他要求，比如更高的专业课程学分和其他专业项目。所以在计划论文写作之前，要清楚具体要求并尽早和导师讨论论文的形式。

6.4　学位论文格式

无论选择何种论文格式，只要研究生院和导师对此无异议即可。在不影响理解的情况下，只要能够表达清楚，那么适用于传统论文或综合期刊论文的大纲模板同样也可应用于硕士或博士论文写作中。以下内容仅供参考，在决定使用哪种格式之前，首先应咨询导师和研究生院的意见。

6.4.1　传统学位论文格式

传统学位论文的格式框架如图6.1所示。

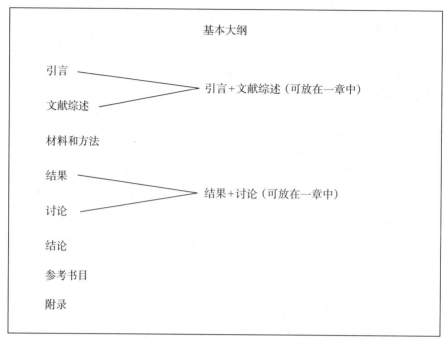

基本大纲

引言
文献综述　→　引言+文献综述（可放在一章中）

材料和方法

结果
讨论　→　结果+讨论（可放在一章中）

结论

参考书目

附录

图6.1　传统学位论文的格式框架

在各大高校的图书馆中收藏了不少的优秀论文，其中大多以传统的论文格式写作。Goldbort(2006)介绍了传统的学位论文，并指导大家如何遵循IMRAD格式来撰写学位论文。这一格式适合很多学位论文的研究和内容，因此备受学生和导师的青睐。其中可包括一个或者多个研究目的和日后能够作为期刊文章发表的针对性研究。对于研究生水平的学生来说，探索性、创新性的项目更具有研究意义，但在崭新的领域里所做的研究，很可能无法获得丰富的实验数据。然而，要想文章顺利发表，则必须具备全面的文献综述、详细的实验步骤、明确的实验结果，以及对后续研究的建议。

虽然传统的论文写作格式遵循图6.1所示的基本大纲，但是对于合理的创新性变动，我们也是乐于接受和欣赏的。有些学校会建议学生的论文越长越好，但是除了有最少字数要求的论文，无论最终选择哪种格式，论文长度都是无关紧要的因素。比如，有些论文需要200页左右才能完成，而有些论文一旦超过50页就显得有些啰嗦了。

6.4.2　含可发表内容的学位论文格式

如果在论文写作之初就有计划将其中的一部分内容发表，比如文献综述、反映整个研究的引言和研究结论等，那么这些工作会在研究结束之前就已经完成。而某些文献内容和目录也只需在研究结束时再进行更新。对于每篇发表的文章而言，其中所包含的研究目的和实验方法都是可以独立写作的。图6.2为含可发表内容的学位论文的格式框架。

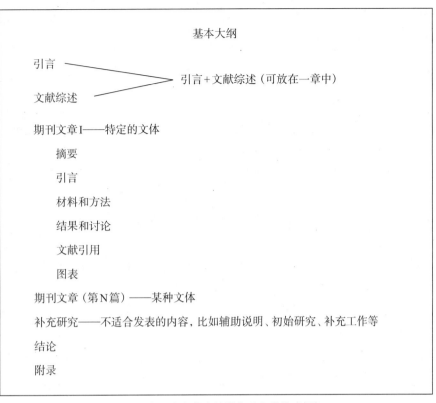

图6.2　含可发表内容的学位论文的格式框架

6.4.2.1　含可发表内容的硕士论文

对那些研究发现有待发表，又有一些补充材料要写入论文中的硕士学位申请人，有以下建议供参考（不一定按此顺序）。

1. 在开题报告完成之后，研究结束之前，撰写出完整的文献综述，并在研究过程中不断更新，最后形成学位论文中独立的章节。

2. 在研究或数据分析结束之后，完成期刊手稿的编写，并记录下哪些内容未被录入该手稿中。这样，手中既有可发表的文章，又有没有发表过的内容。

3. 将项目研究中的某些辅助性研究和未被收录在发表内容中的补充数据整理成补充章节，这部分内容可按不发表的手稿形式呈现在学位论文中，根据呈现的内容可以是报告、系列报告或附录的形式。

4. 一般来说，论文的最后都会有结论这一章。如果补充内容放在附录中，结论部分就要在此之前。结论主要是对研究目的与假设在多大程度上得以实现进行的评论，以及提出对后续研究的建议和科学发现在现实中的具体应用。结论延伸的程度决定了论文的优劣和不同，有时补充的结论并不一定对论文有利。

5. 不要将完整的文献目录放置在文章的结尾部分，而是要将引用的文献列于每章末尾。例如，在文献综述一章的末尾，要罗列本章正文中所有引用的文献。期刊稿件的文献要根据具体规范分别按不同的章节呈现。类似地，图表的标号按章编序而不是按全文编序，比如第1章的第一幅图应标为图1.1，而第2章的第一幅图应标为图2.1，而不是按照全文的图编序。

6.4.2.2　含可发表内容的博士论文

由于原始研究和创新性写作要求更高，博士生比硕士生做的工作更多。博士论文中包含的可发表内容和补充研究也比硕士论文所包含的多得多。如果要满足博士学位论文的要求，就必须对科学原理和科学理论进行更充分和全面的剖析，而这些内容不会发表在任何期刊上。因此，除了以上适用于硕士生的论文写作建议，针对博士生的论文写作，需要增加如下几条建议。

1. 虽然已经发表了几篇期刊论文，但还是有很多有价值的数据和信息未被利用，那么可以考虑把这些内容分类，放在每一章中或者附录里。
2. 要广泛阅读文献，包括那些与研究目的无直接联系，但却对研究的基本原理有支撑作用的文章。
3. 在对大量的文献进行全面的、深刻的阅读和评论后，博士论文的结论部分无论是从广度还是深度上都比硕士论文更好地解释了研究主题。而讨论和结论既反映了作者创新思考的能力，又体现了将文献中提到的科学思想与原创性研究进行整合的能力。

换句话说，博士论文是指从不同角度处理相关主题的长篇论文，并指导科学思维模式的形成，激发他人，以为科学界做出巨大贡献为主要目的。它像一个证书来证明个人的博士资格取得。

版权问题应慎之又慎。如果在论文完成前，就已经发表了几篇将要用在学位论文中的文章，那么一定要和出版商协商好版权的问题，得到允许，将来在学位论文写作时才能使用这些已发表的文章。

6.4.3　其他格式

一些特殊的研究可能对论文格式有不一样的要求。如果我们对论文写作格式有其他一些想法，一定要咨询导师和研究生委员会，听取他们的意见。例如，一篇学位论文可能包含要发表的内容，以及原创的开题报告。一般将开题报告放在论文的第1章，其中包括全面的文献综述，但有时引言和文献综述会作为单独的章，后接开题报告内容、将要发表的文章内容、补充章节、结论、附录等。除了开题报告和文献综述部分，传统学位论文的其余部分与含发表内容的学位论文的格式是一致的。

这种论文格式的一个关键在于论文中所包含的开题报告会随着项目研究的进行而调整。虽然大部分的延伸性课题都离不开原始计划的帮助，但是要想获得新的发现或新的方法，就需要脱离原始框架的束缚，让思想获得解放。然而，因为开题报告是研究的基础，所以在研究期间的一切更改都要以开题报告为依据。该类论文的格式为：以开题报告为开始，中间穿插着研究过程中产生的所有报告材料，以对研究成果、失败的情况和重要性的讨论为结局。

Stock(1985)、Smith(1998)和O'Connor(1991)在科技论文背景信息方面有着独到的见解，可供大家参考。而Bolker(1998)和Peters(1997)则提出了很多论文写作的实用性建议。

Goldbort(2006) 专门有一章的标题为 Scientific Dissertation。*Destination Dissertation*(Foss & Water, 2007) 主要关注的是社会科学，但是书中有些非常有价值的建议适用于各个学科，特别是学位论文的写作和编辑，以及文献整理与"编码"。Fitzpatrick et al.(1998) 由 3 位刚完成论文的学生所著，虽然语言轻松诙谐，但是其中也涉及很多严肃的问题。

注意： 在决定论文格式前，务必保证已获取导师、评委会和研究生院的同意。格式不一定新颖或有创新。导师或研究生院可能有严格的标准，而有些标准可能与本书中给出的建议并不一致。

6.5　学位论文答辩

大部分理工科专业的毕业生，尤其是博士生，在论文结束后都需要进行答辩。很多学生对论文答辩很担忧，但是如果研究充分，文章经过仔细推敲，在答辩时把握好时机，条理清晰，认真回答，就不会出现任何问题，这甚至会是一次令人愉快的经历。一定要把握好时间，这是非常关键的一点，在答辩前 2 ~ 3 周，务必保证每位评委老师的手上都有一份论文副本，否则万一因时间不充裕，老师来不及认真阅读答辩论文，对某些细节的理解出现偏差，都会对最终的答辩产生消极的影响。另外，为了保证答辩的效果，可以事先上门拜访几位评委老师，对一些疑惑点或答辩中可能出现的问题与老师进行沟通。

论文准备就绪并得到导师的认可，下一步就是分送论文副本，并与导师协商，提前安排好答辩日程。时间安排上要尽可能方便每一位参加答辩的专家，因为有时很难同时聚齐所有答辩委员会的专家，特别是到日程安排的最后一分钟都可能发生变故。论文答辩是公开的，研究生院会公布答辩时间和答辩题目，一定要安排好日程。为了有一个舒适放松的环境，建议答辩教室使用圆桌布局，而不是学生站在台上而老师坐在台下的这种"一对多"的布局。

在最终答辩之前，学生可能要在全系及所有答辩委员会成员面前汇报研究成果。有时可能从简短介绍研究要点和研究发现来开始答辩。要和导师沟通，以选用最恰当的汇报方式。在汇报展示前，要确保所有的设备运行正常，座位的安排要使每个人能够轻松地看到视频辅助设备上的内容。在这一环节上要力求做到最好，因为尽管研究的价值在于学位论文的内容，但是人们还是会受到非常高效的演讲者的演讲技巧的影响。汇报之后，就要回答评委老师提出的各类问题。

评委不同，答辩的方式也会不同，但是所追求的目的很接近。老师不是来为难学生的，只是对学生目前的专业能力和研究能力进行考核，如果达到他们的要求了，那么答辩自然不会难。另外，对于别人（包括评委老师）在阅读论文时可能想要问什么问题，也要提前有所考虑。比如，"这个问题定义得确切吗？""研究设计有效吗？""引用的背景文献是否恰当、准确？""数据显示的结果是否清晰？""讨论的意义是什么？""研究到什么程度了？""论文清晰易懂吗？""组织结构（题目、摘要、方法、附录）清楚吗？"如果对这些问题准备得充分，并且回答得准确，答辩过程就会很轻松。

评委老师在答辩时提问的问题，大都取决于对论文的感受或对研究过程的疑问。虽然他们对每篇论文所提出的问题不一样，但还是会问到一些常规的问题：研究的优势、劣势体现在哪里？在研究过程中所关注的重点问题是什么？学到了哪些知识？如何运用新知识？有没有发现一些偏好或研究中尚未解决的问题？这项研究对所处专业有哪些贡献？同一领域里还有哪些研究工作？如果有机会继续这项研究，那么研究方向是什么？

论文答辩时，除了与论文研究和专业相关的问题，评委还会提问论文格式、文献研究、实验方法选择的原因、图表使用、统计分析方法、出版等问题。另外，对于硕士生和博士生来说，对专业知识的掌握程度也是评委老师关心的问题。因此，学生对国内外当前和历史上的研究情况要了解清楚，对研究中涉及的科学基本原理也要知之甚详。如果不清楚自己即将面对哪些问题，那么可以咨询已毕业的上届同学、导师甚至评委老师。第19章中提到，Peters(1997)给出了如何应对答辩的建议。

参考文献

Bolker, J., 1998. Writing Your Dissertation in 15 Minutes a Day. Henry Holt, New York.

Coghill, A. M., Garson, L.R. (Eds.), 2006. The ACS Style Guide: Effective Communication of Scientific Information, third ed. Oxford University Press, New York.

Council of Graduate Schools, 2005. The Role and Nature of the Doctoral Dissertation: A Policy Statement. Council of Graduate Schools, Washington, DC.

Council of Science Editors, 2006. Scientific Style and Format: The CSE Manual for Authors, Editors, and Publishers, seventh ed. Council of Science Editors, Reston, VA.

Fitzpatrick, J., Secrist, J., Wright, D. J., 1998. Secrets for a Successful Dissertation. Sage, Thousand Oaks, CA.

Foss, S. K., Waters, W., 2007. Destination Dissertation: A Traveler's Guide to a Done Dissertation. Rowman & Littlefield, Lanham, MD.

Goldbort, R., 2006. Writing for Science. Yale University Press, New Haven, CT.

Iverson, C., Christiansen, S., Flanagin, A., Fontanarosa, P. B., Glass, R. M., Gregoline, B., et al., (Ed.), 2007. AMA Manual of Style: A Guide for Authors and Editors, tenth ed. Oxford University Press, New York.

Macrina, F. L. (Ed.), 2000. Scientific Integrity: An Introductory Text with Cases. ASM Press, Washington, DC.

O'Connor, M., 1991. Writing Successfully in Science. HarperCollins, London.

Peters, R. L., 1997. Getting What You Came For: The Smart Student's Guide to Earning a Master's or PhD. Noonday, New York.

Smith, R. V., 1998. Graduate Research: A Guide for Students in the Sciences, third ed. University of Washington Press, Seattle.

Stock, M., 1985. A Practical Guide to Graduate Research. McGraw-Hill, New York.

第7章 论文发表

> In science the credit goes to the man who convinces the world, not to the man to whom the idea first occurs.
>
> 在科学界，荣誉属于证明世界上的真理的人，而不是第一个提出观点的人。
>
> ——William Osler

几乎所有里程碑式的出版物，例如 Watson 和 Crick 的有关 DNA 结构的研究，都利用了由无数前人的研究报告集合而成的最终成果来解决科学难题。最终的成果常常会引起公众的极大关注，但是如果没有以往研究的数据资料，也就不会有最终科学上的突破。也许每位科学家都梦想着在自己的领域中有突破性的发现，或者发表的文章能成为本学科领域的经典之作，但任何一位优秀科学家的成果都要基于前人的思想与研究，正如牛顿所说："如果我比别人看得更远，是因为我站在了巨人的肩膀上。"也许我们的论文作品无法成为里程碑式的著作，但是我们的出版物很有可能成为科学进步的基石。

科学家以各种形式发布科学信息，例如通过面向非专业人士和学生的书籍，大众杂志中的文章、评论和书信，科学期刊中的简讯，以及其他形式为科学交流提供信息。但是，最普通、最具影响力、传播最广泛的形式是期刊论文。为了提供关于出版的基本内容和一些细节，本章重点关注典型的期刊论文。与其他领域的科学家交流、与非科学工作者交流的方法和途径将在第 19 章中讨论。

技术可能正在改变着人们交流的方式，但无论怎样，期刊论文中原始研究的最初报告对于科研人员之间的交流仍然十分重要。发表文章对于建立个人的学术声誉也有很大帮助。要获得这样的学术声誉，不仅要求我们的研究发现对那些阅读它并在其研究中应用它的人而言是新颖且有价值的，而且要求撰写的文章必须条理清晰、表达准确、信息完整。

7.1 论文的规划与写作

当数据收集和分析完成之后，准备发表科研成果时需要考虑以下问题：什么时候能完成写作？是否有合著者？谁会提供有益的评审？稿件将投到哪个期刊？发表需要多长时间？被采用的概率有多大？如何与编辑沟通？许多诸如此类的问题都没有简单答案，但有一些一般性的观点或许对我们期刊论文的写作与发表有所帮助。Peat et al.(2002) 提供了更详细的介绍，书中主要关注医学专业的期刊论文发表，但是很多观点都适用于所有科学期刊。

写作前，应与合作者就扉页署名排序问题协商好。建议参阅 *On Being a Scientist* (Committee on Science, Engineering, and Public Policy, 1995) 一书。查阅出版样式手册中有关作者身份、作者排序、多位作者及其各自要承担的道德责任的说明。每一位作者都应在项目研究中做出实际贡献，对文章的内容负责，并参与后期的写作和修改工作。同时，也要与导师和所有合著者讨论文章中的署名排序问题。

作者和合著者应该在动笔前或初稿完成后就选择投稿刊物。并不是每本期刊都适合所有文章的发表。有些文章的主题可能适合区域性发行的期刊，有的则适合全国甚至全球发行的期刊。通过查阅期刊投稿须知或浏览文章标题来了解该期刊的发表方向，然后仔细阅读一些期刊文章，评估其质量、格式和主题方向，决定是否借鉴引用。被引用、被评述的文章不仅是因为它的质量、主题不错，而且还因为受到了专业人士较高的评价。我们当然希望自己的作品能在较好的出版商发表，因为出版商和期刊的声誉也反映了作品质量。我们所在的学会可能就出版一些高质量期刊，但是许多其他出版商也同样值得信赖。

一旦确定了拟发表文章的期刊，下一步就要仔细阅读具体期刊的作者须知，并认真执行。作者须知可从期刊或期刊网站上获取。在研究了期刊和投稿须知，明白了受众和拟发表文章的格式后就可以写初稿了。如果后期又决定转投他刊，就需要重新研究投稿须知，根据受众和样式要求修改文章。

在选择投稿期刊时，发行量和发表周期（从投稿到发表）也应列入考虑中。一些期刊从投稿到发表的整个周期都会有详细记录，虽然文章的发表一般都会经历数月、一年甚至更长的时间，但是中间的每个过程都是状态可查的。然而，有些期刊也许会承诺在最快的时间发表，但是稿件的质量和把控却不敢恭维。

下面让我们跟着 O'Connor(1991)，Day & Gastel(2006) 和 Gustavii(2008) 学习如何写作在期刊发表的科技论文吧。首先整合研究的背景文献资料，拟定论文的题目，并简要写明文章的前言部分；其次，在没有实验结果的情况下，把基本原理、研究目的和关键点整理成原始摘要部分；第三，在开始实验时，编写材料与方法部分；第四，得到实验数据后，汇总实验结果，编写讨论、结论部分，并同时更新前言和明确标题；最后，修改摘要，添加实验结果和结论，切记摘要的长度要控制好，不宜过长。每篇文章在发表前都会经过多次修改和调整，以保证文章质量。无论是写作研究生论文还是对外投稿，必要的调整是必不可少的（见第6章）。

7.2 期刊稿件的内容

正如第3章所讨论过的，论文提纲可以整合起来并进行修改。论文内容可按照下面的顺序编排（遵循了几乎所有期刊中发表的科研论文的标准），如果有特例，则需要查询拟投稿期刊。

引言部分应当围绕主题和研究目标进行简洁而清晰的陈述。它应当致力于引起关注，阐明或定义我们所从事的研究中的特定问题或假设。它表明当前的研究工作与提供支撑的关键文献相匹配，但是注意不要在引言中写文献评论。应当简明扼要地证明工作的科学性。最重要的是，明确当前研究项目的具体目标。

材料与方法部分揭示了如何收集并分析数据的方法。通常，简单的做法就是组织内容时按部就班地与引言中的目标保持相同的顺序。可以在此步骤之前列出使用的材料、当前的条件和项目的设计，或者到具体使用时再介绍。此外，除了需要了解材料及使用方法的细节，读者也有可能会问到以下两个主要问题：研究者的工作可信吗？这种方法能复制吗？为了回答这些问题，必须提供成分、作用、条件、实验设计、复制、可重复性、数据分析等方面的完备信息。问问自己，如果其他科研人员按照论文中所说的步骤进行实验，能得到相同的结果吗？思维缜密、语言准确的方法论部分将会提供肯定的答案。

在结果部分不要给读者留下悬念。明确说明已证实或证伪的研究假设，然后引导读者按逻辑发展顺序一一解读数据，证明目标已达成。结论展示可以与实验进程和研究目标保持相同的顺序。数据通常以表格或图示呈现，文本信息则作为连接数据和目标的纽带，或者在数据展示中帮助人们抓住重点。

在许多论文的结论中，最关键的内容是图示和表格，这些是论文的结论和讨论部分的论据。清晰、准确地展示数据是非常必要的，可参阅第11章关于表格和图示的信息。Gustavii(2008)和Briscoe(1996)就表格和图示提供了更完备的信息，还对比了优劣效果的两种实例。Briscoe提供了各种各样图示的实例，例如绘制的图、照片、条形图、线形图及分子图。此外，遵循期刊投稿指南中关于表格和图示样式的特别规定是非常必要的，尤其是关于尺寸和方向的要求。至于出版风格的相关问题，可遵照这些指南规定或期刊编辑的要求。

讨论部分有时与结果部分交织在一起，但也可以独立成章。应按照你所投期刊使用的格式进行编排。讨论部分提供释义或结果的说明，并展示与文献综述中其他研究的关联。总结性陈述和用不同的数据集描述的结果紧密地结合在一起。有了结果的支撑，就可将讨论重点放在研究目标的达成上。讨论部分应当展示研究工作的整体重要性，同时引导读者的思维。但陈述数据所表达的含义时不要过度推测，远离主题。要展示研究结果如何与文献中相似的研究成果相吻合，或进行对比，将推测的部分留给读者，让其形成自己的观点。除了在方法中展示有效的实验设计，结果与讨论部分也将体现论文的信度。

最后，一定要在讨论或所谓"结论"的结尾处做总结性陈述。应该简要重申研究目标并综述目标达成的程度，一定不要只简单地把结果重复一遍，而要把研究目标的结果和支持结论的数据结合起来，简要地列举这些结论，他们可能会给读者留下最长久的印象。

7.3 投稿前的准备

在文章被作者或合著者多次修改和调整之后，大多数作者会遇到一个瓶颈，这时就需要同专业的朋友、同事或者专家的意见了。在很多院校的研究生院、研究所或单位里，学生或员工的文章都必须通过内部评审之后才能提交发表。因此，在准备发表文章之前，应先了解学校或单位的出版要求，以免做无用功。

在投稿之前，慎重选择至少两到三位内部评委，其中一人要熟知文章的主题领域，有能力指出很明显的疏漏，而另一位评委可以对该文章的研究领域知之甚少，但却是相近专业的翘楚，不仅能在学科方面，甚至在语言表达方面都能提出客观的建议。有时，作者希望能够得到其他院校或机构的专业人士、统计分析专家的部分评审意见，哪怕只有只言片语，都有裨益。除此之外，编辑或其他评审人员这些有可能不太懂科学的人，也常能在文章的组织框架和可读性上提出宝贵的意见。

　　最后，在文章经过重重审核和进一步修改后，投稿之前还应再重新阅读出版商发布的投稿须知，其中有关于版面费、纸张尺寸、行距、编号和其他格式的要求。有时难免会遗漏重要的事项，因此一定要仔细检查需注意的所有细节。有些编辑希望作者发送电子版稿件，并提交至少3份或更多副本，以便审稿人审阅。提交的文本、图示、照片的复印件一定要整洁而清晰。作者可以通过阅读须知和与编辑沟通来处理投稿中遇到的所有问题。投稿之后，一定要认真保存副本、所有的数据及数据分析，以备不时之需。

　　除此之外，最重要的就是保证论文已经完善，可以提交。一位经常评审稿件的科学家曾说过，投稿人经常犯的一个错误就是提交了一份还不错的初稿，但还不足以参加期刊论文评审。他强调说，评审者的作用不是为投稿人改写或修改文章，让他们浪费时间来评审一篇质量低劣的稿件是非常令人不悦的。

　　切忌一稿多投。一般来说，投稿须知中也会明确告知，虽然很多投稿人认为一稿多投可以提高录用率，但是让编辑和审稿人花费大量时间和金钱审阅编辑稿件，之后却发现这篇文章已被其他出版商刊登了，这是不道德的。一旦投稿，只要不撤稿或稿件没有被拒，稿件就可以看成属于出版社。不妨耐心等几天。如果一直未得到回复，或者修改意见超出了作者的能力，可以主动向编辑申请撤稿，然后再转投他处。

　　在递交电子版稿件时，随稿附信一封，留下你的电话号码、邮箱地址和邮寄地址，表达自己投稿的热情，希望稿件被采纳。如果投稿的文章有独到之处，可以告知编辑，但要尽可能文字简练，不要试图说服编辑录用文章。如果想在信中表达自己的研究发现非常适合该期刊的主题，可以简要地具体指出适合哪个部分或者简介研究发现。编辑在收到稿件后会回复一份确认信，接下来就要耐心等待了。如果两三个月之后还没有收到任何结果，则可以联系编辑，确认稿件的录用情况。

　　文章的录用不仅取决于研究的质量和写作水平，同样也取决于它的研究内容是否符合出版商的需求，以及该出版商的稿件录用率。录用比例还受投稿数量及期刊发表主题偏好的影响，稿件平均录用率为65%～75%，一些知名期刊的录用率甚至低于10%，而某些不知名期刊的录用率有可能高于65%。无论录用率高低，一定要选择该学科领域的有评审程序且声誉良好的期刊。

7.4　编辑审阅阶段

　　编辑是有个性特点的人，有时和善，有时也会发脾气，与编辑正常交流即可。在与作者和审稿人交流时，大部分编辑倾向于采用简洁、开放、直截了当的方式，沟通的目的是提高稿件质量。而对于他们提出的意见，如果与文章内容有冲突，作者可与编辑进行讨论，甚至拒绝修改，但一定要虚心听取批评和建议。虽然在写作和出版方面，编辑的经验更加丰富，但文章是自己的劳动成果，最后署名的也是自己，因此作者必须对所著内容负责任。

　　Peat et al.(2002) 和 Day & Gastel(2006) 在出版过程、评审和编辑等方面提供了非常多的有益信息。编辑人员按照职能有不同的分工。期刊投稿须知或格式指南上会列出编辑和审稿的流程。编辑是接触到稿件的第一人。在初步对稿件的主题和风格做出判断后，编辑会将稿件交到审稿人手中，假如他们没有时间，至少会安排编辑助理审稿或送稿，并与作者联系。审稿人员的分工也不大相同，但是每篇稿件至少需要两位审稿人审阅。对于稿件是否会被录用或修改后录用，在很大程度上要基于编辑和审稿人的意见和看法。

　　稿件未经修改便被通知录用并即将发表的情况微乎其微。大多时候，稿件被暂时录用后会经过反复修改，在审稿人审阅完后，编辑会评估评审意见，形成建议书，给作者发出修改建议。作者也许对评审意见持异议，但是一定要拿出合理的解释，说明无法修改的原因，要敞开心扉，直言不讳。但是，在任何情况下，愤怒只会导致更糟糕的后果。评审意见有可能不全对，但评审工作并非易事，将来自己有机会参加评审工作就会有所体会。第 9 章对如何审稿和修改稿件进行了详细说明。稿件经过几轮修改直至编辑满意后，即会通知作者准备发表。

　　如果审稿人和编辑认为稿件不能录用，就会将稿件退回，并说明退稿原因和修改建议。许多人都有过此类经历，因此在拿到退稿后不必如图 7.1 所描述的那么灰心丧气，要用尊重和友善的态度面对分歧。我们可以就论文质量和主题与编辑进行探讨，但是要以专业的态度来对待分歧和退稿。如果认为自己的文章有价值，那么修改后可以继续投递或转投他处。

图 7.1　在收到拒信后不要灰心丧气

　　稿件被拒总有以下一种或几种原因：

1. 研究内容不适合该期刊，或者研究缺乏规划和执行力；
2. 风格不一致，或者内容不严谨；
3. 研究结果不确定，没有说服力，数据不充分，或者阐释有误；
4. 解释缺失，讨论无根据；
5. 研究内容琐碎、不完整，信息陈旧或只是在重复前人的研究成果；
6. 文章内容冗长，太多无用信息、数据与讨论。

　　有时，专业期刊的论文发表也存在瑕疵。例如，知名期刊收录了一些质量较差的文章，而拒绝了优秀的稿件。发表过程中发生这种情况就如同人会犯错，不易避免。但是，如果作者熟悉审稿和出版过程，就会比较容易与审稿人和编辑沟通，进而缩短发表周期，因为有了审稿人和编辑的帮助和建议，稿件修改就会顺利得多。如果对于某些意见无法立即同意修改，则可以提出仍需时间考虑，才能最终决定是否修改文章。对于审稿人来说，他们虽不是专业的作者和编辑，但是具有丰富的经验，拥有惊人的敏感度，能快速意识到有问题，然而因为专业限制，并不一定能准确定位错误。不过对于大多数作者来说，这已足够表明此处存在表述不清的问题，因此应虚心接受意见。毕竟这些编辑和审稿人提出修改建议的目的是希望发表一篇优秀的文章，而不是毁灭它。

　　文章被录用后，在出版之前，作者还需要考虑几件事。首先，如果最终版本的稿件以电子版的形式递交，那么一定要确保电子版文件和提交的文件副本是一样的。需要提供一份副本给校对人员，这份文件将按最终出版的格式进行校对，称为校样。一般情况下至少应该由两个人仔细校对校样。另外，还需要填写一张版权转让书，同意出版商拥有文章的印刷权和复制权。在转让版权时，一定要仔细查看合同细则，以决定版权归属情况。最后是关于出版费的问题，一般会按版面收取，编辑会告知相关费用的详细说明。

请在投稿前先行查阅最新的期刊，了解具体的投稿须知和出版要求。期刊的格式指南中会有许多关于作者、编者和评审各自的责任，以及出版流程的信息。以上的这些流程都是一般性内容。随着出版商不断更新技术，以及电子出版物的品种增加，这些流程还会发生变化。也许有一天，你的文章会发表在电子书而不是印制精美的期刊上。时刻跟紧时代发展会减少很多不必要的麻烦，但电子书的出现并不代表着文章可以粗糙滥造。

最后要强调，写第一篇准备发表的科技论文之前，一定要查阅投稿期刊的格式手册、指南或投稿须知。研究生可以咨询自己的导师或学校里经常发表文章的其他老师，了解关于期刊指南和所在学科的论文写作格式或格式手册等信息，然后再向期刊编辑询问未得到答案的关于具体期刊的任何问题。

参考文献

Briscoe, M. H., 1996. Preparing Scientific Illustrations: A Guide to Better Posters, Presentations, and Publications, second ed. Springer-Verlag, New York.

Committee on Science, Engineering, and Public Policy, 1995. On Being a Scientist. National Academy of Sciences, National Academy Press, Washington, DC.

Day, R. A., Gastel, B., 2006. How to Write and Publish a Scientific Paper, sixth ed. Greenwood, Westport, CT.

Gustavii, B., 2008. How to Write and Illustrate a Scientific Paper, second ed. Cambridge University Press, Cambridge, UK.

O'Connor, M., 1991. Writing Successfully in Science. HarperCollins, London.

Peat, J., Elliott, F., Baur, L., Keena, V., 2002. Scientific Writing: Easy When You Know How. BJM, London.

第8章 终稿的格式及准确性

> The simplest rule of thumb for the author and illustrator should be: Follow what you see in print.
>
> 对于作者和插图画家来说，最简单的经验法则是：以出版物的规范为准。
>
> — Council of Biology Editors

写初稿时，首要考虑的是组织框架和内容，而终稿确认之前进行修改时，则应把注意力更多地放在格式和细节上。稿件交给审稿人之前，作者要仔细检查文章的格式与准确性，以及佐证材料。最后的琐碎工作是仔细校读，以保证文字读起来顺畅，并避免出现低级的格式和语法错误。

8.1 格式

科技写作中的格式关注的不是由个人创造力和文学素养所熏陶出的内容，而是通过使用文字和符号能够让交流变得更加清晰和顺畅。在某种意义上，它所指的是文章最终排版的样式和风格。这种科技格式包括编辑接受或不接受的结构、字体、大小写、标点、缩进和间距、缩写、引用和目录、标题、注释，以及其他写作中惯用的模式。它既是出版商或编辑处理文章时使用的一种常规方式，也是为读者提供清晰和顺畅交流的一种方式。虽然通过规范文字组织、大小写和标点使用，能让文章交流变得更加清晰，但是各出版商和编辑并未对有关格式使用的标准达成过一致。

尽管 Council of Science Editors（科学编辑委员会，CSE，以前曾称为 Council of Biology Editors，生物学编辑委员会，CBE）和其他组织机构就科学写作的格式标准进行了多次研究，有一些成功的尝试，但是目前格式仍未统一。在长期的写作过程中，一些传统的语法使用已慢慢改变了，比如10以下的数字形式为单词（如 one，two），而10以上的则以阿拉伯数字形式出现（如12，13）。在很多期刊中，除非数字在句首的位置等特殊情况，否则以阿拉伯数字形式出现。虽然几乎所有科学期刊都会遵循相似的组织框架，但是在标题上会有不同。有的称"方法"，有的称"实验步骤"，有的将结果和讨论归于一章，有的则分开而谈。另外，应着重注意缩写和标点用法这些小细节，以及标题的位置和文字样式。尤其要关注欲投稿期刊的格式要求，熟悉的风格会让编辑和审稿人感到更亲切，能够提升文章的录用率。

近年来，虽然很多期刊仍旧风格各异，但是在统一标准的道路上已经做出了许多努力。三十多年前，在加拿大温哥华市召开的编辑大会上就曾努力使出版物格式统一。当然，度量单位的国际体系构建就是重要的一步。*Scientific Style and Format*(Council of Science Editors, 2006)一书的目的是统一科技论文的格式。这份详细的样式手册不仅适用于生物科学、医学，而且适用于化学、天文学和地球科学等领域。其他样式手册还有 *AMA Manual of Style*(Iverson et al., 2007) 和 *The ACS Style Guide*(Coghill & Garson, 2006)。这些手册就格式、文稿的规划设计、写作和提交进行了探讨，但是内容更多地集中于自己的学科领域。所有这些努力都使科技论文格式的统一又向前迈进了一步，但是许多编辑和出版商仍沿用自己的格式和模板。大多数知名团体和机构只为投稿人提供了有限的样式表与指南。大家不妨参考 *Scientific Style and Format* 一书，其中列举了多本写作格式手册。另外，在任何一本科学期刊上都有简化样式表，称为"读者须知""投稿建议"或类似名称，供投稿人参考。

在写作前期要决定好欲投稿的期刊，并认真遵循该期刊的样式表的格式。如果未按照具体要求执行，那么编辑很可能在第一关就将稿件退回。期刊扉页通常会包含查找稿件的写作格式的信息、订购费用和版面费等。

8.2　标题样式

期刊论文、书籍、学位论文、报告等通常会拆分成几章，而标题则起到承上启下的作用。关于标题的字间距、标题和副标题的样式等，可参考样式表或已出版的文章。同样，作者也可自行选择适合自己文章的整齐统一、引人入胜的标题格式。最关键的是，平行的标题必须采用统一的印刷体、字号和排列。标题通常包含一级标题、二级标题和三级标题，或者第一标题、第二标题、第三标题，一般不会用到四级、五级标题。不同形式的标题中，符号所表达的重点不同，本书第14章详细描述了符号语言所代表的意义，其中字体、标题位置、字距、黑体、下画线、斜体、字母大写等手法用来指明标题中的关键和次要信息。下面的例子是按照标题的重要性排序的。然而，不同的加强手段也会改变标题的级别次序。

标题范例：

1. 位置居中

　A. 大写

RESULTS AND DISCUSSION　　或　**RESULTS and DISCUSSION**

　B. 下画线和/或黑体

Results and Discussion

　C. 仅仅位置居中（无加强手段）

Nitrogen Study, 2010

2. 位置居左

　A. 标题在正文上一行，下画线、斜体或黑体

Nitrogen Study, 2010

　正文从这里开始……

　B. 标题在正文上一行，无修饰

Nitrogen Study, 2010:

　正文从这里开始……

   C. 标题与正文在一行，斜体或黑体

Nitrogen Study, 2010. 正文从这里开始……

   D. 标题与正文在一行，段落缩进、下画线、斜体或黑体

     Nitrogen Study, 2010. 正文从这里开始……

   E. 不使用任何修饰的 C 或 D 格式

8.3 参考文献的准确性和格式

期刊格式差异的最显著特点在于引用参考文献时格式不同。各种期刊在正文中引用文献的格式和文献目录中的格式也各不相同。文献目录（bibliography）中涵盖了与文章相关的所有参考书籍，这些书籍有可能已经出版，也有可能尚未出版，甚至不一定在文章中被引用。不同期刊中，文献目录一节的标题也有可能不同，有的称为 Literature Cited（引用文献），有的则称为 References（参考文献），虽然两者的意义有细微差别，但都指代的是与文章相关或被引用的文献。引用文献通常指正文中引用的已出版文献，而参考文献既可指正文中引用的出版文献，也可指未出版的（个人交流或内部文件）文献。

参考文献引用的重要标准是资料的准确度、完整性和时效性，以便读者轻松地了解引用资料的来源。无论期刊风格如何，引用参考文献时必须包含以下信息：作者姓名、出版日期、标题（有些期刊中不要求）、来源（出版社、出版地、期刊名、期刊号、页码），引用必须清晰完整。如果期刊并未对文献引用的格式做出要求，那么至少要保证引用资料的一致性、完整性和准确性。一旦引用资料出现错误，就会误导、烦扰其他的研究人员，也会降低文章的信度。

各种期刊中参考文献的格式不同之处还体现在以下细节中：标点符号、大小写、首字母的用法、日期及其排列位置等。经常使用的参考文献引用格式有以下三种，其中作者姓名—出版年份格式对于作者来说非常方便，建议采用这种格式，无论作者对稿件添加或删除引用，都不会影响引用文献的标注。

下面给出了三种基本文献格式的样例，尤其要仔细观察其中标点、顺序和其他细节的区别。一般来说，期刊的文献格式在某种程度上与以下样例之间仍有差别。也可以使用诸如 Endnotes，Refworks 或者 Zotera 等软件并按其中的一种文献引用格式来整理所有的引文，并能够自动地切换格式。最重要的一点是，要按照我们投稿的出版社要求的格式来编辑。

以下为三种文中引用和参考文献目录格式的样例。

1. 字母—数字格式

文中引用案例

a. In 2008, Bilbrey and Rawls (2) developed a technique for ...

b. With the mathematical model (2), we could project ...

c. Several theories have been proposed for measuring soil water potential (2,4,7,13,21).

优势与劣势

这种格式对文章的流畅性有很大帮助，对出版商来说，比采用作者姓名—出版年份格式的成本更低。在论文中用数字来标注引用的文献，而数字是按文献中的字母排

序得到的。然而，字母—数字格式无法让读者仅从一个表明顺序的数字中看出被引用文献的作者和文献的发表年份。如果作者要添加或删减某个参考文献，就要对全篇的引用文献及文献目录重新排序。

参考文献顺序应按照字母排序，序号——对应文中引用的部分。

字母—数字格式的文献目录

Literature Cited

1. Adcock, R. L. 1998. Moisture stress on soybean pod development. Crop J. 95: 345-347.

2. Bilbrey, J. C., and R. M. Rawls. 2008. Measuring soil water potential in a Sharkey clay. Gen. Soil Sci. J. 13: 121-124.

3. Green, C. R., A. C. Dobbins, V. C. Martin, and W. R. Amity. 2010. Response of grapes (*Vitis lubrusca*) to drip irrigation. [Internet] HortReport 59: 13-14. (Online at http://www.fruitprod.net/waterneeds.html. Accessed 11 June 2011.)

2. 作者姓名—出版年份格式

文中引用案例

a. Bilbrey and Rawls (2008) developed a technique for...

b. By using a mathematical model (Bilbrey and Rawls, 1988), we could project...

c. Several theories have been proposed for measuring soil water potential (Adcock, 1998; Bilbrey and Rawls, 2008ab; Dobbins, 1999; Ferguson and Fox, 1999; Fox, 1991; Lennon et al., 2005; Watson et al., 1995). These theories allow for...

优势与劣势

使用这种格式，作者可以随时添加或删减参考文献，而且文献信息比较全面，涵盖了作者姓名、出版年份等。但是，如果一个段落或句子里大量引用参考文献，会导致读者要跳过这些内容才能继续阅读正文部分，这对文章的整体结构会有分散性的影响，而对出版商来说会增加印刷成本。

参考文献顺序总是按照字母排序。

作者姓名—出版年份格式的文献目录

References

Adcock, R. L. Moisture stress on soybean pod development. Crop J. 95: 342-345; 1998.

Bilbrey J. C.; Rawls. R. M. Measuring soil water potential in a Sharkey clay. Gen. Soil Sci. J. 13: 117-121; 2008a.

Bilbrey J. C.; Rawls, R. M. Drip irrigation for grapes. HortReport 78: 14-15; 2008b.

3. 引用次序格式

引用次序格式按照引用的文献在论文中出现的顺序来为文献编号。因此参考文献目录不是按字母排序的，文内的编号通常用上标或文内的括号标注。

文中引用案例

In 1995, Fox[1] developed a technique to measure soil water potential.Bilbrey and Rawls[2] modified that technique in 2008 to the form used today[3,4,5].

优势与劣势

与作者姓名—出版年份格式相比，这种格式的成本较低，更适合于篇幅较短、引用文献较少的文章。如果文章篇幅较长以致大量引用参考文献，这种格式就未必那么合适了，要修改或添加引用就比较困难。

这种格式的参考文献不是按照字母顺序排列的，而是按照引用的文献在论文中出现的顺序来编号。

引用次序格式的文献目录

References

1. Fox, R. T. (1995) Agric. Bull. 102, 47-49.

2. Bilbrey, J. C. and Rawls, R. M. (2008) HortReport 32, 17-21.

3. Lennon, T. R., Elzie, M. S., and Cola, R. C. (2004) Crop J. 79, 173-177.

这些格式也许适合于某些期刊，但是不一定会受到欲投稿期刊的编辑和审稿人的青睐。因此，遵循欲投稿期刊要求的格式是最基本的原则。

8.3.1　电子文献

随着网络应用的发展，出现了越来越多适于被引用的电子文献，因此电子文献的清晰引用也变得与纸质文献一样重要。电子文献的优点在于读者可以非常容易地找到与作者检索的文献资料一样的文章。然而，存储和记录电子文献的标准尚未明确，它不能都像纸质文献一样存档，甚至可能随时会被更改或从互联网上消失。

与纸质版文献格式一样，电子文献也要包含：作者姓名、标题名称、来源（出版商或期刊）、出版日期或最新版本。另外，对于电子文献，在标题后应标注 [Internet] 并将引用文献的网址、链接及引用日期标注出来。对电子文献引用格式的任何疑问可以咨询编辑，以确保使用他们青睐的格式。网络电子文献的引用通常有以下格式（仅用于举例说明，内容是虚构的）。

建议的格式：作者姓名，引用文献的标题 [Internet] 城市、州；地址，日期（更新日期），查询日期，来源于 http://www 来源地址。

案例： Kurtz, J. E. Earthworm activity in petroleum-contaminated soils [Internet], Tulsa, OK. Tulsa University Department of Soils: 3 March 2007. Updated 10 October 2011. Accessed 1 January 2012. Available from http://www.TU.edu.worms.

除非有最新版面世，否则纸质版文献不会发生变动。所以，版本都有序号，并且出版时间是决定引用文献是否有价值的关键要素。然而，因为电子文献的不稳定性，在引用时应将查询日期和最近更新日期标注出来，引用电子文献所面临的种种困难还远不止这些。不过，最新的格式指南中还是描述了电子文献引用格式的一些基础信息，读者可参阅 Hofmann(2010)，网上也有类似信息。虽然格式指南中对电子文献的格式做了基本概括，但是在实际使用时，还是应以欲投稿期刊上的作者须知为准。最后提醒各位读者，要警惕网络文献中的新信息。

8.3.2　其他格式问题

标题和文献格式迥异是不同期刊中最显著的两个方面。当然，也要关注其他的格式特点。例如，各类期刊在使用缩写、字距、脚注等格式时会略有差异。要想做到格式正确主要靠作者自己。当然，作者应知悉论文本身的价值，以及给读者带来的阅读价值。最重要的是文章的最终校对，避免写作中无意间产生干扰性错误。正如C. C. Colton所说，"作者最大的成功在于，读者用最少的时间获取最多的知识。"

8.4　校对

在论文编写和排版过程中的一些拼写或语法错误非常影响读者的理解和作者的声誉。虽然作者没有必要在开始写作时就想着要创作出很完美的文章，但是在文章交给审稿人之前还是应该仔细校对内容、标点和格式等细节。读者在阅读时通常关注的是文章的内容，但是如果文章中不断出现拼写错误、字母颠倒、不恰当的单词和短语等现象，则会非常影响读者的注意力，从而让读者一直纠结一些无关紧要的问题，例如"这个单词是错误的，i不是应该放在e前面吗？""这个词的首字母应该大写吧？""这个单词我可没见过"诸如此类的问题，让读者渐渐遗忘了文章所讲述的内容。很多作者在交稿前未进行校对，导致文章中出现了大量的语法和拼写错误，影响了自身的声誉，并且让编辑和审稿人认为该作者是一个马虎、素质低的人，从而导致文章被拒绝录用和发表。所以，一定要校对。

校对工作不是编辑或评审。校对人员一般不会重点关注文章的内容，而是关注技术性错误或语法、单词拼写、格式等错误。阅读包括泛读、精读、研读、速读，但是校对不属于其中任何一种。记住，校对自己的文章是最难的。因为太熟悉自己的文章，以至于很难区分已经表达的和应该表达的差别，结果很容易跳过错误。因此一些重要的文章一定要请他人来帮忙校对终稿。

如果需要校对一篇不熟悉的论文，那么至少要读两到三遍。第一遍时，通读全篇，了解基本内容，为第二遍做好准备。在这一过程中，可能会偶然发现几个小错误。第二遍时，逐词、逐短语地仔细阅读，检查单词的选择是否合理，以及短语的语序，找出错误，做好简单标记。如果错误不多，校对就此结束，否则就要读第三遍。第三遍时，逐句、逐段地阅读并关注句子结构，记录前面两次未发现的错误。最后从头开始，将所有的错误按照正确的校对符号重新标记。

在文字处理软件的帮助下，校对可以在计算机上进行，这样会方便得多。虽然电子校对比较容易，但这里还是建议至少对纸质版稿件进行一次校对。毕竟电子版文档无法看出出版后的效果。校对时，不要过度依赖和相信拼写检查软件的结果，因为它只能检查出拼写错误的单词，而检查不出拼写正确但却使用不当的单词，比如they误写为the，affect误写为effect，检查软件是查不出这种错误拼写的。

当校对遇到瓶颈时，可以选择大声地阅读或者请其他人一边慢慢地读，一边来校对，换一种方式也许会取得更好的效果。切记，成稿之前一定要经过至少两人（包括作者本人）的校对。认真校对并按照校对符号做好标注。表8.1列出了几种惯用的校对符号，其他详见欲投稿期刊的写作指南或者专业字典。

表8.1　通用校对符号

校正	符号	原始文章	更改后的文章
删除	ℓ	the old cat	the cat
撤销删除	stet	the old cat	the old cat
删除空格	⌒	the o ld cat	the old cat
插入	old	the cat	the old cat
替换	old	the big cat	the old cat
插入空格	#	the cat	the cat
新段	¶	Once upon a time	Once upon a time
左移	⌐	the dog	the dog
右移	⌐	the dog	the dog
居中	cTr	the dog	the dog
对调	Tr.	the on dog	on the dog
字母小写	lc	the Old dog	the old dog
字母大写	Cap	jim burns	Jim Burns
句点	⊙	Go west	Go west.
逗号	⋏	Come Jim.	Come, Jim.
单引号	⋎	Jims dog	Jim's dog
上标	⋎	3 m2	$3 \ m^2$
下标	⋏	H2O	H_2O

在准备发表的论文、报告、学位论文或提案时，我们会将注意力集中在研究内容，如何向读者讲述，可以使用哪些数据，以及如何清晰地组织和发展文章结构等重要问题上。但是，一些小的细节问题可能会使终稿中出色的内容受到非议。稿件是否被录用的影响因素还包括作者是否会按照欲投稿期刊的格式要求进行编写，以及稿件是否经过仔细校对。

参考文献

Coghill, A. M., Garson, L. R. (Eds.), 2006. The ACS Style Guide: Effective Communication of Scientific Information, third ed. Oxford University Press, New York.

Council of Science Editors, 2006. Scientific Style and Format: The CSE Manual for Authors, Editors, and Publishers, seventh ed. Council of Science Editors, Reston, VA.

Hofmann, A. H., 2010. Scientific Writing and Communication: Papers, Proposals and Presentations. Oxford University Press, New York.

Iverson, C., Christiansen, S., Flanagin, A., Fontanarosa, P. B., Glass, R. M., Gregoline, B. et al., (Ed.), 2007. AMA Manual of Style: A Guide for Authors and Editors, tenth ed. Oxford University Press, New York.

第9章 审稿与修改

> No one can make you feel inferior without your permission.
> 如果你不愿意，没有人可以让你感到自卑。
>
> —Eleanor Roosevelt
>
> We are the products of editing, rather than of authorship.
> 优秀的文章与其说是作者的努力，不如说是编辑的功劳。
>
> —George Wald

几乎所有的工艺品或者艺术品的最初状态都是粗糙的，要不断地重塑、打磨、修改、抛光、调整才能成型，这个过程就如同审阅文章一样。换句话说，一篇优秀的科技论文不仅要依赖一位资质高的作者，同时也离不开后期不断修改和校对（见图9.1）。Zinsser(1998)曾说，"正如很多人所认为的，写作确实很难。"建设性的意见对于文章的修改有很大帮助，因为很多文章并不是一蹴而就的，而是不停地修改、磨合出来的。

优秀的文章在出版前都要经过至少三次或更多次的审阅和修改。如果一篇文章没有给第二个人看过，也没有做过任何修改，那么是不会有任何一家期刊录用它的。以本书为例，除了至少三次的审阅和修改，

图9.1 优秀的文章都建立在对原稿的不断修改的基础上

每一版的每一章都经过多次的修改，每一次的修改意见都起到了很大的帮助。作为一名科学家，要学会审阅和修改自己的文章，参考他人提出的修改意见，同时也为他人的文章提供意见。在请他人审阅前，一定要先认真审阅和修改自己的文章。

9.1 自我审阅和校正

在审阅自己的论文时，既要有一种自信的态度，也要保持客观和谦虚的心态。虽然对于每位作者来说，虽然保持客观的心态有一定的难度，但如果有开放思维就能做到。在完成初稿后，作者至少要检查三遍，然后再交给他人审阅。

第一遍时，检查论文的基本内容，保证未偏离主题，还要检查论文的组织结构和逻辑顺序，以便读者易于理解；第二遍时，检查修改每一章节的内容，看能否对主题起到应有的支撑作用，包括前言、方法、结果、讨论、文献、图表和结论。这两次审阅不用关注拼写与标点错误；第三遍，检查句子表达是否清楚、用词是否准确、格式选择是否合适等细节问题。为了取得更好的效果，可以尝试以下具体方法。

第一遍　先将已完成的稿件放置几天，也许放一周或更长时间，如果交稿时间紧迫，那么至少停顿几小时。从长远来看，适当的心理调整对稿件的修改能起到事半功倍的效果。在重新拿到文章之后，假设从未读过，像对待一篇别人已出版的文章那样，从整体着眼，略过小瑕疵，判断这篇文章的作者是否阐明了中心内容、组织结构是否完整、描述是否清晰等。换句话说，要以门外汉的身份质疑和批评文章的内容和组织结构，试想不了解这篇文章的人会提出什么样的问题呢？其他读者能否清楚地了解文中的研究目的、研究方法、讨论及细节内容呢？如果不清楚，就关注这些点，先忽略句子结构、语法等细节问题。这时试图做到表述明确、逻辑顺畅、重点突出。

第二遍　在完成以上工作后，对于论文中的关键信息，作者应该已经确认无误，那么接下来要继续对更新后的文章进行校正，这次一定要放慢速度，在仔细地阅读中反思文章每一个主要部分可能会出现的问题，例如文章的摘要、前言等部分的内容。认真核对研究材料和方法，想一想如果一个完全不熟悉文章研究领域的人按照文中给出的研究方法进行实验，能否得到一样的数据和结果。其次，核实数据的准确性，检查图表、结果和讨论部分的内容，想一想数据是否可以简化到通俗易懂的程度。在不改变内容含义或曲解数据的情况下是否需要添加注释？或者是否需要删减一部分讨论、表里的一栏甚至一幅图？认真检查图表不仅仅为了纠错，使内容明晰，也是为了更好地用它们来解释研究结果。

在讨论部分，想一想能否将本研究与文献所揭示的其他研究发现相关联。检查文中引用和文献目录，并追根溯源，看看是否在参考的语境中曲解了引文的含义。当然，以上错误谁都不会故意去犯，但是有时文字的表述会使人曲解原意，甚至无法正确地传达某些细节或想法。另外，还要看结论是否简洁清晰地诠释了研究结果。

第三遍　在经过以上两遍修改后，最后一遍更多关注的是措辞、逻辑、语句结构等细节。要考虑每一句话是否都起到了支撑假设和推理的作用。Day & Gastel(2006)，Tichy & Fourdrinier(1988)，Paradis & Zimmerman(2002) 和Zinsser(1998)都介绍了写作时如何措辞，以及语句结构等方面的内容。如果觉得文章中的语句杂乱无章，就要重新组织句子的结构，注意过渡，力求表达准确，关注细节。单词拼写、数字标号、语句意义等细节的准确度也应重视。同时，应严格遵循期刊的写作样式。不要过于依赖自己的记忆力和直觉，要核实图表中的数据信息、文中引用和文献目录。如果很早就完成了文献检索，就需要继续查询相关主题的最新文献，必要的话，更新文献引用。千万不要认为写完论文就没问题了，检查是很重要的，尤其实验数据的准确性，是否匹配原始记录；另外，还要检查文献引用是否准确无误。

完成以上三遍检查和修改后，将文章搁置一段时间，然后再次通读全篇文章。有时大声朗读会比默读更能发现问题，这一阶段可以重复上面的步骤。如今越来越多的作者在写作完成后会将文章搁置几天，然后再检查修改。无须被纠错所困扰。如果文章内容清晰、准确，没有语法错误，自己比较满意，就可以请其他人来审阅。

9.2　他人评审

9.2.1　内部评审

在自我审阅校正之后，可以征求合著者或内部评审人的批评意见来提升文章质量。同事、导师和编辑提出的各种修改建议，都会使文章在与读者见面之前得到更好的润色和打磨。谨慎选择评审人，最好选择一位熟悉这项研究的人。第一位评审人与作者一样，他可能很了解这个主题但并不知道对这个研究知之甚少的读者会有哪些困惑。第二位评审人可能熟悉这项研究所包含的科学原则，但是并不了解论文的特定主题等细节内容，他更像一位普通读者。作者可能希望再找一位某个领域的专家来做评审，例如数据分析师，通过他的检查以确保用最好的形式呈现数据，或者找一位擅长写作的人，可以指出文章组织或句子结构不符合逻辑之处。大多数人都过于关注自己的研究，太过关注以至于意识不到读者的疑惑。如果论文是期刊稿件，在投稿之前请内部评审人把关非常重要，应根据评审意见修改论文。

9.2.2　期刊编辑或审稿人的评审

经过自己和内部评审人审阅并修改后，手稿就可以准备提交发表了。一位国际期刊的审稿人曾说，最令他失望的不是研究的质量而是稿件的质量。有些作者提交的稿件未达到评审要求，虽然文章有很好的科学观点，但是表述得不清楚并且写得很糟糕，许多表达欠佳的句型结构和语法错误抹杀了论文的重点。如果编辑提出返工意见并寄回给作者，之后再次收到很糟糕的修改稿，那么论文很可能被拒。

一定不要对审稿人有过多的期待。因为即使前期同行专家提出了有益的修改意见，他们也不会像有魔力一样将一篇差评的文章修改成一篇完美的论文。很多专业期刊里的审稿人是义务工作的，他们最大的回报是看到一篇篇优秀的学术论文发表，为科学领域添砖加瓦，并维护期刊声誉。因此，我们要尊敬那些给出建设性意见的审稿人，给他们留出足够的时间来进行评审。也许一开始作者认为完全没有必要再修改，但得到的批评意见却引起了作者足够的重视，进一步完善论文。因此，要认真看待得到的评审意见，虚心改进文中不足之处。即使与审稿人意见不一致，作者也要尊重他们提出的建议。

在修改论文的阶段，态度至关重要。即使论文在投递后，也要随时按照审稿人给出的意见进行修改。我曾审阅过成百上千篇文章，其中印象最深的是一篇由一名研究生写的研究方法的论文，这篇文章在未经任何修改的情况下就发表了。很少有人有这样的运气，这种概率小之又小。

无论审稿人提出的意见有多少，都应当做好充足的准备，客观地看待这些建议。如果稿件不错，大多数审稿人不希望在一开始就否决一篇文章，他们通常都会带着真诚的想法，认真地提出自己的看法，以帮助提升稿件质量。因此，作者要牢记这一点，并学会站在审稿人的角度去看待送审的论文，最终按照审稿人的建议完善论文，达到出版的要求。

有时，一篇优秀的论文也不一定能得到有益的评审，正如 Danielle Steele 所说，"也许你正在用着最好的配料做蛋糕，但是旁边的人却毫不在意，不予置评。"也许最差的评论就是没有意见或者类似于"文章组织结构待加强""写得不错，适当增加些数据会更好"等敷衍性意见，这类评论起不到实际性的帮助。如果文章没有差到需要重写的地步，审稿人应该具体指出哪部分需要加强组织结构，哪部分需要增加数据，哪部分需要改进交流方式。

期刊编辑通常会选择那些和文章主题相近的研究领域的审稿人，因为他们非常了解这一主题，所以就有可能质疑那些没有被普遍接受的新观点，或者提出与一般的设想相矛盾的观点。不要被这些人打击到，有时他们提出的批评会在无意中有助于文章的改进。比如，他们经常专攻文章最薄弱的环节，提出批评意见（即使作者不同意这些看法）。但是，作者可以尽力完善这些章节，并用最有力的证据来支持自己的观点。任何一位发现文章问题的审稿人，无论他（或她）的态度如何，都提供了帮助。即使他们无法明确文章的具体问题，只要提出质疑就有助于找出需要继续改进的地方。要时刻保持自信心，确信这些意见能够让文章变得更加优秀。

要保有开放的心态，但是对审稿人提出的建议也不要盲目遵从。有时，他们给出的看法也会出错，这时你可以选择不对文章做出更改，但是要向编辑解释原因，始终牢记文章属于你和合著者，要时刻对它负责。作为普通人，审稿人也会犯错，但是在学会客观地自我批评和检讨前，不要轻易地将错误归到审稿人的身上。在按照审稿人意见修改后，像以前一样，将文章暂且搁置一旁，一段时间后再次检查一遍，直到确认整体脉络流畅清晰后再交给编辑。并附信说明是如何根据评审意见来修改文章的，哪些观点并不赞同，并如何对待观点上的不同。如果一篇文章的作者、编辑和审稿人都以专业态度各司其职，这将是科学之福，也成就了一篇好论文。

9.3　审阅他人论文

在科学工作者的职业生涯中，很可能会被邀请去评审别人的期刊稿件，特别是投到专业期刊的稿件。很多期刊文章都是匿名审阅的，也就是作者和审稿人相互并不知道对方是谁。也有公开审阅的情况，即作者和审稿人之间不仅相互认识，而且可以交流。不过也有很多介于这两种审阅方式之间的情况，作者不知道审稿人的姓名，但是审稿人却知道作者的名字。

虽然同行评论程序并不是万无一失的，但是对于屏蔽劣质文章却起到了重要的防护作用。作为一名审稿人，让观众能够接受这篇文章是首要关注的问题，然后就是保持公正的态度。有时，审稿人的主要责任是帮助作者完善文章，以便发表；有时，他的主要责任是帮助编辑判断文章能否被录用，以及回复作者。无论处于何种位置，审稿人都应站在观众的立场上评估编辑和作者的工作。不过，审稿人仅负责提出建议，而不负责整篇文章的编辑或修改，这些都不在他们的责任范围内。要确认编辑与作者能理解审稿人的标注和论文的评语。随着计算机科技的发展，网上评审已成为可能。审稿人可以在电子版稿件里标记建议与修改，注意要清楚地表达建议，确认编辑与作者能够清楚地分辨原稿与建议。

在审阅文章时，要遵循以下三个原则：1）把好关。审稿人应当与编辑同心协力把好第一道关，勿让垃圾文章出现在科学期刊中；2）按时完成。论文的作者希望尽快得到回复，而出版商也不希望将一篇优秀的文章拖到过时，因此审稿人应按时完成并返回编辑；3）对论文内容要保密。论文所有权是属于作者的，即便文中描述的内容令人热血沸腾，在文章发表前盗用或披露它的任何信息都是不道德的行为。

在审阅他人文章时，可以遵循前面讲到的自我审阅三遍的阅读方法。审阅他人与自己的文章的不同之处在于：审阅他人文章时不用修改，只需提出对主要观点、章节和细节内容的建议，如果论文作者认为建议可行，则会按照建议进行修改。

作为一名专业审稿人，要详细阅读文章的全部内容，把控文章的各个细节及其准确度。而对于全职审稿人来说，要具备以下基本条件：1）熟知文章主题的相关内容；2）熟读过相关领域的文献资料；3）熟悉论文作者欲投稿期刊的风格特点，并且对读者群体有一定的了解。只有具备以上的专业能力，审稿人才能将文章的清晰度和研究内容及细节的准确度把控好，以评价论文质量。在某种程度上，审稿人只是一名助理，态度要谦虚，但是也要绝对客观。审稿人不仅要评论整篇文章的价值，还要点评文中的优势和劣势章节。Barbara A. Booth 在 *The ACS Style Guide* (Coghill & Garson, 2006) 第6章关于同行评审的内容中给出了关于评审过程和作者、评审及编辑各自责任的有益信息。Peat et al.(2002) 或 Hofmann(2010) 中提供的评审清单对于论文评审也非常有帮助。在评审他人稿件时，以下建议十分有用。

- 审阅稿件时，要在复印件上进行，不要标记在原稿件上。因为，在阅读稿件的过程中，有可能会改变主意，更改之前的修改意见。有时是编辑或作者要求标注在复印件上。如果是网上评审，要获得编辑的认可，在插入标记或建议时需要十分谨慎，以免出错。

- 通读全文，大致了解研究的内容。其次，仔细阅读并思考以下问题：研究内容是否合理？数据是否可信？引用的文献资料和使用的科学原理是否合适？研究内容是新的方向还是以往科学发现的复制？

- 如果你能正确回答以上问题，接下来则需要考虑：研究是否有效？是否完整？是否可信？研究假设和目的是否明确？统计设计是否合理？研究方法描述是否清晰，读者能否还原实验步骤？研究结果的表述是否清楚？数据是否支撑文中对研究结果所进行的阐述？是否进行了数据统计分析？分析是否准确？读者是否理解图表中数据所指代的信息？

- 接下来按章节仔细检查。每章的内容表述是否清楚？标题是否恰当？摘要的长度是否合适？内容是否概括全面？哪些章节内容可以删减？修改？缩短？扩展？

- 完成章节的检查后，就要对更详细的内容进行审阅了。每一章节的组织框架是否清晰？语句表达是否正确？正文、图表、文献的格式是否遵循正确的模式？文献引用是否恰当，还是仅做了冗长的赘述？在这一过程中，也许会标记一些错误的拼写、语法错误等，但是对于一名审稿人来说，主要职责不是修改或者编辑文章，而是对研究的薄弱点提出详细的、切实可行的意见。

- 在以上检查过程中，审稿人应该记录下所有的问题。可直接将给编辑和作者的评论和意见写在稿件或空白纸上，评论应清晰易懂，意见应切实可行。不要简单一句"不接受"，什么是不接受？有没有办法让文章变得可接受？换句话说，在无须重写文章内容的情况下，尽量将意见提得具体一些。

- 最后，完成审阅后，认真思考：自己所提的意见是否对作者有帮助？是否有失偏颇？是否准确无误地传达给了编辑和作者？详见附录7中的评审意见。一名专业的审稿人是无价之宝，一名不负责任的审稿人则是科学领域的灾难。

参考文献

Coghill, A. M., Garson, L.R. (Eds.), 2006. The ACS Style Guide: Effective Communication of Scientific Information, third ed. Oxford University Press, New York.

Day, R. A., Gastel, B., 2006. How to Write and Publish a Scientific Paper, sixth ed. Greenwood, Westport, CT.

Hofmann, A. H., 2010. Scientific Writing and Communication: Papers, Proposals and Presentations. Oxford University Press, New York.

Paradis, J. G., Zimmerman, M. L., 2002. The MIT Guide to Science and Engineering Communication, second ed. MIT Press, Cambridge, MA.

Peat, J., Elliott, F., Baur, L., Keena, V., 2002. Scientific Writing: Easy When You Know How. BJM, London.

Tichy, H. J., Fourdrinier, S., 1988. Effective Writing for Engineers, Managers, Scientists, second ed. Wiley, New York.

Zinsser, W., 1998. On Writing Well: The Classic Guide to Writing Non-Fiction, sixth ed. HarperCollins, New York.

第10章　标题和摘要

> Clutter is the disease of American writing. We are a society strangling in unnecessary words, circular constructions, pompous frills and meaningless jargon … Simplify, simplify.
>
> 目前，美国的科技写作杂乱无章，充满了冗长的语句、不断循环的句式结构、华丽空洞的修饰和毫无意义的行话……精简是唯一的出路。
>
> —William Zinsser

标题和摘要是阅读率最高也最难编写的部分。这两部分主要起到了以下两个作用：1）涵盖了文章的基本信息；2）帮助读者判断是否有必要通读全文。标题和摘要中的关键词在文献搜索时可作为索引。Zinsser(1998) 曾指出，在科技写作中，避免杂乱，坚持简洁对标题和摘要尤为重要。因此标题和摘要的写作必须尽可能简洁，让读者一目了然。信息量大的摘要和标题通常会被摘录出来单独发表，因此每部分独立成章非常重要。在写摘要和标题时，要将研究目标和读者牢记于心，一定要结构清晰且简洁。

10.1　标题

标题是文章的门面，在吸引读者的同时，更重要的是传递信息。文章的标题是精炼的短语，很多读者会看文章标题，但不一定会阅读文章内容，因此在标题上至少应做到以下几点：

1. 语句尽可能精确、简练；
2. 说明文章的要点；
3. 帮助展示文章主题。

标题写作的技巧是：首先给出文章的写作目的；然后为文章起一个比较粗糙的标题，也可称为暂定标题；在完成剩余部分的写作后重新校正标题。有时，修改完摘要内容后还会再次修改标题。

标题的写作关键在于长度、选词和结构。对于不熟悉文章主题的读者，标题要起到一定的帮助作用，因此在选词时一定要准确，并且可以在文中搜索到相关解释。短语结构必须避免含糊不清，引人误解。优先使用关键词，删去多余的词语，避免使用缩略词、商标名和专业术语。另一方面，标题在保证信息量充足的情况下，还应尽量精简，一般 8～12 个单词的长度比较合适。科技论文的标题不同于新闻标题，读者更注重信息内容而不是热点话题。

标题中含有主动动词（构成完整的一句话）也是非常不恰当的。科技文体的标题既要有信息量，又要尽可能地具体、明确。

有的期刊要求提供页眉标题，这种标题出现在除第一页以外的其余文章各页，作为注解，是一种缩写形式。更多关于标题写作的信息可参考Day & Gastel(2006)。Hafmann(2010)也给出了许多优劣标题的对比实例。本书的附录8详细描述了标题的写作过程，另外在期刊样式手册中也有详述。

10.2 摘要

摘要对于研究论文或研究计划来说是最重要的，也会作为一个独立的部分用于会议上。从广义上讲，摘要是对长篇文章的简要表述。这个术语也经常用来指期刊论文，以及报告、计划、评论、海报、会议演讲等的浓缩形式或高度总结。内容概要，比如对计划的描述性综述或执行综述，有时也称为摘要。学术会议上，有时也会出版一些扩展摘要。

描述性摘要又称为指示性摘要。这种摘要旨在给出论文的主要内容，但是没有高度概括其中包含的信息。这种摘要一般应用在各类报告和评论中，但是因为过于简单，如果它不随报告出现，本身的意义也就不存在了。描述性摘要很像论文的目录，方便读者快速确认是否有必要阅读全文。这种摘要包含的信息量太少了，以至于根本无法取代期刊论文中的信息摘要。描述性摘要是对报告、评论或会议论文的有益总结。特别是针对还没有完成的研究项目做报告时，更能提供帮助。

会议上发布的扩展摘要比期刊论文的信息性摘要长得多，尽管还是对研究的概述，但是包含了更多的细节内容，比如研究方法和更多的数据（有时甚至包括图表）。计划的执行摘要也比期刊论文的摘要长得多，而且作用不同，前者关注研究的需求、可行性和收益（详见第5章关于执行摘要的详细内容）。

不要被关于摘要定义的这种细节描述所误导，只需了解它确实存在以上几种形式，并且出现在科技期刊中的是信息性摘要即可。信息性摘要比广义上的摘要有更多结构形式上的要求，其结构脉络要遵循文章的要求，而且长度有严格的限制。信息性摘要必须包括以下内容：

1. 科学调查的研究目的和基本原理；
2. 使用的基本研究方法；
3. 得出的实验结果和重要结论。

信息性摘要对文献综述和讨论章节可以不做概括，参考文献也不应包含在内。文章中对结果加以阐释的讨论和推测不宜过长，很多期刊对摘要的长度和字数有限制，一般是一段不超过200～250字，或者是文章总字数的3%～5%。这个简洁的摘要可以单独发表，也可以作为完整的文档以电子版的形式发布。一些学会还会出版摘要集，比如 *Biological Abstracts*。本书的附录9详细列举了几个摘要样例。McMillan(2001)也曾提出和讨论了几种摘要格式。

正如 *AMA Manual of Style*(Iverson et al., 2007) 所介绍的，结构性摘要也是一种信息性摘要形式，在每部分开头都有小标题，一般多用于医学报告中。一些格式指南也会给出所需摘要的内容和形式。Silyn-Roberts(2000)中有一章专门介绍各种摘要。在投稿前，建议阅读欲投稿期刊的作者须知或已出版的论文，对其中的摘要写作要有充分的准备。虽然不同期刊中的摘要描述各有不同，比如摘要的长度，但是所有的信息性摘要都包含以下三方面内容。

1. 让读者迅速而准确地获知文章信息，从而让他们确定是否有必要继续阅读正文部分；
2. 对论文正文进行了高度概括，可提炼出来单独发表或在网上以电子版发布；
3. 摘要中的术语可以帮助读者进行文献搜索，也可以帮助专家在索引和电子数据库中进行文献检索。

为达到以上目的，信息性摘要必须简洁、一目了然，成为一份完全能自证其说的科学调查报告。

尽管强调简洁，但信息性摘要应该包括的要素为：1）必须涵盖文章的重要部分（例如研究目的、基本方法和结果）；2）必须用最少的语句概括出最详细的内容。关于简洁，在保持清晰的情况下，应避免语言不流畅、不连贯。一定要突出重点信息，而不是将所有信息进行简单罗列。在陈述重要信息时，要尽可能具体，比如 20 and 40 kg ha^{-1} of nitrogen 的表达要比 two rates of nitrogen 更具体。语言表达应客观。另外，科学信息要完整，比如物种的名字等，这样对理解文章有很大帮助。不要使用在科学领域陌生的术语、品牌名称或缩略语，也不要使用任何需要用脚注补充解释的文学典故，以及其他外部材料。

信息性摘要的所有要求都明确表达了一个目的：摘要是一篇无须额外解释的独立、完整、简洁的报告。除了本章中提及的部分文献，作者可参考各自研究领域中关于标题和摘要，以及欲投稿期刊的作者须知等信息。

参考文献

Day, R. A., Gastel, B., 2006. How to Write and Publish a Scientific Paper, sixth ed. Greenwood, Westport, CT.

Hofmann, A. H., 2010. Scientific Writing and Communication: Papers, Proposals and Presentations. Oxford University Press, New York.

Iverson, C., Christiansen, S., Flanagin, A., Fontanarosa, P. B., Glass, R. M., Gregoline, B., et al., (Ed.), 2007. AMA Manual of Style: A Guide for Authors and Editors, tenth ed. Oxford University Press, New York.

McMillan, V. E., 2001. Writing Papers in the Biological Sciences, third ed. Bedford/St. Martin's, Boston.

Silyn-Roberts, H., 2000. Writing for Science and Engineering: Papers, Presentations and Reports. Butterworth-Heinemann, Woburn, MA.

Zinsser, W., 1998. On Writing Well: The Classic Guide to Writing Non-Fiction, sixth ed. HarperCollins, New York.

第11章　数据处理与呈现

Graphic excellence is that which gives to the viewer the greatest number of ideas in the shortest time with the least ink in the smallest place.

　　图表的最大贡献是，它占据着最小的面积、最少的笔墨，在最短的时间内却描述了最大的数据量。

—Edward R. Tufte

　　在得到实验数据之后，如何有效地展示这些数据呢？首先，在确定选择哪种展示方式之前，要考虑数据展示的意义和读者的心理。作者要清楚自己想要表达的观点是什么，并且对这一观点、实验数据和数据分析结果都非常了解。同时，坚信自己想要表达的内容。然后，尽可能通过期刊论文、海报、幻灯片展示或报告等媒介将数据信息清晰地传递出去。

　　虽然在正文中可以描述这些数据，但是表格、图片、地图、示意图、流程图或者其他插图形式比文字描述更加一目了然。把实验中记录的所有数据搬到论文中是很不现实的，Gastel(1983)曾说过，"优秀的科学交流，就像优秀的科学家一样，需要不断地收集数据信息，不断地验证，进而得到有用的数据，并发表出来。"作者的工作是将代表性数据挑选出来，并以最清晰的方式传递给读者。有些读者倾向于阅读简单的图表和文字，而有些读者则喜欢线性回归图、半对数线形图或分子图的展示方法。如果未采用这些专业的图表格式，他们会对作者的信度产生质疑。

　　幸运的是，目前有很多种数据展示方式，作者可以任选最适合读者的一种或者几种方式，可以在一两行文本中呈现简单的数据，有时一幅图或照片都能非常好地呈现研究方法或结果。表格一般用来展示具体的数字，并对不同的实验数据点进行比较分析。它的另一个优势是能清晰地反映出控制组和实验组之间的变化和关系。而柱形图在具体数字的表达上虽不具有优势，但是能迅速展示不同实验组的区别，比如大小、尺寸、数量等方面的区别。柱形图更多关注的是差异而不是发展趋势，但是正如表格中的数据，在某种程度上，柱体也暗示着实验的发展趋势。即使有时柱形图接近坐标轴上的某一个刻度值，但它的目的不是指示具体的数字值，不能按照接近的那个值进行计算。因此，如果需要具体的数值，还是要使用表格。饼图是描述整体各个部分或者百分比的一种简洁有效的方式，在饼的各块数量有限的情况下，块越小，百分比的精确值越难估计，每一块都标记一个数值（或百分比），但是块越小就越不好标记。线形图主要用来展示物体（或物质）随时间、浓度等因素的运动、变化和发展趋势。与柱形图类似，线形图的目的不是表示具体的数据值，而是给出一个概数值。

半对数线形图是指两个数值之间的相对变化。分子图可以呈现诸如DNA中的核苷酸序列。表格、饼图、分子图、柱形图和条形图等数据的展示方式为作者提供了众多选择，可以根据实验需要和读者需求来进行取舍。

应选择能让观众准确地解读数据的形式。可以使用多种分析和呈现数据的方法。在讨论其他交流手段时，本章的目的就是介绍在报告中选择和使用图表的一些基本方法。用于图形或表格的工具将取决于所用的统计分析和用于构建和呈现数据的软件。用来呈现数据的形式应该是最清晰、最可靠的。

在编写报告中的结果部分时，使用表格和图形会相对简单得多，一定要牢记交流的基本原则是简洁。尽可能简洁的信息才是最容易被读者理解的信息，但是切记不要过于简化数据，以免意义断层。一般情况下，不会在同一篇文章中使用表格和图表描述相同的信息，但是在幻灯片演示时，经常会使用这两种方式，从一张幻灯片切换到另一张，将重点信息以不同的视角展示给观众，加深印象。

在所有的交流活动中，误解是一种危险的行为。实验数据必须清晰、正确。当然，蓄意通过数据来阐述某种观点是绝对不道德的。由于错误或草率地呈现数据，或者未能遵循文字、图形或表格的使用惯例而无意间给观众造成了错误的印象，与在实验室里猜测测量数据是一样糟糕、恶劣的行为。在数据分析和展示阶段，应该始终遵循严格、准确、诚实的基本原则。

使用计算机分析数据和使用电子表格和图表分析数据是科学领域的巨大进步。然而，任何科学技术都有优势和劣势，计算机为我们的创造力增加了令人叹服的部分，但是绝不能让技术影响了观众在交流中对科学信息的关注。掌握表格和其他插图的一些惯用方法就成了当务之急。有些读者会在潜意识里通过自己的认知来对表格或插图中的数据进行分析，甚至通过视觉感知来感应重要的观点。Tufte(2001)中描述了图表中数据展示容易出现的误区。在分析数据时，为了突出某些重点或者区分不同数据组等要素，作者通常会采用一些技巧，比如颜色、亮度、大小或者行距（字距），正是由于这些手段的使用，观众经常会因为视觉或心理错觉而对数据实际代表的意义产生误解。人们习惯上认为大小或者尺寸不同时，重要性就会不同，比如粗线条所代表的信息比细线条所代表的更重要。同理，大写字母表示的内容比小写字母所表示的更受关注，这是很多人心理上潜意识的思维方式，无论文中使用再多的文字进行解释，都无法完全改变人们的心理。同样，如果表格中的一列信息被标色、加粗或者字距明显，就会第一时间引起读者的关注。避免用很糟糕的数据呈现、过度的色彩使用及其他方法误导观众，从而不利于信息的传递。无论是否对数据进行统计分析，数据都是非常复杂的，我们的任务就是尽可能地清晰呈现数据和信息。任何一个科学实验都存在需要强调的互斥变量或细节点，并且实验结果要通过特殊的数据展示形式清晰地表达出来。

数据表达各有不同，作者应该更关注自己所在专业领域和欲投稿期刊的表达形式。如果近期打算发表文章，就要通过各种渠道获取最新的写作指南，以便参考。这些写作指南或者期刊编辑会告知最新的数据图表格式，以及提交所用数据的形式。*Illustrating Science*(Council of Biology Editors, 1988)认为，"对于作者和插图者来说最简单的经验法则就是：参考已出版的期刊。"但是要确保这些期刊是最新版本。其他信息可参阅第15章，更多图表案例可参考本书的附录10或Briscoe(1996)。以下内容也可提供参考。

11.1　表格

如果数据展示使用了表格形式，就没有必要在正文中赘述了，最多只需再重申一次重点内容。表格可独立在文中出现，即无须添加文字进一步解释。虽然文中有相关的实验步骤，但是读者应具备不看文字就能了解数据结果的能力。一些不适合在正文中使用的缩写形式可以用在表格中，但是如果缩写的词语意义比较模糊，则应该添加注释、批注或者脚注等。为了方便读者理解文章，表格中可能会使用不同的数字表达形式来重复信息，比如绝对值、百分比、总量、平均值或者数字比值等。

作者很有可能把太多信息添加到表格中，要控制表格中的字段的项，特别是幻灯片中的表格。有时，整列数据信息也有可能被删除，比如没有实际意义的数值，甚至没有数据记录的列，记录为零，不断重复相同信息的数据等，都应该是被删除的对象。一般情况下，包含不多于 6～8 个数据点的完整表格，在文中用一两句话解释就可以替代了。但是，在幻灯片或者海报中更倾向于使用表格形式，因为表格带来的视觉效果要比一两句话的效果更令读者印象深刻。但是，如果标题或脚注太多，表格也就无法继续承载这些内容。

表格中存在的问题会让读者困惑不已，而这些问题经常发生在数据转移到表格时，或者之后的修改时。与标题类似，表头有时也过于冗长，应该简洁清晰，只需包含描述数据信息的关键词即可。数据展示的是合理的精度和准确度，而不仅仅是小数位。像其他文章一样，作者应站在读者的角度阅读表格中的数据信息，保证数据准确、简洁、清晰。下面的例子简单描述了表格的主要组成部分和描述各部分的术语。

TABLE NO. Caption or title

Main stub head	Boxhead or spanner heading (identifies items in field)[a]		
	Column heading #1[b]		Column heading #2
	Subhead #1	Subhead #2	
Stub heading #1[c]	Field item #1	Field item #2	Field item #3[d]
Stub heading #2	Field item #4	…	…
…	…	…	…

[a,b,c,d] *Footnotes in order top to bottom and horizontally.*

有趣的是，这个表格中没有垂直的线。一些计算机软件提供了用网格绘制数据图的选项。在使用这种网格形式之前，一定要事先查阅相关领域已出版的期刊，是否经常出现这种格式，否则最好不要采用，因为网格没有实际意义。上面的表格中，用三条水平线划分出整个表格的结构，第一条线在表格标题下方；第二条线在副标题下方；第三条线在内容下方，脚注上方。其他的水平线又称为横切线，将标题划分为三级，分别为表头、二级标题和小标题。

表头描述垂直方向的内容，数据为因变量；副标题描述水平方向的内容，数据为自变量。对相似因素所做的比较要在列进行，而不是行。一般来说，表头中会列出比较项的度量，比如百分比、利润、浓度或其他单位，而二级标题仅为让表头更精确。任何表格中，标题项越简化就会越清晰，极少有标题超过三级的情况。表头中一定要标明单位，比如主标题中的项为 Chlorine（mg L^{-1}），那么该标题下的数字如果没有单位 mg L^{-1} 将毫无意义。脚注的排列顺序按照表格从上到下的顺序水平排列。

更多关于表格的信息请参考Kulamer在 *The American Chemical Society manual*(Coghill & Garson, 2006)中的指导，以及 Day & Gastel(2006)和 Peat et al.(2002)等书。本书的附录 10 中提供了表格的样例，以供参考。另外，如果想要了解有关自己所研究领域的表格特点，可自行查阅相关领域的期刊和样式手册。在无特别要求的情况下，可参考下面给出的几条编写表格的建议。

11.1.1　编辑表格——出版体

1. 仔细研读欲投稿期刊的样式表，参考已发表的文章。
2. 使用阿拉伯数字编号。
3. 表格中的比较项应尽量类似，并且排列成垂直方向。
4. 将比较项按逻辑分类，以控制值为基准线进行对比。突出数据的分级和趋势。
5. 尽量取整数，小数点后的数字不宜保留过多。如果保留小数点后面的数字，则应垂直方向（列）按小数点保持对齐。
6. 表格名称必须与表格中的内容相关，表名中不宜使用动词。
7. 在表名、批注或者脚注中出现非标准缩写的词或符号时，要对其进行解释。
8. 核实表格中的所有信息，确保表格中出现的数据和统计分析无误，在文章修改过或数据转移后再次核验表格内容。
9. 检查表格中使用的所有符号、度量单位和其他标记，确保正确无误，保持全文中使用的所有此类表格符号是一致的。
10. 仔细校对。

11.1.2　编辑表格——幻灯片和海报体

上述建议也适用于幻灯片、海报和其他演示报告，但是因为观众在观看幻灯片或海报时的时间有限制，不如阅读期刊等书籍的时间充足，所以幻灯片或海报中的表格越简化越好。虽然，在期刊等出版物的表格中，诸如符号、形状、大小、尺寸，尤其是颜色的使用受到一定的限制，但是在幻灯片或海报中，这些将发挥出最大的作用。如果作者在幻灯片制作中采用了合适的形式，并且最大程度地展示了有代表性的数据资料，那么表格中的内容将最直观地反映出作者的结论。这种方法也适用于图片中。

11.2　图表

插图或图表的大小和形状各不相同。当某些内容难以用语言表达时，通常作者会采用照片、插画、流程图、线形图、分子图、示意图、饼图或柱形图等形式进行辅助。插图出现在文中的位置和使用方法与作者的写作意图息息相关，直接表明了在科学交流中我们要努力实现的价值和标准。为达到文章的写作目的，选择合适的图表格式很关键。当然，图中出现的数据信息也很重要，虽然只有简单的几个数字，但是却能从不同的角度（范围值、差异性等）得出作者想要的结果，进而证明预期的论点。然而，对于很多未曾接触过相关科学领域的读者来说，他们对插图中所表述和暗含的深意也许会有不同的反应，甚至会有与作者不一样的看法。可以找一个不熟悉你要表述的观点的人，测试所用数据表达方式的效果。其实，使用插图传递信息时，要想达到简单、准确的效果，既离不开真诚二字，又要做到熟练掌握插图中经常使用的符号语言，比如线条、尺寸、柱体、数字、颜色、底纹、坐标轴、语句等。

　　如果插图使用不恰当，表达不准确清晰，就会分散注意力。作者应当竭力避免出现这种情况，如果重点是突出具体的数据值，那么采用表格更合适。大量的研究表明，使用图表所造成的问题主要在于图表本身，比如数据的表达方式、数据的解释方式。Tufte(2001)曾提出过一个概念 "chartjunk"，指用冗长、晦涩的语言解释几个简单的数字，如同废话一般，也有很多人将其称为 "noise"。有时仅用语言和数据来表达，要比那些散乱、空洞、晦涩而又无意义的图表恰当得多。切记，插图的最终目的是让读者关注交流的内容，而不是插图本身。

　　计算机软件使图表能够快速而准确地成形成为可能。寻找一款适合自己数据呈现的制图软件，并恰当地加以使用。大部分制图软件可绘制方格、阴影、三维柱体，也有些能够提供更复杂的设计方式，比如填充柱体，多排放置柱体等。读者在面对柱形层层交叠之类的怪异而模糊的设计时，通常会被打断思维，影响对图中数据本身的理解，因此科学家们坚信，数据展示的图表越简化就越恰当。近年来有两种常见的被质疑的图表新形式：网格和三维柱形图。在图形设计中，计算机技术使添加这两种图形非常容易，但是这两种形式都无法使数据呈现更简洁。Tufte(2001)就批评了诸如三维效果的 "设计变异"，并将网格归于 chartjunk 中。Briscoe(1996)认为三维效果是一种 "使观众分心的扎眼的元素"，而网格则 "远不能美化或补偿数据信息的匮乏，通常杂乱无章，使人混淆信息。" 到底用哪种形式可查阅学科领域的期刊和欲投稿期刊的偏向。

　　插图设计和统计数据的图示是整本书的主题之一，这里将为大家介绍更多的科学交流准则和价值观，并推荐一些有用的参考书籍。首先，关于表格，可查阅样式手册，然后参阅Briscoe(1996)，Gustavii(2008)或 Kulamer 在 *The ACS Style Guide*(Coghill & Garson, 2006)中非常有用的信息。Hodges et al.(2003)提供了生物学和医学方面的非常好的资料，其中的动植物的绘图和其他插图都十分重要。其中，由 Patrick J. Lynch 撰写的一章提供了关于统计图表和图解的讲解。Tufte(2001)做了一项有趣的研究，利用视觉效果展示数据。在他的书中还探讨了 lie factor（使数据看上去缺少说服力）和 chartjunk（插图分散了关注点给人以错误的认知）等问题，Tufte 选择了几篇已出版论文中的图表，并做了详细讲解。

　　如果阅读完以上所有书籍以及所在学科领域的期刊上的插图，不久之后就会对视觉展示的标准有了基本了解和尊重，也会找到最适合自己的图示方法。如果的确需要采用不同的图表形式或数据分析式来展示数据，就不能完全遵循以下原则，进行适当的修改是有必要的。无论如何，选择最清晰、最完整的方式向读者进行展示。对于任何形式的科学交流，观众所需的细节有多有少。为了更好地向观众展示数据信息，可以在样式手册的基础上，阅读下面的创作图表、图示的一些基本原则。另外还可以参阅本书的附录10中的样例。

11.2.1　编辑图表和其他图形

　　1. 首先，确认采用图表格式是否比文字叙述或表格形式更恰当。但是，当图表描述过于复杂，旁注过多时，就要重新考虑分割数据或用其他方法。

2. 准备图时，仔细考虑哪种类型更合适，比如照片、素描或图表。如果使用图表，那么是选择线形图、柱形图还是饼图？

3. 图要尽量简单，方便读者以最快的速度理解。图中的信息要与实验数据一致，不要承载过多的信息。

4. 曲线图中的曲线数量或柱形图中的柱体数量不宜过多，容易混乱。一般来说，限制在3~5条曲线或8~10个柱体，就足以解释清楚。如果柱体超过10个，但是逻辑清晰、分组明确，那么读者理解起来也不会太难。

5. 自变量值位于横坐标轴，即水平轴 (x)；因变量值位于纵坐标轴，即垂直轴 (y)。

6. 充分利用图表中的空白部分。坐标轴上的刻度应与实验数据一致，尽量不要超出实验的最大数据值。另外，如果可以，某些图例或说明文字也可适当添加到坐标轴旁的空白部分，但是这些文字说明不要使用方框框起来。

7. 标注坐标刻度时，一定要仔细，并明确各坐标轴的度量单位。

8. 柱形图和线形图的坐标轴刻度值应以0为起点。如果数据值过大，不宜以0刻度为起点，那么可以用"/"或非零值为起点，但是要表达清楚，不要误导读者。

9. 以下这类表达形式：大小、尺寸、形状、长度、符号、角度和颜色等，有传递某种信息的作用，切忌使用不当，混淆读者。

10. 分别选择适合期刊或其他视觉效果用途的图表大小和格式（颜色不适用于期刊等出版物中，但是可应用在幻灯片演示和海报中）。

11. 如果一组相同格式的图形出现在同一篇文章、海报或幻灯片中，那么前后文一定要保持符号和语言使用的统一。

12. 纸质期刊出版的要求可详细咨询编辑或查阅作者须知；电子出版物对文章的图表、表格和文字都有详细的要求。

11.2.2　柱形图

1. 柱形图通常只有一个标刻度的坐标轴，有两个坐标轴的是直方图。
2. 柱形图中的数据可以是在均等间隔内收集的，也可以是在不均等的间隔内得出的。
3. 柱体的大小要比两个柱体之间的空白更宽些。
4. 一般柱形图通过使用立体、明暗法或者描影法来区分不同的柱体。而对于幻灯片和海报来说，使用颜色来区分不同的柱体更受欢迎。
5. 可以采用最小显著性差异柱形图，或在柱体上方用字母或星号标记，以表示显著性差异。

11.2.3　线形图

1. 线形图一般有两个坐标轴，我们要尽量避免第三条坐标轴的出现。
2. 线形图中出现的数据值是经过实验得出，无须读者依据数据点再行推断。
3. 线形图中的线要标粗体，而坐标轴和刻度值无须如此。

4. 小心使用线形图模式，其中的点、连字符或斜线经常会让读者感到困扰。有时，使用
   ●、▲和■等直观的符号比线形图更加清晰。可以用不同的颜色来标识幻灯片或海报
   中的线条。

5. 两个坐标轴都要标注上合适的间隔值，以使线条的坡度不会过平或过陡。

11.3　总结

　　在呈现数据的时候，无论使用表格、图或其他视觉插图，一定要确保出现在期刊稿件、海报或者幻灯片上的是高质量的内容。一幅模糊的照片或一张充斥着无用数据的图表（Tufte, 2001），很难表达出预期的想法。符号交流（无论是否附加文字作为旁注）是交流方式中表达能力最强大的一种，正确使用符号交流对文章写作有事半功倍的效果。

参考文献

Briscoe, M. H., 1996. Preparing Scientific Illustrations: A Guide to Better Posters, Presentations, and Publications, second ed. Springer-Verlag, New York.

Coghiil, A. M., Garson, L. R. (Eds.), 2006. The ACS Style Guide: Effective Communication of Scientific Information, third ed. Oxford University Press, New York.

Council of Biology Editors, 1988. Illustrating Science: Standards for Publication. Council of Biology Editors, Bethesda, MD.

Day, R. A., Gastel, B., 2006. How to Write and Publish a Scientific Paper, sixth ed. Greenwood, Westport, CT.

Gastel, B., 1983. Presenting Science to the Public. ISI Press, Philadelphia.

Gustavii, B., 2008. How to Write and Illustrate a Scientific Paper, second ed. Cambridge University Press, Cambridge, UK.

Hodges, E. R. S., Buchanan, S., Cody, J., Nicholson, T. (Eds.), 2003. The Guild Handbook of Scientific Illustration, second ed. Wiley, Hoboken, NJ.

Peat, J., Elliott, F., Baur, L., Keena, V., 2002. Scientific Writing: Easy When You Know How. BJM, London.

Tufte, E. R., 2001. The Visual Display of Quantitative Information, second ed. Graphics Press, Cheshire, CT.

第12章 科学交流中的职业精神、职业道德和法律问题

> Whatever the rationalization is, in the last analysis one can no more be a little bit dishonest than one can be a little bit pregnant.
>
> 无论有什么合理的解释，归根结底，一个人不诚实就是不诚实，而不可能只是一点点不诚实，正如一个人不可能有一点点怀孕一样。
>
> —C. Ian Jackson

职业道德影响人们的职业行为，而道德的形成基于人们所处的文化环境、社会氛围和职业价值，不受法律约束。因为人的价值观决定了道德观，所以在某种程度上，道德观的标准和理念会因个体、种族和文化的不同而出现差异。在科学交流中，社会、公司、机构，或者出版商的政策和道德规范，不仅约束了人们的职业行为，同时也影响了人们的道德观念。同一政府下的法律有同等的约束作用，那么法律和道德双管齐下，更加强调了职业行为在人际交往中的重要性。科技交流中，职业道德、著作权、专利权是道德和法律关注的主要问题，但是对行为负最终责任的是个人。

12.1 职业精神

个人的行为和表现取决于职业精神而非职业本身，抛开其使用的特定语境来定义职业是无意义的。相对于没有报酬的业余选手，职业就可以被定义为职业运动员所表现出的显著特征。在profession后加入al使这个单词适用于几乎所有的职业。这个词可以简单地定义为一项工作或职业。当然，对许多人而言，管道安装与维修是一个职业。学术上，有些人可能会认为真正的职业仅仅是那些诸如物理学家、律师、牧师、教育工作者和工程师所从事的工作，或是那些在服务行业工作的高学历人士所从事的工作，他们自主决断，拥有专业知识，并遵守通常由学会或协会制定的行业标准。

如果我们在professional后面添加后缀ism，就构成了一个与工作有关的词——职业精神。除了指代历史运动，任何ism只是一个概念，不是有形的东西，由其特征和追随者的行为而定义。在任何职业或工作中都能找到职业精神的特征，不论是监管人、小丑、教师还是脑科医生。我们所要遵守的道德标准，在很大程度上与我们的职业规范、准则是分不开的。医生

所关注的问题在律师看来与他们的工作毫无关系。专业领域的科学家可能需要工作的许可与证书，但是无论有没有这样的资格，他们都能表现出自己的职业精神和职业行为。在这里，需要理解职业精神对科学的交流与职业道德是极其重要的。

专业人士是博学的、有技能的、乐于奉献的、诚信的人。他（她）是可信赖的，有良好的职业道德，尊重他人，为专业而服务，而不仅仅是为了个人和兴趣。还有其他描述这样的个体的词。尽管没有人能够做到这么完美，但是应当把它定为目标。当我们越来越多地尝试成为所在领域真正的专业人士的时候，自己的职业声誉和交流技能都将得以提升。在思考科学交流中的道德与法律问题的时候，应将这些观点牢记于心。

12.2　科学交流中的职业道德

优秀的科学家都具有高尚的职业道德和较高的专业水平。他们集中精力在经验世界中探索真相，发现真理，高度精确、诚实、完整地向读者反馈信息。对未经过充分论证而捏造的数据或者结论，科学家有义务将其识别出来并摒弃，以显示对专业领域其他成员以及受到研究工作影响的其他人员的尊重。当然，人人都会犯错，但是，有些人只看重个人利益和声誉，不把诚实当成首要任务，致使很多美好的事情变得让人难以理解。甚至，有极个别的负有盛名的科学界前辈也做出了科学造假事件。每一位科学家都有责任维护科学的诚信。

在科学交流中，有两类错误是不可原谅的：一是曲解数据的意义；二是剽窃他人研究成果。当然，还有很多其他有损诚信的恶劣行为，有的很难甄别。毕竟每个人都有自己的偏见，有时人们甚至会为了达到目的而不断地对所谓的真相进行合理化。真相和假设之间的界限很难区分，在寻求真相的过程中，很多人都会犯错。虽然有些错误是无意的，但是也不可饶恕。在严谨认真的科学活动中，每个人都必须做到严于律己、客观、公正、准确地描述事实。

曲解数据的意义是科学交流中的大忌。即便是无意的，仍会对科学和作者名誉造成损害。我们都知道，擅自更改数列中的某个数字是一种不诚实的行为，但如果是删除几乎不会影响最终结果的一组实验数据呢？那么是否删除这组实验数据？如果是一组奇怪的仅表达了一种异常情况，而根本不会被作者列入考虑范围的数据呢？或者如果是一组有排版错误的数据？亦或是表述不清楚的数据呢？有足够的时间进一步验证吗？虽然这几个问题很难回答，但是也只有自己知道答案了。也许，在面临选择时，我们会变得愈加谨慎，以至于做了无用功。也许按照自己的想法，将你认为的真相慢慢地合理化，以至于做出了不真实的报道。事实上，科学职业道德正是基于对文章的仔细审查、合理判断和对以上问题的客观回答的。

Committee on Science, Engineering, and Public Policy(1995)提到，"社会和个人信仰，包括哲学、文学、宗教、文化、政治和经济上的信仰，能够从根本上影响科学判断。"个人和文化的偏见已经困扰了科学研究和科学报道近几个世纪，直至今日。Gould 在 The Mismeasure of Man(1981)中曾介绍了几篇基于生物决定论来证实物种之间有高低之分（比如，女人/男人）的"有案可查"的研究报告，他对这几篇报告中所表达出的社会偏见进行了披露。他认为，这几篇研究中所采用的选择标准未能反映所有现实条件。这本书中的结论部分教会了我们对待科学要持有一种谦逊的态度：1）所有的因素都不可能与现实世界中的完全一致；2）每一种因素都可能会通过不同的方法实现。在我们对科学真相进行总结时，不妨考虑Gould的言论。

无意的错误会造成信息的不准确而影响交流活动。即使要撒个弥天大谎，在语言表达上也不允许出现模糊和歧义。科学写作和创造性写作的最大不同在于，创造性写作允许读者按自己的意愿解读作品，这时语义上的含糊不清或双重意义带来的是悬念，吸引的是读者的兴趣。然而，在科学写作中则禁止使用这种写作手法。无论是语句表达，还是表格数据、图形数据等，都不能出现任何歧义，否则将会误导读者。科学工作者的职责是遵循数据表达的惯用方法，检查所有细节的准确性。良好的道德规范是指仔细研究、科学推理、开放思想、精确交流。对科学现象和事实要不惜一切代价进行诚实、公正的报道。这是每一位科学工作者必不可少的素质。

剽窃在任何交流中都是不可原谅的。这种行为轻则违反职业道德，重则会受到法律制裁，这是一种极其恶劣的行为。词典中"剽窃"一词的定义是，窃取他人文学艺术以及科研、设计等学术方面的成果。从道德角度来说，是对其他作者作品的所有权的不尊重和不认可。不同的文化对剽窃有不同的定义。对国际学生而言，尤其是那些被大学录取或被工作单位录用的学生，了解西方文化中剽窃的定义非常重要。

Council of Science Editors(2006)给出的定义如下："剽窃——篡改、歪曲他人智力成果中的文字或观点并据为己有且不注明出处——是一种严重的违反道德的行为，因为它是一种把个人的兴趣放在诚信之上的欺骗。"与其他形式的不诚信相似，将有剽窃内容的文章公之于众是很容易被人发现的。如果文中引用了别人作品中的某些语句，但是没有标明出处，这显然是剽窃。但是，如果作者只是使用了类似的想法或者语句，却表达了与其他作者相同的意思呢？又或者通过阅读他人的文章得到启示，但以为是自己的观点呢？这种模棱两可的情况出现时，不能总担心是否使用了非完全原创的观点，但一定要给出原语的出处。为了防止剽窃或找不到文章出处，一定要熟悉所在学科的文献。

美国医学协会的论文样式手册（Iverson et al. 2007）描述了四种类型的剽窃：直接、拼接、意译和标注不足。直接类型的剽窃简单地使用他人的文字和观点且不提及原作者。拼接类型的剽窃把他人的观点和文字与自己的混合在一起，并全部认为是自己的。意译类型的剽窃通过不同的语言组织方式使用他人的观点或使用同义词，原意没有改变，但未标明出处。标注不足类型的剽窃是没有说明借鉴了其他作者的作品，因为自己也不清楚借鉴了什么。这四种类型的抄袭都很糟糕，但或许有些学生甚至专业作者都没有认识到它们都是剽窃。当然，我们应当参考其他研究者的观点或结果并标注出处，但是过分依赖于他人的观点撰写的论文或将别人的想法完全复制到自己的文章中，无论加以或不加以引证都构成剽窃。同时，将自己的部分或全部成果一稿多投视为自我剽窃，这也是不道德的，即使自己是版权所有者。如果确实需要将以前出版的部分内容加入新的出版物中，例如图表或文字解释，要么参照原文但不重述，要么清楚地引述首次出版中的特定信息。

有时，因为作者的粗心大意而发生剽窃行为，比如不重视引用的表达方法（作者本意是要表达本段内容是引用他人的作品，但是却未能参考论文写作的正规引用格式），还有文献资料编制不严谨，等等。所以，这就要求作者非常熟悉自己研究领域的文献资料。另外，对如何引用他人文章内容或者获取文章版权许可的制度规范，也应该有一定的了解。当不确定自己能否正确引用他人文章中的语句或思想时，可参考以上提到的几种辨别方法。如果仍不能确定，那么可参考其他相关资料。无知并不能成为借口，既便是无心的剽窃，也会毁了一个人的事业。

12.3　以专业的方式尊重他人

有时，职业道德还体现在与其他科学家的关系，以及与所属的专业团队的关系方面。要成为一名道德素养高的优秀的科学家，必须做到无私、坦诚地与他人分享自己的科学成果，同时相信他人。每个领域的学会或档案处都有各自的职业道德规范以供学习和遵循，警惕学术欺诈，避免利益冲突，遵守保密规定。在相处的过程中，同事之间的信任也就慢慢显现出来了。

道德标准是指在特定的学术领域内，为了指导并约束这一领域内的人们的行为规范所形成的理论。对于那些违反道德规范的人，并没有相应的法律处罚措施，但是指导同事之间相处的行为规范能够帮助提升自身的名誉和沟通交流能力。也许，同事和专业学会会提供一些判断道德标准的指导书籍，但遗憾的是，还没有非常明确的规则和判断标准。几乎所有的情况都要依赖于自身的认识和判断。以下列举了科学家经常遇到的几类问题。

12.3.1　署名

对文章做出贡献的参与者，包括文中引用部分的作者，都要给予相应的荣誉，比如将参与编写的人作为合著者。但是，有关作者等级、顺序和资质的问题，一直以来都争论不下。对于研究生或者年轻科学家而言，在文章出版前或会议演讲之前，可咨询导师有关署名和排序的问题。Council of Science Editors(2006) 认为，研究报告的作者通过参与研究的设计、实施、论文的撰写和修改，对整个研究工作负全责。这也意味着所有的合著者必须参与到这项研究和写作中，对研究的方法、结果和文中提到的任一观点都要清楚。尽管有些作者被称为名誉合著者或名誉作者，但是所有署名的作者都应实际参与论文写作和后续的发表工作。有时，将名誉作者的头衔扣到某些人身上并不是一件明智的事情。更多关于署名权和职业道德判断的问题，可参考 Macrina(2000)，或 *On Being a Scientist*(Committee on Science, Engineering, and Public Policy, 1995) 或阅读自己所在研究领域的文章样式手册。

12.3.2　尊重数据

科学是不断进化的过程，昨日因今日果，今日因明日果。我们必须相信和尊重前辈及同事对数据真实性的坦诚。在数据收集和分析完成之前，不要轻易得出结果。缩减、调整、操控数据与伪造数据的行为一样恶劣（见图 12.1）。在资深的科学家面前，收起偏见，谨慎工作。在跨学科、跨领域合作时，要尊重和相信对方在所属领域和学科里所得出的观点和分析，尤其当我们对该领域知之甚少时，更要如此。同样，对于不熟悉科学领域的资深统计学家来说，应该相信他们对于数据的统计能力，因为他们可以采用多种方法绘制和分析数据。虽然统计专家提供了宝贵的专业分析能力，但是对于科学变量（即这些数据）的重要性却知之甚少。因此，要平衡与合著者之间的关系，并且了解所有数据使用的意义。

图 12.1　缩减、调整、操控数据与伪造数据的行为一样恶劣

12.3.3　注意保密

处在研究阶段的实验，要注意做好保密工作，禁止相关实验数据和信息泄露，直到完成实验，并且文章准备发表后，信息才能公开。期刊审稿人在审阅稿件时，也要对正在受理的稿件内容保密，即便读到感兴趣的部分，也应等到文章公开发表后才能借鉴。同样，待审的专利信息也是保密的。科学家既有共享信息的义务，也有对特定文章保密的义务。有时，研究者的课题能够带来丰厚的利润，是各家赞助商追逐的对象，为防止造成利益冲突，对于课题内容的保密就显得尤为重要，因此所有参与者都应该理解并遵守保密协议。在专业会议中，科学家当然可以交换意见，但是对于没有事实依据的结果一定不要妄下结论。在研究内容发表前，在实验和分析结束前向外界公布和披露信息时，要非常谨慎。

12.3.4　切忌重复发表

在不同的学术期刊中发表相同的数据信息，不仅是一种不明智的行为，也违反了出版政策，而且会构成自我剽窃。如果确实需要在受众不同的两本期刊上（例如，一种面向普通大众，一种针对科学工作者）同时刊登相同内容的两篇文章，这两篇文章基于同样的实验，但计划以不同的展现手法表达出来，那么最好还是提前告知双方。即使重新编写了文章的结构和内容，将相同的研究结果递交给不同的两种期刊，仍然是一种不道德的行为。这会造成科学文献的重复阅读并浪费了期刊编辑和审稿人的时间和精力，只有被拒稿之后，才能将稿件投递至另一家，否则就是对编辑和审稿人的不尊重。

12.3.5　勇于承认错误

人人都会犯错误。如果在文章发表后发现了误导性或错误性的信息，则应该第一时间纠正并承认错误。毕竟，犯错误是一回事，明知有错而继续欺瞒读者则是另一回事。科学家会更尊重那些勇于承认犯错的人。

12.3.6　支持规范的工作环境

当我们决定为公司、代理机构或者研究所工作时，就要遵守其相关政策。大多数工作单位在信息交流方面有各自特定的要求。论文发表、演讲和参会都需要领导审批。同样，对于工作单位的信息，我们也有保密的义务。然而，有时，人们的价值观念也许会与这些政策不一致，对于该做什么，不该做什么，没有相同的道德界限。当然，在入职前就应了解这些政策，如果单位的政策在法律、职业道德和专业标准范围内，就要遵守；如果对这些政策不满，最好换一份工作。

12.3.7　珍惜他人的时间

文章的合著者要保证及时地完成自己的那一部分，不要耽误其他作者的时间，影响出版。对于审稿人来说也一样，及时完成审稿的工作，就不会浪费编辑和作者太多时间。同行的时间也是很宝贵的，如果需要向别人咨询问题，那么一定要把握好时间的长度，不要耽误对方的工作，在互利和协商的基础上愉快地沟通。而如果别人很慷慨地花时间来讨论你的研究，一定要对他所做的一切表示诚挚的谢意。

12.3.8　警惕利益冲突

影响道德判断的明显的利益冲突和裙带关系，就像抄袭一样很容易被识别出来。有时，将私人关系掺进工作中，或将两种不同的职业活动混淆到一起，都会造成不同程度的利益矛盾。作为一名专业的科学家，不能将个人因素带入工作中，任何个人或者商业关系都不应该影响工作或科学交流中的诚信。对雇主的忠诚不应该使我们在研究报告中带有偏见，或者搞不清支持该工作的基金。与一位指导自己学业或研究的老师建立商业伙伴关系是会被质疑的，就如同在论文答辩时，评审小组里有一位自己的远亲或雇员一样。不过，凡事都无定律：父女也可以组成具有高度职业道德的研究团队或者成为优秀的商业伙伴。不过，对于有可能出现的利益冲突仍要时刻保持警惕之心。科学家在做出判断时切勿带有个人偏见。留意大学或者公司关于利益冲突的政策。大学关于研究生权益的小册子或者指南中都有此类规定。

12.3.9　合理分配时间和精力

除了上面提及的由私人关系或职业关系引发的利益冲突，个人自身的因素也会对工作产生影响。科学工作者经常会参加很多活动，而这些活动占据了较多的工作时间、精力和努力，比如研究、教学、筹款、义务性的社会工作、提供咨询、演讲、研讨会、讲习班、旅行、提供专家意见，等等。很多时候，当以牺牲一些事情为代价时，活动的质量也一定会受到影响。如果知道做不好，那么不如痛快地拒绝。但是，只有自己（或者上级）会清楚哪些事情是必须承担的义务，以及自己时间和精力的极限在哪里，所以要合理地分配好时间和精力。

12.3.10　避免不作为

拒绝承担适量的工作和过度工作都是一种不负责任的行为。如果一个人什么也没有做，那么很难让人相信他会被指控有不道德的行为，然而专业失德既包括作为也包括不作为的行为。作为一名科学家，会经常被邀请为一些合作项目提供专家意见，加入某个专业委员会来审阅、评估申请书，或成为某学术期刊的审稿人、副主编等。这时，要认真考虑，在保证工作质量的情况下，自己能承担多少工作量。既不能不计后果地全盘接受，也不能完全拒绝，这都是缺乏职业道德的做法，会有损职业声誉。

12.3.11　小心身边的合作者

也许我们是"Honest Abe"，但如果合作者是一名不讲道德的人，那么他的恶名也会沾染到我们身上。因此，要小心身边的人，了解他们在科学界的认可度，当与同行合作时，要注意观察他对工作的态度，对科学真相和准确度的把控度。如果小心谨慎，那么可能很容易发现他的某些不道德的行为。

12.3.12　坚持自己的道德标准

如果未曾接受过职业道德教育，那么可以参考Bayles(1989)和Macrina(2000)之类的教材，然后根据自己的价值观和职业道德来定义道德标准。职业声誉和科学价值观取决于科学诚信。科学方法的客观公正也取决于使用者的诚实和公正。

在批判性评论的一个合理的界限之外，我们不得不相信人都是诚实正直的。一般来说，科学家都是诚实的人。对于那些在实验中弄虚作假、虚假报道的人，应该摒弃在科学界之外。但是，恶魔仍然存在，我们必须时时警惕不道德、不专业的行为。首先，要从自身做起，严格注意自己的行为举止，保持高度的职业道德精神。就像Thomas Carlyle曾经说过的，"让自己成为一名诚实的人，那么世界上就会少一个无赖。"

12.4　法律问题：版权和专利权

有时用于和其他科学家交流的成果就是我们自己拥有的，有时想引用他人已发表的或者是电子版成果。无论哪种情况，不仅涉及道德问题，也涉及法律问题。科学的进步离不开观点或者成果的互相借鉴。但是当使用他人成果时，一定要确保标明出处并获得许可。有时我们也会许可他人使用自己的论文，因此要了解自己所拥有的法律权利，也要认可与他人交流信息的必要性。如果在获得或使用版权和专利时遇到了重大问题，建议咨询专业律师。下面给出了几条关于保护版权和专利的建议。

12.4.1　版权

作者对自己创作的任何有形表达拥有版权。表达形式一般包括文字表达、插图形式、印刷品、电子传播作品、电子软件和录制品。版权不包括以上作品中的观点、操作步骤、过程、概念或者发现，这些属于专利保护范畴。版权注册并不是版权所有的必要条件。版权法中规定对论文的版权所属从文章创作开始，只不过在论文经过版权注册后，版权保护法的效力正式实施。在使用别人的著作之前一定要清楚版权归属。

由于版权问题相当重要，科学交流中的每位作者都应该有清楚的认识。首先，自己享有的版权权利有哪些，如何注册版权；其次，在他人使用自己的文章材料时，如何给与许可；最后，在使用他人作品或著作时，如何征得版权所有人的许可。下面总结了几点适用于美国版权的常见情况。不过，在遇到有关版权的重要问题时，还是要咨询相关律师或查询专业的版权法书籍。

- 无论是已发表还是未发表的作品，都受到版权法的保护，可以在版权局进行版权注册。另外，应注意的是，无论版权是否注册，版权法保护的是观点的表达形式（文字或其他形式），而不是观点本身。
- 在版权期限内随时可办理注册手续。关于版权注册信息，可以写信寄往Copyright Office, Library of Congress, Washington, DC 20559咨询，也可登录www.loc.gov/copyright/查询相关信息。
- 按照美国最新的版权法规定，版权期限是直到作者死后70年。

- 如果作者是在被雇佣期间，在雇主的要求或委托下，作为工作的一部分，完成了发明或创作，那么版权、专利权或其他创作收益将属于雇主。
- 政府公职人员或雇主在工作期间作为职责的一部分完成的作品属于共有财产，可以随意参考和使用，只需在文中标明出处。
- 未明确定义的"合理使用"在纠纷中取决于法官的裁决。具体是指在未经过版权所有人的许可下，出于教育目的而不是赢利目的使用所有人的成果或作品。但是，"合理使用"这个定义范围太宽泛，没有明确的界限，如果担心把握不好，那么可以咨询权威机构或事先征得版权所有人的许可。
- 随着电子出版的日益盛行，相关的版权保护法也在不断进步。即使能轻易接触到别人的作品，但从中获利是不允许的。针对电子出版物的版权保护和使用，相关部门正在制定新的法律政策，要特别留意这个领域的最新进展。

12.4.1.1　转让版权许可

作者在向期刊投稿时，出版商会要求作者及合著者签署版权转让表，或将文章的出版、再版等权利转让给出版商。有些出版商要求作者转让论文的所有权，这样他们就拥有了版权，在今后的使用中，别人（也包括作者）必须向出版商提交请求，以获得使用作品的权限。而有些出版商则只要求作者转让再版和发布的权利。在第二种情况下，作者仍拥有论文的版权。

如果想要使用某作品或其中部分内容，则应将请求许可的表格或信件发给版权所有人。这时，版权所有人要仔细查看即将被使用的材料信息是否充分体现在表格中，在查阅无误的情况下，方可签署同意许可。同时，将被引用的材料记录在案（在何时、何处被何人使用）。并要求使用人在引用时，应在文中明确标出材料的来源、作者和合著者的姓名等。

12.4.1.2　获得版权许可

在使用他人作品之前，一定要取得对方的许可。无论作品的版权归属是个人、出版商还是机构，一旦确定使用，应立即联系版权所有者，获取对方的版权许可。有时，某些作者会事先电话联系对方，试探他（或她）是否愿意授权使用。然而，电话记录并不能作为授权的证据，正式的授权应该以书面形式为主。但是，这个过程一般要花费几周甚至几个月的时间，因此也会在某种程度上影响文章的出版时间。

在获取版权许可时，必须包含需使用作品的以下信息：

1. 作者（及合著者）；
2. 题目；
3. 出版日期；
4. 出版商；
5. 具体需引用的内容：
   a) 形式（图表和文本）；
   b) 内容描述（可能包括引用材料的复印件）；
   c) 引用页码。

在获取版权使用许可时，应该向版权所有人提供关于使用的以下信息：什么时候、在哪里，以及如何使用被引用的材料；文章是否会发表；文章发表的形式；同时，务必表明将来会在文中明确标出引用材料的来源，以示对版权所有者的尊重。通常，在获取版权许可时，我们会使用正式的表格信函或电子邮件模板，一式两份，一份自留，一份归版权所有者留存。表格信函上务必包含所有与引用文章有关的作者签名。有关版权许可的表格、信函样例可参考附录11。

12.4.2 专利权

在适用范围内，专利权比版权更万能，保护力度更大。专利权保护的是思想而不是思想的表达形式。当思想付诸于实践，成为机器、生产、加工、生活方式或组成部分时，会受到专利权的保护。从创作开始，版权保护就已经形成，而专利保护必须注册才能生效。大部分的专利保护期限是17年，远远短于版权的保护期限。受雇工作的成果也同样适用版权和专利保护（以上对于专利权的解释指的是在美国的情况）。

为了简便，这里将所有可能获得专利的创造统称为"发明"，其实很多东西都可以获得专利权，比如合成材料，或者某种生命形态。正如电子通信的版权保护，生物工程技术的专利权增加了新的评判标准。对于那些未经过人为干涉并在人工合成技术基础上形成的非自然界生命形态，现在可以被授予专利权。

享有专利权的发明必须具备三项基本特征：新颖性、创造性和实用性。在申请专利时，需要提供证明以上三项特征的材料，这三项特征在意义上有重叠之处。首先，新颖性是指前人未曾对该领域有过相同或类似的研究或发现，这项发明是崭新的；其次，创造性是指在同样的条件下，别人无法立刻仿效、获取的成果；最后，实用性是指发明是有用的，恰好能够填补人们的需求，而别人无法做到。

另外，申请专利之前，还有一些重要的注意事项。首先，将发明的工作原理、组成部分，以及现有的类似发明提交给美国专利及商标局。切记，一定要认真查阅相关文献，对类似的现有发明介绍清楚，否则即便事先并不知道这些发明的存在，那么也会对自己申请发明专利产生影响。

还需注意的是关于公布发明的时间。如果发明者在专利权注册前将发明信息公布于众，那么这项发明将被认为是公共信息，而不能再享有专利权。因此，在申请专利权前，如果想将某些与发明相关的信息应用于学术会议的汇报材料或期刊文章，或随意告诉他人而不是公布给其他可信任的尊重你的所有权的同事，那么一定要慎重考虑。各国规定有所不同。在美国，如果在发表文章前未能意识到所著内容可以申请专利，那么可以事后向专利局申请一年的宽限期。但是，必须提供能够证明你是第一发明人的证据，因为很有可能其他人已经付诸了实践，甚至申请了该项专利。所以，在研究过程中保存的信息记录非常重要，能证明发明的归属。如果事先打算申请专利，就需要保存好整个过程中的数据、时间等信息，请见证人签署相关材料，作为后期专利申请的证明。

对于科技写作，最重要的也许是专利文献。专利文献中公开了众多发明的研究过程、功能作用等，为其他科学家提供了一座巨大的信息库。同样，关于专利权的信息中也包含很多实用性的内容，以供大家在这个领域深入探讨。

　　如果想申请一项发明专利，但仍有很多问题无法解决，建议登录官方网址 www.uspto.gov 或其他相关网址了解情况。对于一些复杂问题，还是要咨询专业律师的意见。事实上，在申请专利前，首先应该聘请一位专业的专利律师来处理与专利局之间的事务，比如怎样向专利局证明此项发明具备新颖性、创造性和实用性这三项基本特征。除专业律师以外，想要了解更多的专利申请信息，可以参考以下几本书。例如，Wherry(1995) 主要介绍了专利和商标申请的定义和基本内容，以及如何搜索专利文献；Thomas D. Mays 在 Macrina(2000) 中简明扼要地介绍了著作权、专利权，以及其他知识产权方面的内容。政府的专利局是最终的权威机构。

参考文献

Bayles, M. D., 1989. Professional Ethics, second ed. Wadsworth, Belmont, CA.

Committee on Science, Engineering, and Public Policy, 1995. On Being a Scientist. National Academy of Sciences, National Academy Press, Washington, DC.

Council of Science Editors, 2006. Scientific Style and Format: The CSE Manual for Authors, Editors, and Publishers, seventh ed. Council of Science Editors, Reston, VA.

Gould, S. J., 1981. The Mismeasure of Man. Norton, New York.

Iverson, C., Christiansen, S., Flanagin, A., Fontanarosa, P. B., Glass, R. M., Gregoline, B., et al., (Ed.), 2007. AMA Manual of Style: A Guide for Authors and Editors, tenth ed. Oxford University Press, New York.

Macrina, F. L. (Ed.), 2000. Scientific Integrity: An Introductory Text with Cases ASM Press, Washington, DC.

Wherry, T. L., 1995. Patent Searching for Librarians and Inventors. American Library Association, Chicago.

第13章 科技演讲

> Nothing clarifies ideas in one's mind so much as explaining them to other people.
> 没有比演讲更能让人明白的方法了。
>
> —Vernon Booth

在学术会议或其他地方做报告、演讲,对科学交流、科学家和科学事业来讲都是极其重要的。一场优秀的报告或演讲能够提升我们的学术声誉。科学家正是通过学术交流,在他人科学发现的基础上成就了自己的研究。在求职或晋升的时候,一个人的口头表达能力和视觉辅助工具的呈现能力可能会让结果有所不同。对于那些求职者来讲,个人简历中的学术知识和专业技能几乎不分上下,而最后获得工作机会的通常是那些在现场展示中能够呈现自己的知识和技能的人。另外,我们可以从别人的演讲、自己的演讲,以及随后的提问和讨论环节学到不少东西,正如Booth(1998)所建议的:做报告能加深对自己专业领域的了解,抓住每一次机会来提升演讲能力。

在读研期间,研究生院会要求学生做一次或多次的学术报告,有些院系的研讨课上,学生会定期地做汇报和演讲。学生还可以参加其他的研讨会和专题讲座,观察娴熟的或不佳的报告技巧,以及演讲的内容和视觉辅助手段的有效性。无论作为演讲者还是观众,参加这些报告会都能收获宝贵的经验,因此应充分利用参加学术会议的每一次机会参与会议演讲和海报展示。这里还有可能会遇到未来的老板,给他留下好的印象有利于以后的工作面试。不管是参加系研讨会、全国性会议、正式或非正式演讲,还是工作面试,当你站在演讲台上时,就是整个会场的中心。优秀的演讲水平体现了演讲者的专业能力和表达能力,而这也是一名成功科学家的重要能力。

13.1 学术研讨会

院系会制订一个学术研讨会的时间表,老师会要求学生做一些专业领域的汇报,比如当前研究的课题、相关科技文献或者专业内的其他主题。观众都是本专业的同学或者老师,因此对报告内容和方向比较清楚,也许他们中有人还会因此向我们推荐一些职位信息。教授通过学生的毕业设计,特别是在班里或系部的研讨会上所做的演讲或报告来评价他们的研究和沟通能力。参加这些学术研讨会是学生的专业或学术责任之一,学生也会获益良多。

13.1.1　提供丰富的信息

学术研讨会给演讲者和观众提供了独一无二的受教育机会。众所周知，每个领域都是很宽泛的，我们所研究的只是其中的一部分，甚至可以说是非常细微的一部分。虽然每个人都无法做到无所不能，但是我们仍可以通过这种研讨会的形式互相获取该领域不同方向的专业知识，以丰富自身的不足之处。也许我们自己的演讲会为相关但不同方向的观众开辟一条新的思路，因此无论是对观众还是演讲者来说，学术研讨会为每个人都提供了一条拓宽视野的方便之路。

13.1.2　提供新的思路

一旦开始准备并发表演讲，我们对自己研究的理解就会加深。正如 Vernon Booth(1993) 所说，"你只有在给别人讲时才会理清自己的思路。"在自己演讲或听他人的演讲时，所学到的东西会让我们产生新的想法来改进我们的研究。比如，在听取他人做相关研究的开题报告、研究方法、结果时，我们也可以把一些思路应用到自己的研究中。不仅如此，随后的回答、讨论环节提供了一种发现错误、获得新观点及强化研究方法。对于资历较浅或资深的科学家，一些建设性、专业性的批评是百利无害的。

13.1.3　提升评价能力

作为一位年轻的科学家，在不久的将来，你会意识到科学家和科学本身都不是绝对正确的。我们需要花大量的时间、精力客观地批评和评价一篇科技论文或者会议报告能否真实地反映科学研究、评价报告是否精彩，或者是否包含了重要的新信息。在获取新信息和判断有价值的信息时，倾听能力和批判性的评价能力都是非常有用的，它还有助于发现自己或他人研究内容的优缺点。

13.1.4　提升交流能力

教育和科技进步与个人交流密切相关，每个人都需要培养良好的交流能力。优秀的演讲家离不开自身有意识的不懈努力。发表演讲时，要尽最大的努力；听演讲时要批判性地观察其他演讲者所付出的努力。当我们在一次专业会议或工作面试上发表演讲，或参与非正式的交流时，所获得的经验让我们觉得一切努力都是值得的。

13.2　专业会议

学术会议上的交流通常是以正式和非正式的口头语言和肢体语言进行的，很多重要的信息的获得来自人们的闲谈。在更正式的场合里，演讲者是海报展示或口头演讲中很有价值的部分。尤其值得注意的是，无论处在正式还是非正式场合，在探讨科学和研究时切记保持严谨的学术态度。

除准备海报展示和口头演讲以外，不要低估偶遇和即兴交流的重要性，事前也要做好充足准备。优秀的即兴交流需要演讲者深入地了解自己所研究的材料和专业文献，能够清晰地向观众介绍研究的开始、设计和实施，研究数据的收集和分析方法，以及研究结果与以往相似研究的异同。因此，必须事先认真阅读会议材料，为非正式的讨论做好准备，必要时携带已备好的笔记。如果还有时间，可以试着思考稍后观众可能会提出的问题。无论是研究生还是经验丰富的科学家，参加专业会议前，积极做好准备才能在会议中获得最大收益。

下面为读者参加大型学术会议提供以下几点建议（见框图13.1）。

▶框图13.1　从专业会议中获得最大收益

- 首先安排好自己的时间，会前阅读几本与会议议题相关的优秀论文。
- 制订计划，在会上做一个口头演讲或海报展示。在此类会议上，众多专家学者经常会互相辩论。作为一名学生，也可以参加辩论。
- 面对众多的演讲议题时，要慎重选择参加，可以特别选择事先读过对方的文章的演讲者的演讲。
- 低调地评论他人的海报和幻灯片展示中的优缺点。通过将新的想法应用到自己的研究和交流中来帮助克服自己的研究中的缺陷。
- 观察资深专家的演讲方式。
- 充分利用就业指导服务的资源与潜在的雇主交流，可以当成面试训练。
- 尽量结识更多的朋友，加入他们的非正式讨论中，之后用电子邮件或短信与他们联系。
- 安排时间与新结交的朋友一起放松，享受所在城市的精彩。

13.2.1　专业会议上的演讲

前面提到，求职时，除了专业能力，公司更看重个人交流能力，而参加专业会议的亮点就在于，将在这个舞台上向众人展示参会人的交流能力。关于演讲方式的选择一般有两种，一种是海报展示，一种是口头演讲。这两种方式在科学专业会议上十分重要，并且均备受演讲者的青睐，它们对演讲者的交流能力要求甚高。演讲者这时面临着选择，而两者都需要经验。在许多方面，除形式以外，两者是相似的，比如目的和说话技巧。在综合考虑每种方式的特点和要求后，选取最适合自己的一种。针对每种方式的特点和要求，我们做了如下比较，如表13.1所示。

在准备演讲材料时，可以参考Jay Lehr的评论（见附录14），时刻把观众的感受放在第一位，无论是一人观看海报展示还是多人聆听报告，作为演讲者，要充分利用海报或者幻灯片技术，为观众清晰地介绍演讲的主题内容，吸引他们的注意力。一般来说，很多观众对主题知之甚少，所以要以这类人群为主准备海报和演讲。如何让材料变得一目了然、清晰易懂，对演讲者来说则是一个挑战。值得一提的是，有一部分演讲者将注意力放在一小部分专业的观众身上，也许演讲让他们相信演讲者确实很了解这个研究主题，但是如果频繁使用术语、讲解不清楚、视频效果差，则会让大部分观众无法理解主题，这一点极有可能影响专业人士对演讲者的看法。

即便是与同事交流时，也不要过多使用统计学或者技术方面的专业术语，只需简单解释应用于数据的统计分析方法，当别人提问时能够解释清楚。在多数科学研究过程中，统计技术仅适用于显著性检验或者不同关系之间的经验数学表达式中。在会议演讲时，观众只需了解基本的科技概念，而不用涉及统计分析技术这么专业的知识。但是，如果必须使用专业的学术用语，就需要对其进行清晰明确的定义，以便于观众理解。

表13.1　口头演讲和海报展示的不同特点和要求对比

海 报 展 示	口 头 演 讲
情　形	
非正式；一对一或一对多	较正式；一对多
演讲者和观众采用站立姿势	演讲者站立，观众就座
没有主持人；演讲者和观众之间直接交流	主持人开场、介绍演讲者，有计时
时间自由	有时间限制
观众来去自由，真正感兴趣的会留下	不希望观众离场
主要采用问答方式或者会话讨论方式	大部分时间是演讲者作报告，留出少量时间进行问答
宣讲资料很实用；观众和演讲者之间自由交换名片和地址	如果可能，可以分发文稿讲义；不方便与演讲者近距离沟通、交换名片和地址
准　备	
准备海报，以及张贴海报的材料	材料：幻灯片、备忘便签和备份
了解能够证明目标合理性的主题，引述参考文献；支持研究方法及结果	了解能够证明目标合理性的主题，引述参考文献；支持研究方法及结果
事先准备好有可能会被问到的问题	准备正式的演讲和视觉辅助工具
提早准备；制作海报、检查和修改海报	提早准备；检查、修改文稿，演讲排练准备

演讲和海报一定要围绕一个中心思想。参加过会议的人都有这样的经历，在会议结束后，我们很快就会忘记大部分内容，但是如果演讲的中心思想很明确，并且给观众留下了深刻的印象，那么在未来几天内很多人还能回想起演讲者和演讲的重点。对于专业人士来说，也许这些内容停留在脑海中的时间会更长一些。但是，如果内容主次不明，就会造成观众理解的障碍。这种情况下，浏览海报的观众会立刻离开，听演讲的大部分观众可能出于礼貌继续留在会场里，然而很多人却已经不关注演讲内容了。值得一提的是，既然观众来到会场，那么势必是因为演讲的主题引起了他们的兴趣，因此演讲者首先要做到准确、生动地把演讲的目的和结果呈现给观众，尽量控制演讲的范围，全面深刻地描述出关键内容。一定要事先进行排练，力求准时完成演讲。

影响演讲的因素有很多，除演讲者使用的语言以外，还包括符号交流和非语言类的表达（见第14章），例如态度、面部表情、肢体动作、音调，以及视觉道具（如幻灯片、海报的符号显示等）。有时，这种非语言化的表达形式所传递的信息更丰富。恰当使用视觉道具会事半功倍，假如使用不当则前功尽弃。然而，视觉道具并不能替代演讲者的充分准备和有效的语言表达，对于海报展示而言，这些视觉辅助手段应该有助于阐述文字材料和评论，并有利于回答观众的提问。对于幻灯片演讲而言，要更多地考虑演讲者和演讲内容，而不是这些视觉辅助手段。演讲才是展示的焦点。

13.3　面试

面试演讲是个人的演讲，演讲者是焦点所在。很多人会在面试时感到焦虑和紧张，其实完全不必如此。如果在学校期间曾多次参加学术研讨会或专业会议，并充分利用这些经历来锻炼表达能力，那么面试简直是小菜一碟，带着自信去参加面试即可。

面试演讲时，有两点需要特别关注：观众（面试官）和面试演讲目的。对于学校里的学术研讨会，观众大多是同年级的同学或老师，他们熟知该研究领域，演讲者有足够的时间向他们阐述所做研究的重点；在专业会议上，观众是对会议主题感兴趣的人士，并对此有一定的了解，因此，在有限的时间内他们无须倾听详细讲解，只想了解自己感兴趣的内容。然而，这些都不适用于面试中。

面试官通常是公司的管理人员、行政人员，以及不同专业背景的技术人员，他们想要通过面试了解面试者的研究及更多个人信息，尤其是交流能力。这些面试官不同于以往学校里的研讨会或者专业会议中的观众，他们也许对面试者所在的领域知之甚少，因此不要使用同样的演讲内容来介绍自己的学术成果。在求职的紧要关头，修改演讲内容，让他们在最短的时间内对自己所学专业有基本了解，这也是考验交流能力的关键。

显而易见，面试的目的是为了获得工作机会。每个岗位都会有多位申请者，如果想要赢得这次机会，就要让面试官明白他们做出选择的理由，面试者是否有能力适应这份工作，专业是否符合岗位需求，以及能否处理好人际关系等。在回答这些问题时，一定要保持积极、肯定的心态。本书中关于交流的模式有详细讲解，大家可以参考，但是切记不同语义环境下要使用恰当的表达模式。

在面试中，有很多小窍门能够帮助面试官更好地了解面试者。例如，在自我介绍结束后，停留1分钟，首先向面试官表达谢意，感谢对方提供这次面试机会；其次，恰当地表达出自己对这份工作的兴趣，最后微笑着使用诸如"我对这份工作的兴趣随着我在……上的研究而日益浓厚"（My interest in this kind of work has increased with my research on …），"今天我非常高兴能够向各位呈现该研究的精华部分（Today I'd like to show you one part of that research in which …）"此类的表达，作为专业介绍的开始。这时，可以调整灯光，打开投影仪，开始专业的讲解。以上穿插在自我介绍和专业讲解中的这部分内容既能起到承上启下、缓和气氛的作用，又能体现出自身良好的交流能力。

无论哪种情况，眼神交流都是必不可少的环节。一定要控制时间，在规定的时间内完成。如果没有限定时间，则应尽量简短，不要超过20~30分钟，表达出重点即可。当然，对于所陈述的研究，其实验设计、分析、结果必须经得起验证，具有信度。在讨论实验结果、项目的适用性和意义时，也要保持一定的信心和谦虚，因为这毕竟不是发现什么重大科学突破的时刻。面试官可能会就刚才提出的建设性的意见发问，提出一些棘手的问题。在回答问题时，要为所做的研究感到自豪，向观众展示最优秀的部分，并请他们提问，通过专业的回答，让他们了解面试者的专业能力，要像任何一个优秀的演说家一样既自信又谦虚。

向面试官讲解的材料要尽可能精简，很多面试失败的例子都是因为内容烦琐冗长造成的。很多面试者认为研究中的所有实验数据和分析都应该呈现给面试官，其实不然，仅需要选择意义深刻的部分即可。几年前，曾经有一位参加面试的学生，他有30分钟的讲解时间，但是他从攻读硕士期间的研究课题一直讲到取得博士学位时所作的课题研究。关于为何要介绍如此多的研究内容，他说相信观众会对他所做的大量工作留下深刻的印象。其实，在看到这位学生能够顺利获得硕士和博士学位并在三年后担任要职时，面试官就已经能认定他的研究强度了。但是，对于面试官来说，在 30 分钟内消化完这位学生所有的研究还是相当困难的。可想而知，这位学生的演讲包含了三项研究、组织松散，而且超出了预计时间，因此就没有时间来展示内容的信度，展示研究的质量。最终这位学生未被录用。面试官已经习惯了时间界限，因此一定不要超时，应介绍研究的信度，展示高质量的研究方法和结果，并显示自己的工作和其他研究者之间的关系。凡事以小见大，从小的环节就能推断应职者的工作态度和研究能力。

如果面试官对面试者所做的讲解不感兴趣，或者询问不相关的问题也不足为奇，因为他们的关注点是人，而不是研究。对于他们来说，演讲仅仅体现了面试者的学术能力和交流能力。但是，在演讲之前，他们已经拿到了面试者的简历、成绩单、推荐信等证明专业能力和经验的资料，而面试时更关注的是个人性格方面的因素。所以在面试前、面试中、面试后都要认识到这一点，积极应对。

最后一条建议是，在面试前要对岗位、面试地点和面试人员等信息有一定的了解。可以从网络上或图书馆找到应聘的公司、学校或机构的信息。通常，相关信息还可以咨询介绍面试机会的人，或者接听电话的专职秘书，从而了解参加面试和进行演讲的语义环境。之前在任何学术会议上所作的交流这时都会派上用场。导师或教授也能够提供一些背景信息并帮助学生参加工作面试，也许他们还会认识面试官中的某一位，另外应多了解其他科学专家的研究内容，即使与自己的研究不相关，但是有可能恰好是其中一些面试官的研究内容，这可能会影响求职结果。不过，在面试中起决定性作用的还是面试者的交流能力，所以，好好表现吧。

13.4 问答环节

在任何正式演讲中，与观众之间的交流互动是决定成功与否的关键。当然，这种互动主要体现在问答环节，通过提问—回答的沟通模式，不仅让观众更好地了解演讲的重点、相关的专业知识，以及演讲者个人的能力，还能提升演讲者在专业领域的信誉，同时帮助他们认识到自身在研究和交流方面的优势和劣势。在问答环节，要关注每位观众的问题，并以专业、自信的态度作答。

回答务必要清晰、简洁、礼貌，不要忽视任何一个问题，即便这个问题非常微不足道。但是，切记不要对某一问题过度回答。也许与某位提问者意见不一致并有可能引发一场辩论，就算很了解研究主题，在这种场合下不宜做任何激烈的讨论，可以在观众离席后再继续讨论。

大部分观众并不会打断演讲，中途提问，但是如果有人插话，也不要感到惊慌。礼貌地回答对方的问题（语言要简明扼要、内容要详实完整），待对方满意后，快速平稳地回到刚刚的演讲中。

最重要的一点是，无论在演讲过程中还是回答问题的环节，都要保持专业的态度。很多人在演讲接近尾声时，会表现出一些不恰当的行为，比如松开领带，斜靠在讲台上，或者使用不专业的措辞来回答问题等，有时还会出现诸如yeah等口语化的词语来引出问题的回答。可以选择用yes或certainly，或者其他正式用语代替yeah。科学是严谨的，我们一定要避免以上情况的发生。如果有主持人，那么不妨请他在演讲和问答环节过渡一下，引出下一个环节，这样也能让演讲者放松一下。对于如何把控问题，Meredith(2010)和Anholt(2006)在书中提供了很多有帮助的建议。以下几条比较好的建议供大家参考。

1. 认真听完提问者的问题，即便对方开始说的时候你就知道问题是什么，也要认真地、耐心地听完。

2. 如果没有听清楚问题，可以尝试大声重复对方的问题，这样能够给自己留出一些时间思考，并准备答案。

3. 短暂思考。在回答前，停留2~3秒进行思考，这样有可能回答得更好。

4. 回答问题时要简明扼要，直接表达。不要进行深入探讨，要给别人留出提问的时间。

5. 要考虑现场所有观众的感受，回答来自不同方位观众席的问题。如果某位观众不断地提问，影响到他人，则要友善地提醒他，会后可再继续讨论。

6. 不要仅和提问者进行眼神交流，所做的回答不是针对一个人的，而是针对所有观众的。

7. 不要畏惧说"不知道"。有时，问题可能会超出研究的范围，不要惊慌。坦诚地告知对方，自己并不清楚准确的答案，对这个问题并未做相关研究等。如果知道如何查找答案，则可以提供一些准确的文献线索，但是一定不要盲目猜测，永远不要欺骗观众。

8. 保持谦虚的态度，避免带有防御性的心理。沉着冷静地面对所有的问题，即便提问的问题过于冗长或太琐碎，都要以严肃、专业的态度进行回复。

9. 时刻维护身为科学工作者应有的风范和尊严。暴躁易怒是我们的天敌。面对带有攻击性甚至敌意的问题时，要临危不惧，坦然、礼貌地应答，相信会得到大多数观众的尊敬。

10. 按照规定的时间结束演讲和问答。如果时间允许，最后进行总结性的陈述。

13.5　主持人的作用

无论处于哪种会议模式，演讲者都务必要与其他演讲者、会议协调人、幻灯片放映师，尤其是会议主持人齐心协力，保证演讲万无一失。一般来说，演讲者需要提前来到现场，与主持人和幻灯片放映师简单交流注意事项。但是，如果这场会议的演讲者不止一人，那么放映师需要知道每位演讲者的姓名和演讲顺序，以便安排幻灯片或光盘的放映。同样，主持人也需要了解每个人的相关信息，以便开场时向观众介绍。另外，演讲时，灯光、时间信号和是否有提问环节等，也需要不同角色之间倾力配合。

作为会议主持人，在参加专业会议时要注意发音的准确性，务必保证读对每位演讲者的名字和职务。作为主持人，其职责就是对演讲者进行介绍、缓和紧张的气氛、随时处理紧急突发状况等。在主持会议时，要做到按照时间表（演讲顺序表）从一个演讲者顺利切换到另一位演讲者。以下为主持人的具体工作流程。

1. 拿到所有演讲稿摘要或其他介绍性内容的复印件，熟悉每一位演讲者的报告主题。在问答环节，观众可能一时冷场，没有人提问，主持人应事先准备几个相关的问题，以防止出现这种情况。

2. 帮助演讲者准备视觉辅助设备，调整灯光、投影仪等其他辅助性设备，主持人应尽早到场，以协助处理演讲前的所有事务。

3. 会议开始前，拿到每位演讲者的简历，并在对方演讲前进行简短的介绍，包括演讲者的姓名、职称、职务、学术和专业背景、获得的荣誉，以及演讲的题目等。但是，在专业的学术会议上，介绍要尽量简洁。

4. 把握好时间。例如，演讲者只有15分钟的时间，那么他有12分钟（正负1分钟）的演讲时间，3分钟左右的问答时间。主持人必须保证演讲者按时开始，按时结束。如果演讲者超时，要及时打断以免耽误其他人的时间。要确保演讲者理解主持人给出的信号和指令。

5. 随机应变。在演讲者面临困难或者被观众刁难时，主持人应挺身而出，积极配合解决问题，缓和现场气氛，推动演讲继续进行。要随时检查设备并确认备用设备就绪。

6. 主持人应以一种恰当的、专业的态度来完成这项工作。记住，演讲者才是焦点人物。

13.6　其他演讲场合

科学演讲形式多种多样，除了本文中介绍的在研讨会、学术会议和工作面试中的形式，还有很多种非正式形式。在这些场合，以及其他面对学龄儿童、普通民众或同事进行演讲时，现场有可能没有视觉辅助设备，而这时演讲者正准备展示科学反应，介绍视频或电影；或者，需要担任研讨会或小组讨论的主持人，所以一定要清楚哪些设备（视觉辅助工具）现场有，哪些设备必须自带，要学会应对设备可能会出现的任何问题。为避免出现意外，要做好两套方案。即便现场出现意外，在换用第二套方案之后，演讲者也要保持镇定，清晰地交流沟通，不要因为替换设备或者遇到突发状况而感到惊慌。

本书后面的章节对演讲、幻灯片和海报演示，以及群体交流等科学活动中的视觉道具的使用、语言和非语言沟通形式进行了详细阐述。虽然，选择何种交流方式的权利在于个人，但是如果能够将特定场合中交流的方式拿来参考，那么相信大家会做出更好的选择。归根结底，交流是人在社会环境中进行的活动，有时是非常专业的活动。人虽富有创造意识，但是也不能脱离社会规则，换句话说，我们可以选择适合自己的语言和技巧，但是当观众更倾向于某种约定俗成的表达时，就要满足他们的期望。

在口语演讲领域提出实用性建议的作者有Lehr（见附录14中的箴言），Anholt(2006)，Booth(1998)，Peters(1997)和Tierney(1996)。而Briscoe(1996)，Woolsey(1989)，Anholt(2006)和Knisely(2002)则提出了海报展示的基本规范。除此之外，还可以在网上找到相关资料。虽然以上这些作者的看法各异，但是他们都遵循了交流的基本原则，即以观众为中心、突出主题、目的，选取恰当的方式，使用最清晰简练的语句，向观众呈现具有个人独特魅力的演讲。

参考文献

Anholt, R. R. H., 2006. Dazzle 'Em with Style: The Art of Oral Scientific Presentation. Freeman, New York.

Booth, V., 1998. Communicating in Science: Writing a Scientific Paper and Speaking at Scientific Meetings, second ed. Cambridge University Press, Cambridge, UK.

Briscoe, M. H., 1996. Preparing Scientific Illustrations: A Guide to Better Posters, Presentations, and Publications, second ed. Springer-Verlag, New York.

Knisely, K., 2002. A Student Handbook for Writing in Biology. Freeman, Gordonsville, VA.

Meredith, D., 2010. Explaining Research: How to Reach Key Audiences to Advance Your Work. Oxford University Press, Oxford.

Peters, R. L., 1997. Getting What You Came for: The Smart Student's Guide to Earning a Master's or PhD, Revised ed. Farrar, Straus & Giroux, New York.

Tierney, E. P., 1996. How to Make Effective Presentations. Sage, Thousand Oaks, CA.

Woolsey, J. D., 1989. Combating poster fatigue: how to use grammar and analysis to effect better visual communications. Trends Neurosci. 12, 325-332.

第14章 非语言方式交流

> It is the province of knowledge to speak, and it is the privilege if wisdom to listen.
> 说体现的是知识含量，而听则需要的是智慧。
>
> —Oliver Wendell Holmes

Hall(1990)认为"90%以上的交流活动是非语言文化信息环境中的意义传递，而不是语言传递。"在科学领域的交流中，也许这一比例会低于90%，但也是相当高的，但我们必须意识到，非语言的信息传递相当重要。所有这些都影响着语义环境，除了倾听和阅读，人与人之间的眼神和肢体触碰所引申出的意义也不容小觑。在演讲活动中，演讲者的手势和面部表情对交流也有很大的影响。而在文字资料或电子媒介中，技术编辑会利用字体大小或其他格式、符号来强调重点，引导读者阅读。有时，作者在为出版做准备时，就会更多地关注编辑在本领域的符号语言的使用，例如符号、空格、字体颜色以及其他与文字一样重要的修饰润色方法等。影响信息传递的因素还包括客观环境、肢体语言和听的习惯。

14.1 符号

符号语言包括所有常用符号和为表达文章思路或解释术语意义而创建的特殊符号。适用于文章组织框架的常用符号涉及位置（左齐、右齐、居中等）和标题级别，用来引导读者在各章节之间自由转换。不过，段落之间最常见的还是缩进格式，虽然现在不再流行缩进格式，但是在段落之间没有空白行时，缩进是唯一一种直观体现段落之间意义转换的形式。因此，建议保留这种过渡符号的使用。我们大都是在潜移默化中接受了通用的符号语言规范。比如，在句号出现时，我们会习惯性地停顿一下，就像是过马路时遇到红灯一样，已经变成下意识的行为。但是，如果这些符号在语言中不能被普遍接受，就会造成交流的障碍，使简单的事变得更复杂。因为文字仅能传递语音和语义，而符号则赋予了文字更多的意义。比如，在看到英文中标斜体的单词时，我们会认为是某种科学物种的名称，而看到缩写字母时则会想到是计量单位。所以说，要认真地使用这类符号，才能使作者想要传递的信息与读者理解的信息一致。

Symbol Sourcebook(Dreyfuss, 1984)一书建立在对两万种符号的研究基础上，正是这些符号的存在丰富了整个语言体系。其中，众所周知的骷髅头和交叉的腿骨代表有毒物质，这一符号全球通用；某些重要的符号，诸如手语、摩斯密码、化学结构式、盲文、交通标志，以

及其他成百上千种代表重要信息的符号，则局限于特定的人群，甚至是某个学术领域的专家使用。目前人们最常见和惯用的符号是计算机图标，因此，为了便于交流，我们必须了解计算机图标代表的意义。由此可见，如果信息传递者和接收者对符号意义的理解一致，符号就是语言的简便工具。

　　无论是在论文写作还是海报或幻灯片演示中，字体大小、形状、空格、颜色、位置、下画线、黑体等符号语言，都可用于组织、强调和澄清文字意义，使用时必须规范化，考虑周到，否则就会混淆观众的理解。如果一篇文中每间隔三个词就使用一次下画线，那么下画线在这里仅能起到计数的作用，但是如果整个段落中只有一处标有下画线，那么作者肯定是在强调这部分内容，下画线的作用是引起读者的注意。一般情况下，大号字体、黑体字、颜色、全部大写、空格以及位置等符号的使用是为强调某个地点或词语。比如，在一段10磅字体的有缩进格式的段落之前有一句话用14磅字体，并且全部大写、标黑体或斜体、标下画线或居中，那么显然这句话就是这一段落的主题。但是，如果这句话没有使用任何符号标注，甚至直接放在段落中，那么它不仅未起到任何强调作用，还会中断整篇段落的思想观点的常规逻辑编排，打断读者阅读的思路。

　　符号的意义显而易见，使用恰当就能促进读者的理解，而随意的不当使用就会产生歧义，造成误解。比如，当文中出现1，2，3，4等顺序词时，读者会下意识地认为第1条最重要，如果使用a，b，c，d等符号，那么信息之间的重要性级别则不会太明显。在每个条目前使用一致的项目符合或图形，例如"*"更不可能显示第一条最重要。但是，为了交流清晰明确，作者需要第一时间告知读者，这些内容之间是同等重要还是有先后之分的。

　　然而，如果文章或图片中的词间距和位置处理不当，就难以达到预期的效果，正如Keyes(1993)所说的"perceptual overload"（适得其反）。语言交流中的基本原则是简练明确，这条原则同样适用于符号交流中。

　　有时，页面布局或视觉道具也会在阅读文字之前传递某些信息，比如增加行距，或在正文中加入一部分内容，表示这部分内容有可能是引用文章、案例或者从属论点。通常，大字号的内容要比小字号的重要，而粗线的部分比细线的重要。同样，连续缩进的段落中，处于上级的段落（即缩进量更小的段落）相对而言更重要，连续缩进也显示了对上级段落的依赖性。起强调作用的符号，比如黑体、下画线、空格等，可随意组合使用，无任何限制。

　　许多符号都有标准的规范和固定的含义，但是在使用另一些符号时一定要小心谨慎。正如一词多义，符号同样承载着不同的意思或容易造成歧义。例如，电气技师在所有工作中对于电线的颜色所代表的含义的一致性非常明确，但是正如Imhof(2007)声称的，这些颜色，特别是在不同的文化中所代表的含义是会产生歧义的。在一种文化中，紫色可能代表皇室，而在另一种文化中却用黄色代表皇室；有些文化中代表死亡的是黑色而有些却是白色。肢体语言也传递着不同的含义。在一种文化中避免眼神接触可能代表彼此的尊重，而在另一种文化中直接的眼神交流则代表尊重；左右摇头既可能代表不同意，也可能代表同意。手势语言也是绝对的非语言符号，不同文化之间的含义不同，所以为了避免误会，一定要尝试了解进行交流的语境中所使用的文字或者符号的含义。

14.2　字体

在文字处理、幻灯片或海报制作中，我们还需要关注字号和字体。在印刷行业内，不同的字形称为字体（face）。字型（font）是字体和字号都明确的形式。字体包括很多种，比如Times New Roman，Arial，Script，Old English等。字号是指用points（磅）来计量的字的大小。本书英文版正文字体是 Times New Roman，10磅字，章节标题字体是 Optima-DemiBold，22磅字。另一个需要了解的印刷术语是Serif（衬线字体），衬线指的是字形笔画末端的装饰细节部分，分为有衬线体和无衬线体，例如 Times New Roman 字体中的 l 和 h 就是有衬线体，而无衬线体就是指没有字形笔画末端的装饰细节部分的字体，如下所示：

This text is sans-serif, 12-point Arial bold.（无衬线体）
This text is serif, 12-point Times New Roman bold.（有衬线体）

虽然以上两个例句都是12磅字，但是相同的词的横向宽度却不相同。Arial字体更厚重、更宽，但是也更紧凑。不过，两者之间的垂直高度相同，正是因为这一高度才定义了统一的12磅字。在论文投稿、海报、幻灯片中，字体和字号的选择尤为重要，有时某些字体更方便读者阅读。例如，在科学海报或幻灯片中，大而易读的字体更受青睐。另外，除非因语法原因造成字母必须大写的情况，否则小写字母的单词比全部大写单词阅读起来更简单、更快速。关于字体和字号的示例详见第17章（见表17.1）。

14.3　颜色

非语言元素（如字体等）成就了交流方式的多样化，然而颜色仅仅起到了锦上添花的作用。深色字体搭配浅色背景（如白纸黑字）且字型统一时，除了向读者传递字面意义，几乎激发不出他们任何其他的反应。但是，如果字体标红，那么这种标色的词语所带来的意义既丰富了其本身的涵义，又能唤起读者的某种情绪反应。我们可能会对老师给我们论文上的红笔批注产生开心或者失望的不同情感，而对颜色的科学分析并未考虑观众面对颜色会产生的情绪反应。Imhof(2007)提到，"'颜色'一词的概念较为模糊。"由于来自不同文化的个体或群体对色彩反应的不同，我们无法准确地就颜色在交流中的作用制定一套标准的规范，但是这种符号元素在科学交流，尤其是幻灯片和海报制作中，显得非常重要。不过，就像其他元素一样，我们也需要了解观众对颜色使用的基本习惯和期望。

Imhof(2007)的颜色理论学为制图者提供了宝贵的参考意见，这一理论也适用于科学交流活动中（详见附录12）。他主张，"颜色无美丑之分，它只存在于特定背景下的物体或感觉中，存在于与周围环境的互相影响中。"比如，提到亮红色，有人想到苹果，有人想到足球运动衫，而有人想到考试卷上的分数。影响颜色代表意义的除了语义环境因素，还包括个人性格特点、过往经历及所处的文化等。Dreyfuss(1984)表示，受到不同环境和文化的影响，每种颜色都有积极（和谐）或消极（冲突）的一面。我们有时也称为暖色系和冷色系。比如，蓝色属于冷色系，黄色属于暖色系。hot pink是亮粉色，cool green是冷绿色，而土地的颜色有棕色、橙色和中性灰色等，有些人认为这些颜色非常单调，但是也有人觉得很壮观。

Tenner(1996)认为，"在众多颜色中，肉眼唯一能分出不同程度的颜色是灰色。"在华尔街日报的一则专题（1993年11月17日）中，Laura Hays提出，医学界已经发现"灰、黑、白是数码影像作品中最安全、最实用的三种颜色。"Imhof(2007)认为，"在绘画领域，灰色被看成最美、最重要和最万能的颜色。选择强烈的柔和色系搭配灰色，为画家们提供了最完美的背景色调。"这一色彩专家的观点也为我们在制作幻灯片或海报选择背景颜色时提供了参考。更多关于Imhof的颜色理论学的内容详见附录12。

当然，以上观点并不是要求我们在交流中只能使用灰、黑、白三种颜色，虽然灰色很美，但是灰色和棕色经常用来缓和其他颜色的亮度。比如，我们居住的房屋的整体色调并不是以亮色为主的，而是仅有白色或灰白、灰色、褐色和棕色这几种冷色系。即便是红瓦黄砖，也更偏棕色。而房屋内墙（或院内墙）的颜色也是以柔和色系的基调为主的。再观察停车场里车的颜色，大部分车辆都是黑色或白色的，或者是弱化的灰色、蓝色、绿色、棕色或红色等，极少有亮黄色、亮红色、亮蓝色或亮绿色。因此，正如Imhof所说，人们更倾向于柔和或弱化的灰色或棕色系。如果有人喜欢亮黄色并购买了这种颜色的车，那是他的个性，但是在科学交流中，首要考虑的是观众对于颜色的接受程度，而不是自己的喜好。幻灯片、海报和插图要尽量选择弱化的背景颜色。

在科学交流中，颜色的选择和使用相当重要。正如Tenner(1996)所说，"某些颜色有一定的迷惑性，"而Hays也在1993年11月17日发行的华尔街日报中提到，"相同版面、不同颜色的字体有时看起来时大时小。"Dreyfuss(1984)认为，"颜色如同符号语言中的叹号一样，能够为观众带来强烈的即时反应，其影响力不容小觑。"他继续说道："色彩总是在形式与结构明晰前已经吸引了人们的注意力。"考虑到颜色的吸引力，在科学交流中如何选择很重要，颜色选择得恰当与否直接决定了交流能否顺利进行。在选择颜色时，我们既要基于自然环境所赋予它们的意义，也要依据文化背景下约定俗成的惯例。例如，地图上绝对不会使用亮粉色代替蓝色，来表示任何一部分地理水域，亮粉色也不会成为科学幻灯片的背景色调。

有些颜色与安全警示也有关联。例如，电线的颜色或者高速路上的交通信号灯（红、绿、黄）等。在美国，停止指示是红色的，警示标志是黄色的，高速路边的信息标志是绿色的。不用文字，我们已形成了红灯停、绿灯行、黄灯减速待停的意识。对于色盲的人来说，指示灯上面的表示停车，下面的表示行驶。我们在使用非语言符号，比如位置、空间、大小、设计、图形和颜色传递信息时，要考虑到色盲观众的感受。

有了胶片记录设备和计算机程序的帮助，幻灯片的制作越来越简便，模式也越来越多样化。其中，可供选择的颜色种类无数，与科学交流的简练明确的原则越来越远。通过人类的肉眼很难区分出某些深浅程度接近的颜色。如果在幻灯片中出现了过多的颜色种类、大面积的亮色系区域，甚至使用不同的颜色来表示相同的信息，都有可能造成观众的混淆，影响交流的进行。因此，幻灯片和海报中颜色的选择和搭配至关重要，比如，红色字体的正文搭配白色背景很合适，但是搭配蓝色背景则效果不明显；如果字体是黑色的，较为柔和的背景颜色则更为恰当（如白色或者很浅的黄色）。

在不影响信息传递的情况下，根据文字传递的意义，不妨从审美的角度考虑颜色的选择。但是，在做出最终判断时，建议咨询观看者的意见。Imhof(2007)认为"弱化的颜色比纯色更让人身心愉悦"。书中探讨了六条适用于图纸制作的准则，其他科学展示也可参照这六条准则。强烈建议大家阅读Imhof著作中的"颜色理论学"一章（其中部分内容出现在本书附录12中）。另外，在制作图表或者其他插图时，也可参考Briscoe(1996)，Tufte(2001) 和 *Illustrating Science*(Council of Biology Editors, 1988)。这几本书中都有关于颜色方面的介绍。

14.4　肢体语言

口语交流时，我们所处的客观环境、仪表形态、肢体语言等均是语义环境的一部分，有时，它们对交流产生的影响比语言本身更重要。如果能够熟练运用这些因素，那么对自己和观众都会有很大帮助。即便没有十足的把握，至少要预防以下比较常见的干扰源：灯光亮度、噪音、温度，以及会场布局等。有时，我们还要做出艰难的抉择，比如在极热或极寒条件下，为了舒适，是否要打开噪音较大的电扇或取暖设备，如果打开，则会扰乱观众的注意力，从而造成交流失败。因此，在这种情况下，我们要两害相权取其轻，做出恰当的判断。

仪表形态和肢体语言对交流的影响非常重要，正如Smith(1984)所说，"仪表和肢体语言是演讲者赋予观众的第一视觉印象。"演讲者的一举一动都影响着交流的进行，仪表或行为不当则会扰乱观众的注意力。演讲者的手、脚、眼神和姿态都传递着信息，演讲者的仪表形态是观众接收到的第一条信息。"观众应更多关注演讲，而不是演讲者的着装"的想法是非常理想化的、不现实的。当然，演讲者有权按照自己的想法穿衣打扮，但是在学术领域里，专业会议或者演讲有规定的着装标准，而观众也更接受常规的标准。因此，为保证交流的顺利进行，演讲者应按照规定的仪表要求着装。更重要的是，仪表形态和肢体语言直观地反映了演讲者对科学的态度。

与仪表形态一样，肢体表达也很重要。很多肢体表达是个人性格的延伸，虽然本性难改，但是在限定条件下对固有的肢体表达做出细微调整仍是可行的。比如，很多人有一些怪习惯，曾有学生总是不经意间眨眼睛，尤其是在做汇报时，大家很容易去关注他的这一习惯，从而影响正常的交流。针对这种情况，我们会在他演讲时不断地提醒他注意这个动作，在持续的努力下，这位学生控制住了自己，小小的改变使演讲更出色。眼神交流是交流过程中最关键的部分，眼睛可以传递出很多不可言说的意义。在美国，演讲者和观众之间的眼神交流被认为是帮助传递信息的一种手段。当然，我们的手、脚、耸肩膀，甚至是胳膊的挥舞都不同程度上起到了促进交流的作用。美国人特定的手势和其他肢体语言在不同的文化中可能会有不同的解读，尤其是手势和眼神。第20章将进一步讨论不同文化之间肢体语言的差异。

演讲者不经意间发出的"嗯""啊""对吧""知道吧"，甚至是咕哝声、吸鼻声、清嗓声、咻咻声等对交流也有很大的负面影响。很多人也许没有世界上最美的声音，但是对于嗓子不舒服或感冒引起的清嗓声、擤鼻涕声或咳嗽声也要尽量控制，以减少不必要的干扰因素。

然而，有的人的身体情况不受控制，比如口吃。请大家不要绝望。有一位成功人士的口吃很严重。一般来讲，有的人是单音节重复，有的人是词语或短句重复，他属于后者，但是他并没有因为这一原因而影响自己的事业，因为工作中经常要公开演讲或团队交流，与大多数口吃的人不一样，他没有选择隐藏或者特意提出自己的这一问题，而是从容淡定地表现出来。比如，在重复某一词语时，他很自然地念了出来，并且继续演讲，没有任何停顿，也没有道歉或者尴尬。也许，第一次出现口吃时，观众会受到干扰，但是在演讲者认真演讲的状态下，观众会被内容所吸引，从而忽略演讲者是一位口吃患者。对于这样的人，观众都非常地敬佩。如果他在一开始时就对自己有口吃表示抱歉或者感到紧张，观众就会将注意力更多地放在口吃而不是演讲内容上。如果出现不可控制的声音问题、身体缺陷、脸上或手上绑绷带等情况，无须隐藏或者通过表示歉意或尴尬以获取观众的理解，因为这是很常见的事情。无论美丑、高矮、胖瘦、挂着双拐或坐着轮椅，观众都会注意到，坦然地接受这个事实，不要把观众的注意力有意集中在此类不同上，尽量让观众感到舒服。不管什么时候都要约束自己的穿着打扮，控制身体的异常习惯。在学术演讲时，内容才是观众要关注的中心，而不是演讲者。

有时，声音和身体语言会对交流产生积极的影响。音调变化、音量大小、语气的不同会改变词语的含义，甚至或多或少影响某一观点的重要性。因此，演讲者应该学习如何使用声音帮助传递信息，以及如何协调声音配合肢体语言。比如，语调、音量、声音的强弱、一个手势、握紧的拳头、张开的手掌，或手所指向的方向等，这些简单的动作都代表着不同的意义。又如，面部表情加上语调可以暗示演讲者的态度是认真的还是在开玩笑，或者他是否相信自己所说的是正确的。讽刺的是，肢体语言的巧妙应用，再搭配一些无意义的术语，都会让观众认为这件事情很重要。这种模式是很多政治家和销售人员惯用的方法，但是作为一名科学家，真即是真，容不得半点掺假。不过在口语交流时，可以使用适量的肢体语言表达，以促进信息的传递。

在交流时，演讲者的站位、姿势、与观众间的距离也代表了一定的含义。人是有领域控制欲的生物，距离太近会侵犯到他人。然而，在面对群体交流时，我们向前一步不仅会帮助信息传递，还会增加相互之间的互动。在提问环节，我们通常会向前一两步，近距离地面对观众。这时，为了更好地营造交流的语义环境，会使用一些工具，比如聚光灯。聚光灯打在提问者和演讲者两人的身上，暗示会场上正在进行问题互动的环节，并欢迎提问。但是，如果提问者隐藏在黑暗中或较弱的光线里（不在聚光灯范围内），或者演讲者距离提问者太远，又或者演讲者姿势僵硬，像生根了一样矗在讲台后面等，则会让提问者觉得不被重视而减少兴趣，影响互动的进行。其实，仅仅是站在观众席面前也比两者在各自领域中的效果更好。恰当的姿势和位置，并结合适量的肢体动作，就能够营造出舒适的交流氛围。

个人性格、文化背景、身体情况、需求和信仰等因素会让人形成一些特殊习惯，并且根本意识不到这些习惯。因此，我们需要求助于他人来指出自己肢体语言中的优缺点，扬长避短，把握好度，不要让所要表达的内容迷失在外在的干扰中。

14.5　听讲

很多时候，演讲者的肢体语言和声音会刺激观众做出听和不听的判断。听的重要性经常被忽视，然而在语言交流中，成功与否的责任有一半在听者身上。目前，很多书教导大家如何做演讲，但是几乎没有一本书关注如何听演讲。听是一种用耳听、同时用心观察、思考，以便尽可能获取最准确信息的行为。在每个人的职业生涯中，听的时间远大于说的时间，我们要学会如何更好地听。虽然很多人没有良好的听的习惯，但是可以通过后天练习来提高。

听的最终目的不仅是听到内容，而且还要接收和理解它。事实上，耳朵只是听的一部分。如果听者身临现场，那么他的眼睛也要仔细地观察演讲者的肢体表达，以及发声特点，这也是听的一部分。耳朵和眼睛互相配合，认真思考，防止错误理解接收到的任何信息。人们从听上获取到的信息要比说多。优秀的听者会摒弃对演讲者或主题的偏见，不带任何先入为主的想法，客观地理解传递的内容。优秀的听者会关注交流中的一切要素。

听讲需要花费一定的注意力和精力。在不同的交流模式中，我们必须保持良好的态度，这种态度应该是容易接受、思想开朗的，而不是被动、屈尊俯就的。很多人将精力和注意力浪费在了"装听"上，也就是所谓的"身在曹营心在汉"。比如，在家长或老师说教时，我们在想别的事情，但是表现出的面部表情却是我们在听。有时，我们想的是对自认为听到的内容做出回应，而不是关注演讲者实际陈述的内容。"一只耳朵进，一只耳朵出"的结果和含糊不清的演讲同样害人不浅。因此，为保证交流的成功，听者必须承担起自己的责任。

在集思广益的小组交流活动中，随着观点的不断变化，考验着听者的能力。因此必须时刻跟随焦点的变化而变化，并且能够概括出不同观点之间的关系。无论是作为观众之一还是单独的信息接收人，都需要有良好的听力习惯。培养良好的听力习惯需要我们有意识地努力，可以尝试以下几点建议。

1. 直视演讲者。即使需要记笔记，也不要漏掉观察演讲者的肢体表达。

2. 关注演讲者的声音变化和语调。观察对方是如何将肢体语言和声音融入语境中的。

3. 不要打断讲话。在演讲者想不起某个词语时，不要因为自己知道而盲目打断他的讲话。

4. 关注演讲内容。把演讲的内容与已有的知识联系起来，扩充自己的知识库。

5. 不理睬干扰交流的因素。没有任何交流是毫无干扰源的，比如噪音、微弱的灯光、心不在焉的状态，甚至某位观众制造出的动静，都会影响到听。努力将注意力集中在演讲上。

6. 注意自己的态度，将注意力集中在演讲者身上。不要主观地由于对方的外貌或口音而产生偏见，也不要在演讲结束前做出任何不客观的判断。

7. 切忌在演讲过程中提问，除非问题很重要。在演讲结束后，确认自己是否已经完全理解并接收到所有信息，然后可以针对演讲过程中的某些模糊观点向演讲者提问。

8. 做出反应。在小组讨论或面对面谈话时，面部表情或肢体语言能够暗示讲话时机和特点。为了得到清晰完整的解释，可以适当地提问，以便引导演讲者给出正确的回答。待演讲者回复后，还可以进行评论或给出意见。也许听众会认为自己人微言轻，但是事实并非如此。即便没有机会提问或陈述意见，每个人的一举一动、姿势、眼神交流和面部表情，都会在某种程度上影响演讲者。

9. 保持耐心。听肯定要比说快，但是听不仅仅是指"听"这个动作，听者（或观众）应该利用空余的时间思考刚刚演讲内容的目的或深意，并在大脑中形成某种意识或激发某种反应。

10. 注意力要集中。如果听者明显将注意力放在其他人或事上，但是仍然假装自己在听讲，并告知讲话者"你继续，我在听"，就是一种非常不礼貌的行为。

除了语言，听和其他有形要素一样，直接影响交流活动的正常进行。Imhof(2007)的"部分即整体"观点不仅适用于幻灯片、海报等视觉演示，还适用于各种书面或口语交流中。我们的演讲稿中不仅包含语句和观点，也包含由各类符号（字体大小、颜色等）、客观环境或肢体语言所暗含的象征意义。另外，听者和读者的注意力也是影响成功交流的因素。除了关注语言表达和组织结构，也要注意各自（演讲者/观众/听者）的仪表形象和听的习惯。

参考文献

Briscoe, M. H., 1996. Preparing Scientific Illustrations: A Guide to Better Posters, Presentations, and Publications, second ed. Springer-Verlag, New York.

Council of Biology Editors, 1988. Illustrating Science: Standards for Publication. Council of Biology Editors, Bethesda, MD.

Dreyfuss, H., 1984. Symbol Sourcebook: An Authoritative Guide to International Graphic Symbols. Van Nostrand Reinhold, New York.

Hall, E. T., Hall, M.R., 1990. Understanding Cultural Differences. Intercultural Press, Yarmouth, ME.

Imhof, E., 2007. Cartographic Relief Presentations, English ed. ESRI Press, Redlands, CA.

Keyes, E., 1993. Typography, color, and information structure. Tech. Commun. 40, 638-654.

Smith, T. C., 1984. Making Successful Presentations: A Self-Teaching Guide. Wiley, New York.

Tenner, E., 1996. Why Things Bite Back: Technology and the Revenge of Unintended Consequences. Knopf, New York.

Tufte, E. R., 2001. The Visual Display of Quantitative Information, second ed. Graphics Press, Cheshire, CT.

第15章 演讲中的视觉辅助工具

> Blessed is the man, who, having nothing to say, abstains from giving us wordy evidence of the fact.
>
> 无语可言，无须冗长解释事实的人是有福的。
>
> —George Eliot

与符号语言一样，视觉道具填补了交流活动中文字无法表达的含义，对于某些无法仅用语言阐述的观点，视觉道具的使用弥补了这一问题。在书面文档中，照片、绘图、图表和表格常常包含许多重要信息。有效地利用视觉道具可以加强科学信息的传递，而使用不当则会分散观众的注意力，影响交流的顺利进行。为了避免出现使用不当的问题，特别是在演讲中，需严格遵循以下原则：

1. 简洁易懂；
2. 使图像和文字足够大，以便清楚地观看；
3. 正式演讲前，进行一次长时间的视觉辅助设备试运行，以防效果不好随时更换；
4. 协调不同视觉道具的使用时，要综合考虑演讲主题，做到文本、演讲与道具的有效结合，使观众不会走神儿；
5. 演讲前，确保所有相关的视觉道具准备就位，并且运行良好。

各类视频辅助设备、道具，诸如展板、海报等都能服务于科学演讲、教学和演示。视觉道具并不局限于以上这些形式，可以是任何视觉影像，包括演讲者个人形象和肢体语言 (Smith, 1984)，用于展示骨骼和行为的活体动物，某一过程的复杂的实体模型或某种物体的分子结构图等。在科技交流活动中，除了常用的幻灯片、海报展示、图书和期刊中的插图等形式，能够辅助演讲者阐述观点的手段还有很多种，比如文本中的图形、白板、黑板、挂图、投影胶片、视频播放，以及其他小道具。应该充分利用现有的、可行的、有益于交流的视觉辅助手段。

事先准备好粉笔、黑板、计算机、白板、投影仪或海报展板等工具，每种道具都有各自的优势或劣势。比如，翻页挂图和海报适用于观众人数较少、光线充足的场合；幻灯片放映则用于观众人数较多、光线较柔和的场合。演讲者通常忽略了使用黑板或白板有多方便，在使用黑板时尽量不要书写过长的文字，因为长时间背对观众既不礼貌，又容易造成交流障碍。在回答问题的时候，可以随时在黑板上书写，比如化学结构、生词或清单，供读者参考和理解，相当便利。与演讲主题相关的录像带在科技交流中也起到了一定的辅助性作用。有一次演讲活动的主题是大豆发芽至幼苗成长的过程，演讲者在介绍主题内容后打开了一段大豆种子成长为一颗幼苗的视频，时长很短，但是却令人印象深刻。在视频结束后，演讲者通过几句简单的过渡语直接切入幻灯片主题，过程连贯，让观众从影像世界进入文字世界，有效地加深了对主题的理解。然而，除非两种视觉工具配合密切，否则很容易造成观众的理解障碍，也会分散他们的注意力。因此，视觉工具的介入要恰当、自然、顺畅。有时，用于辅助演讲的某种物体也会对交流产生或好或坏的影响。如果需要观众近距离观看这个物体，那么不妨在演讲后让观众依次到台前观察，而不要在演讲过程中在观众席内传递物体。视觉道具不宜过大，惹人注意；也不宜过小，让人看不到。任何道具都应该促进交流，而不是阻碍它的进行。

　　通常，通过视觉辅助手段能够添加信息，阐述或者提供证据、实例，还能够重复重要的信息。比如，在海报中，使用图表或者照片传递某些信息，并且在书面文字中再次指出该信息，提高观众的注意力。类似地，在一篇主题为某种化学制剂影响矮牵牛花生长的演讲中，如果加入一组经过该化学制剂处理过的矮牵牛花的图片，则会充分论证这一观点。写作要避免话语重复、冗长啰嗦，但是在口语表达时，适度的重复能够起到强化观点的作用。读者可以重复阅读相同的内容，但是一旦演讲者讲述完某一个信息点，而观众来不及捕捉到，他就再也无法获取该信息了，所以聪明的演讲者会适时地采取不同的方式（比如，不同的道具）来重复某些重要的内容。视觉辅助工具可以帮助演讲者在第二种介质中重复观点而并不显得冗余。同样，展示幻灯片的速度也非常重要。语速太快或者在不熟悉演讲内容的观众理解之前就跳过一张图片，会使视觉资料和演讲变得非常混乱。

　　语言障碍可以通过视觉道具来弥补。比如，面对母语或口音不同的观众，这一优势尤为显著。演讲者在演讲过程中遇到发音困难的关键词或者晦涩难懂的词语时，通过借助视觉道具，降低语速，认真地阐述词语的具体含义，相信注意力集中的观众都能够理解该含义。这种情况不仅适用于母语非英语的海外留学生或专业人士，还适用于口音各异的英语世界的观众。无论演讲者来自非洲的布隆迪、泰国的曼谷、美国的波士顿或巴吞鲁日，还是英国的巴斯，其口音对一些听众来讲可能都是陌生的。因此，针对语言或口音不同的观众群体，建议演讲者尽量放慢语速，同时利用有效的辅助手段，帮助他们快速理解。

　　与其他符号交流一样，对于视觉影像的形式、布局、颜色、字体、结构等，要保持简洁、清晰、美观的原则。对于观众来说，符号与语言在传递信息时同样重要。幻灯片或海报中的颜色选择必须统一。应该选择一种模板，小心地自定义基本色调与样式，控制色彩的使用量，使之彼此协调并与演讲内容匹配。主题、观点或过渡词都需要标色，读者可参阅第14章中更多关于色彩的使用。比如，在某一条形图中，硫酸铜用蓝色条表示，那么文中后续图表中再次提及硫酸铜时也必须选择蓝色条。除颜色以外，字体、尺寸大小、一致性格式、密度、间距和风格等特点对道具的使用也有一定的影响。虽然计算机提供了很多种视觉道具，但是使用不当则会产生许多不可预料的问题，因此在要求创造性的同时，应尽量选择观众容易接受的效果。在本章及后续章节中，主要介绍的是应用于幻灯片放映和海报宣传的视觉展示方法，不过这些方法在其他道具的使用中也有一定的参考价值。

15.1 幻灯片组成

从黑白照片、彩色胶片到数字影像，幻灯片制作的历史已经超过40年。很多人也许没有经历过黑白影像的时代。工业革命以后，从铅笔到打字机再到计算机，这些用于交流的工具的发展速度惊人，而这些电子设备的出现也令人惊叹。但是，无论何种发展的背后都有利有弊，因此在使用任何一种交流工具时，都必须严格遵守交流简洁、准确、清晰的基本原则。例如，幻灯片中加入特定的动画效果，能够把松散的内容进行排序，让观众的注意力集中在重要的观点上，通过有序的方式加深观众的理解，这就是幻灯片动画效果的优势，详见附录13中的实例。但是，过度或过快地使用这种手段，或者仅作为吸引观众的技巧，就对交流无意义了。任何辅助工具的目的是澄清观点，而不是分散注意力。

在谈到幻灯片时，目前比较常用的是幻灯片制作软件 Microsoft PowerPoint，当然其他软件也许更好，但这里将以它为例，提出以下5条基本原则，在应用所有的视觉道具时都应该遵守这些原则。

1. 层次分明。每条论点都由若干条（有限的）小论点支撑；
2. 显而易见。使每一位观众都能清楚地看见；
3. 整洁统一。与其他视觉道具、文字或语言应统一连贯；
4. 高质量。清楚明确、引人注目、美观大方；
5. 可行性。切实符合演讲的材料、设备、时间等客观因素。

许多可以使用的软件、工具确实经常升级或更新，所以要跟上技术的发展。而目前讨论的是成功的交流活动应该遵循的原则，而不是电子工具的使用。科学是非常严肃的事情，当然，我们可以有创新，在演讲中添加一些幽默的元素，但是交流的主要目的是传递信息，因此，一方面要充分利用技术所带来的便利，另一方面，当撰写论文或做科学演讲时，一定不要让技术带来的任何东西分散读者对信息和内容的关注。

一般来说，科学幻灯片包括文字、图片、插图，以及数据图表等。当然，多种要素搭配的幻灯片要比单一要素的幻灯片更吸引观众（详见附录13）。有时，在包含许多文字或数据图表的幻灯片中，照片能提供信息，带来过渡，使人放松。做课题研究时，可以随身携带一台相机，将试验过程中的仪器设备、研究目标（植物或动物）、症状（现象）或其他影像记录下来，方便后期撰写稿件、准备演讲材料或者制作海报时取材。数码照片很容易添加至幻灯片中，也可以用扫描仪传输影像。很多时候，这些图像与文字的作用一样重要，甚至更重要，比如显微照片包含大量的信息（实验结果等），在不借助工具的情况下人眼是看不到的。对于幻灯片演示或海报宣传，大多数照片会选择彩色，但是有些期刊会要求稿件中的照片必须是黑白色的。因此，如果想要在投稿的文章中添加图片，则务必事先了解欲投稿期刊对图片颜色的要求。

有很多摄影课程和入门级书籍供摄影爱好者参考自学。如果缺少摄影经验，可以先购买一台高质量的相机，仔细阅读说明书或者咨询售货员，然后不断练习拍摄，观察取景器中的照片，找出问题出现的原因。有些人在拍照时距离过远，导致摄入过多的背景图像，无法突出主题内容。当然，有时背景也很重要，拍摄时应尽可能选择固定的背景，比如天空、地面或者临时准备的背景板。在室内外拍摄时，还有一个重要的因素是光线。室外光线太强或地上的影子突出，都会弱化拍摄目标。切记拍摄对象才是焦点。

大部分的幻灯片都由文本和图形构成，包括标题、关键词、图表数据等。无论一张幻灯片中包含几种要素，每种要素之间都必须符合相应的设计要求，比如幻灯片呈水平方向，较长的一边平铺在屏幕上，词语、符号间距恰当，保证各个角度的观众能清晰地看到内容。

无论何时，幻灯片既要适用于较大的会场，也要能在小房间使用。对于Microsoft PowerPoint，每张幻灯片上文本的最小字号不小于20磅，大部分是24磅至40磅的无衬线字体，而标题字号大于或等于40磅。有人建议打印文本使用有衬线字体，而屏幕上的文本使用无衬线字体，比如Helvetica，Arial和Tahoma，这是一条不错的准则。也可以选择有衬线字体，比如Times New Roman。每张幻灯片应包含一个主要观点和一到两个次要观点，行数不宜超过14行（小于或等于10行最佳，其中包括空行），每行字符数不超过40个（小于或等于34个最佳）。观察下面的一页幻灯片：

> ▶ Objectives
>
> 1. To compose attractive, legible visual aids.
> 2. To conserve both time and cost in slide production.

这张幻灯片共有6行，最长的一行有25个字符（包括空格和标点符号），这也适合幻灯片的 2×3 格式比例要求，一共16个单词，不会影响观众的快速理解，尤其当演讲者使用激光笔或者动画效果逐一介绍每个观点时，字少会帮助观众加快阅读的速度。

幻灯片上的文字主要是关键词、短语，而不是冗长的句子或段落，因此间距非常重要，让人觉得舒服、清晰。如果要描述一段复杂的内容，则需要事先对信息进行分解，按层次划分成独立的观点或者章节，引导观众快速理解这一复杂信息。详见附录13中的幻灯片1~5，作者使用盖房子的方法，打好地基，逐层增加，装饰每间屋子，最后形成一个完整有效的幻灯片。Anholt(2006)对简化复杂幻灯片的流程做了详细介绍，并举例说明。

除了注意各种距离和字号大小，幻灯片制作还应注意如何在已有背景颜色的幻灯片上放置带色彩的图片或文本。比如，在蓝色背景的幻灯片上应用亮黄色的图片或文字时，会在两种颜色交叉的边缘地带产生模糊的白色影像。在画条形图时，应该选取易于分辨的颜色，应用在不同的条形棒上，避免出现几条暗色系条形棒夹杂着一条亮色系条形棒的色彩图，而让观众误认为这唯一的亮色条代表的信息更重要。可以多做几次实验，形成自己习惯的、固定的颜色搭配模板，在各页幻灯片中使用一致的背景色彩和文本颜色。另外，需要注意的是，投影仪与计算机显示器的光强度不同，因此放映出来后，颜色势必会有偏差。如果在演讲前不确定投影效果是否会让观众满意，那么可以选取比较安全保守的颜色搭配，即暗色系背景搭配反差较大的亮色系文字或图片。关于更多的颜色搭配和使用方法详见第14章和附录12。

　　以上关于字号、字体、间距、颜色的要求同样适用于图和表格。在科学研究中，数据是直接影响研究目的和结论的关键要素，因此，在幻灯片演讲时，仅呈现对演讲至关重要的数据点。比如，在表格中，16组以下的数据组要比20组（或20组以上）的数据组看起来更清晰、更简洁；在线形图中，3条曲线的图所包含的数据信息就足够了，超过5条曲线则会让观众觉得混乱；而在柱形图中，组数影响了数据量，一般四组柱形图包括12个柱体，两组柱形图包含8~10个柱体比较合适，而单组柱状图中的柱体数则要尽量少。每添加一条曲线或一个柱体，都会增加读者理解的难度。如果通过变量将一个单独的表格划分为2个以上时，建议采用附录13中提到的house-that-Jack-built方法。

　　通常来说，当代表性数据可以充分论证观点时，就可以删除表格或图中某些不重要的数据，或者改为口头讲述。如果线形图中3条曲线上的数据信息相似，为避免啰嗦，可以直接删掉其中两条，详见附录10。幻灯片演讲不同于科技阅读，读者有充足的时间研究较复杂的图表，但是对于有时间限制的演讲来说，每张幻灯片放映时，观众都应立刻理解当前演讲的内容。因此，演讲中使用的图表和科技文章中的图表对于数据有不同的需求，不要只是简单地把文章中的图表应用到幻灯片演讲中。

　　如表15.1所示，适用于出版物，而不适用于幻灯片演讲，有以下两点原因：1) 字体太密集，字号太小，不适合观众观看；2) 即便可行，它所包含的信息量也不足以让观众在有限的时间内将其全部接收。为了更好地发挥幻灯片的功效，要选择有代表性的数据阐释要点。对于表15.1，假设作者的重点是阐述总氮量的不同，那么表15.2既满足了演讲的简洁、高效原则，又充分包含了所有重要的数据信息。如果演讲者希望观众对BR和SCN作用在Lee 74和Centennial大豆根部和茎部的含氮量有一定的了解，则可以额外添加两张幻灯片进行解释。这种情况下，三张侧重点不同的幻灯片比一张复杂的表格更容易让观众接受。另外，原表格中的标题或注释不必引入幻灯片中，比如表15.2中就没有包含表号和注释，表号在这里没有任何意义。有时，图形形式的表达比表格形式更形象和清晰，详见图15.1，但是在描述具体数值时除外。

TABLE 15.1　Table from a Thesis

TABLE 4　Influence of *Bradyrhizobium japonicum* USDA 110 (BR) and *Heterodera glycines* Race 3 (SCN) on Root, Shoot, and Total Nitrogen Contents of 'Lee 74' and 'Centennial' Soybean Cultivars

Soybean cultivar	Treatment	Root nitrogen		Shoot nitrogen		Total nitrogen	
		%	mg/plant	%	mg/plant	%	mg/plant
Lee 74	Control	1.84 a	11.5 c	2.46 bc	34.5 c	2.26 ab	46.0 c
Lee 74	BR	1.85 a	16.5 abc	2.94 ab	85.9 ab	2.68 ab	102.4 ab
Lee 74	SCN	1.78 a	14.3 bc	3.49 a	78.5 abc	3.04 a	92.8 abc
Lee 74	BR + SCN	2.03 a	21.0a	3.17 ab	96.7a	2.86a	117.7 a
Centennial	Control	1.57 a	14.4 bc	1.95 c	38.7 bc	1.82 b	53.2 bc
Centennial	BR	2.12 a	17.9 abc	2.55 abc	64.6 abc	2.44 ab	82.5 abc
Centennial	SCN	1.67 a	17.7 abc	2.52 abc	65.2 abc	2.28 ab	82.8 abc
Centennial	BR + SCN	1.83 a	23.6 a	26.9 abc	87.8 a	2.44 ab	111.4 a
	LSD ($P = 0.05$)	0.75	7.1	0.97	48.3	0.88	53.8
	CV (%)	23.59	24.0	20.63	40.4	20.59	36.1

* *Means within a column followed by the same letter are not significantly different at the 5% probability level. Data are means of 3 replications.* From the thesis of David Mersky (University of Arkansas, Fayetteville, 1992: p. 40). Used with permission of the author.

TABLE 15.2　Adapted Table

Influence of *B.japonicum* USDA 110 (BR) and *H. glycines* Race 3 (SCN) on Nitrogen in 'Lee 74' and 'Centennial' Soybean

Treatment	Total nitrogen (mg/plant)	
	Lee 74	Centennial
Control	46.0 c	53.2 bc
BR	102.4 ab	82.5 abc
SCN	92.8 abc	82.8 abc
BR+SCN	117.7a	111.4a

From the thesis of David Mersky (University of Arkansas, Fayetteville, 1992: p. 40). Used with permission of the author.

工具的使用让信息传播变得灵活多样，但是要对自己的幻灯片负责，要学会使用不同的道具。以下12条建议可应用在文字和图表的幻灯片制作中。

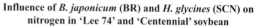
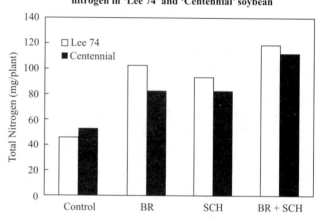

图15.1　适用于幻灯片的图形形式

1. 尽量使用加粗的方块字体，避免斜体、手写体等。
2. 尽量使用小写（字母）字体，必要时用大写字母（按语法要求）。因为小写或大小写混合字体要比全部大写字体更方便阅读和观看。
3. 幻灯片放映出的效果会比计算机上看到的效果大得多，比如行距和字符。因此，段落中的最佳行距为单倍，只有在标题中或者阐述下一个论点时才使用1.5倍或2倍行距。
4. 时刻谨记观众应该能立刻理解幻灯片上的内容，因此幻灯片不要承载过多信息，保持简洁，避免因使用太多视觉道具而产生干扰。
5. 通常只对幻灯片排序，其中的图表不进行排序。
6. 设计表格时，平均分布各列，应始终保持小数点对齐。
7. 图表中线条和符号的使用与文本保持一致。
8. 在所有幻灯片中，缩略词和其他符号应保持前后一致。一致性还包括颜色、符号、坐标轴，以及在不同幻灯片上传递相同信息的其他交流手段等。
9. 应避免出现过多的颜色。任何吸引观众注意力但是未能提供重要信息的手段都会被认为是阻碍交流的因素，比如斜体、粗体、下画线等。
10. 少而适当地使用动画效果。少用或不用剪贴画，使用自己拍摄的照片或绘图会更有影响力和说服力。

11. 幻灯片制作完成后，可以邀请同行进行点评。每个人的想法都不同，如果被质疑，就说明幻灯片还有改进空间。
12. 演讲开始前，要不断地对幻灯片进行修改。

15.2　幻灯片成型

以上讲述了幻灯片制作中需要的各种技术手段，每一种都有各自的用途，但是影响幻灯片成功的最重要因素是幻灯片的构成。如果演讲内容的水平低，即便用再好的技术都无法制作成优秀的幻灯片。除此之外，影响幻灯片效果的还有演讲者对已选工具的判断和操作能力。计算机技术使幻灯片制作更加便捷，现在有许多优秀的软件可供选择。因此，要尽量选择一款可以提供诸如字体大小、样式、颜色、符号和其他修饰等功能的软件来制作幻灯片。当然，Microsoft PowerPoint 是经验之选，也是上乘之选，它能快速制作幻灯片，并可以随时修改。

无论使用何种制作方法，都要牢记幻灯片组成的原则。即便利用计算机能够创造出成百上千种颜色图案、动画效果、阴影效果、各种框图和三维图像等，对于幻灯片演讲，最简单的就是最好的。动画效果或剪贴画的使用有好的一面，也有不好的一面。适当使用能帮助观众更好地理解，但是如果使用不当，会让完美的幻灯片展示失败。演讲者都希望观众的注意力在演讲内容上，希望观众能在短短几秒钟内消化掉幻灯片上的信息，并且能够跟随自己的思路。因此，制作幻灯片时，要尽量避免使用会干扰观众注意力和理解的手段。

幻灯片和其他视觉道具的使用有助于演讲的成功。但是，如果这些道具不能提供帮助，就不要采用。然而，还是有很多演讲者在使用计算机软件制作幻灯片时出现了不同程度的失误。比如，在许多学术会议上，却会出现幻灯片的某一页模糊不清、难以辨认，演讲者向观众致歉，"很抱歉，这页内容有点问题，但是你们可以看到……"。虽然演讲者继续指向某一处，并向观众讲解，但是观众仍然看不清。因此，不要为这种情况道歉，而是在一开始就要杜绝它的发生。因为在这一刻，幻灯片的呈现是为了辅助演讲内容，否则还不如不用它。

参考文献

Anholt, R. R. H., 2006. Dazzle 'Em with Style: The Art of Oral Scientific Presentation, second ed. Norton, New York.
Smith, T. C., 1984. Making Successful Presentations: A Self-Teaching Guide. Wiley, New York.

第16章　口头演讲

> To speak much is one thing, to speak well another.
>
> 讲得多是一回事儿，讲得好是另外一回事儿。
>
> —Sophocles

　　完成某一主题的科学研究并拥有相关领域的专业知识之后，当准备参加一些学术会议、研讨会，或者准备求职时，我们肯定想要提升自己的表达能力，那么怎样才能成功地与他人进行交流呢？怎样才能吸引他人认真聆听？怎样能够避免失败的交流呢？ Jay Lehr(1985)所写的 *Let There Be Stoning* （详见附录14）认为，乏味的演讲者浪费了观众的时间，应该受到严厉的惩罚。对学术论文的写作要求也同样适用于学术演讲中。在 *Let There Be Stoning* 一文中，Lehr生动形象地介绍了如何成就一次优秀的演讲，以及制作幻灯片之前所需完成的准备工作。读完这篇文章之后，应该思考以下两个问题：1）观众；2）演讲目的。诚然，观众是演讲的重要组成部分，但除此之外还包括影响演讲结果的主观和客观因素，比如演讲主题、演讲者的性格特点和能力、时间、环境、主持人，以及其他演讲安排。认真准备演讲，不要让观众倍受煎熬。

　　很多人习惯演讲前准备演讲稿，但是切忌死记硬背或者当众朗读。可以准备一份提纲，或者其他形式的材料辅助演讲，但是不要过分依赖任何形式的书面材料。最好的办法是用演讲提示便笺或以幻灯片上的关键词作为引导，辅以口语化的表达和恰当的眼神交流，与观众建立良好的互动。最重要的是调整好自己，充分把握时间，设计让自己满意的幻灯片，条理清晰地组织演讲的整个框架。如果方便，可以事先找同事（或同学）模拟一次演讲。

16.1　调整自我

　　任何演讲开始前，演讲者都需要适应一下紧张的气氛，如图16.1所示，当然，演讲者会感到紧张，但是不要害怕。另外，还要不断地练习，既要对演讲充满热情，又要适当地放松自己。但是，如果睡眠不足或者直到开始前的最后一刻还在不停地阅读演讲稿甚至几乎能背下来，就很容易感到疲倦，甚至烦躁。可以提前几天准备演讲，请他人评论、修改、不断练习，然后将其搁

图16.1　调整节奏，努力适应紧张的氛围

置，直到登台演讲。演讲前要保证充足的睡眠、穿着得体、充满信心、激情饱满地去演讲。正如 Lehr(1985) 所说 "让这里成为乏味的演讲者的终结之地。"

如果对演讲内容的框架或者技术细节有疑问，就必须提前咨询教授和同事。另外，必须非常熟悉研究数据与细节、数据分析、本学科已发表的背景文献，以及相关的科学原理。如果自己都不了解演讲的内容是什么，观众就更不可能知道了。

通常，很多会议主办方会事先印制，发放会议上将要演讲的主题的摘要。一篇写得好的摘要具有很大的优势，因为演讲时观众在听演讲者对研究中主要观点的看法。如果观众事先拿不到摘要，演讲者可以带一些复印件，在演讲之后分发或者随后通过电子邮件发送摘要或演讲内容。在演讲前或演讲的时候，分发摘要既费时又影响演讲。摘要必须简短，否则目的就会落空。如果摘要作为会议的文字材料，则可以附上相关的参考文献，但是摘要本身不应包含文献引用。

如果需要做自我介绍，则一定要简洁，简单地介绍名字和演讲的主题，并表达在这里演讲很荣幸、很开心之类的话。最好是由主持人先进行介绍，再将接下来的时间交给演讲者。很多人站在台上时会不由自主地紧张，这是很正常的现象，不要过度焦虑。适当的紧张感会让人更加警醒、热切、活泼，但过分紧张会导致语速加快，从而影响观众的理解，因此，应该调整好心态，适当放松。当然，如果事先准备充分，很快就会进入角色，非常自信地进行演讲。

注意发音清晰。尽量缓慢、大声地演讲，保证整个会场的观众都能听清楚。很少有演讲是因为演讲者声音太大或者语速太慢而毁于一旦，大部分是由于演讲者语速太快，而观众无法听清而功亏一篑。如果有麦克风，即使认为不需要也最好使用它，一定要让观众听清楚。尽可能地面向观众，观察他们，吸引观众注意力的最好办法是进行眼神交流。然而，因为紧张的情绪，有些演讲者会做出一些下意识的习惯动作，比如将手放在口袋里，手里摆弄一些小物品，激光笔随意乱晃等，这些行为极大地扰乱了观众的注意力。

为了方便，演讲者通常会使用激光笔、遥控翻页装置，或者便携式麦克风等设备。所以，对于我们经常会用到的一些常见设备都应该有所了解并熟悉它们的功能与使用，比如红外线激光笔或者教鞭。观众较少时，仅用手势指向幻灯片展示的内容即可，以减少激光笔的干扰，但当人数众多时，激光笔有助于指引和吸引关注（在不使用激光笔时应将其关闭或者置于一旁，以免光束闪烁干扰到观众）。同样，在不使用教鞭时，也应将其放在一边，否则一直拿在手里就像是在指挥乐队，让观众产生不舒服的感觉。有时，演讲者手中拿的红外线装置有开关投影仪或者翻转幻灯片的功能。并不是所有演讲者都熟悉会议举办方提供的道具，为了避免上场后出现混乱，最好在开场前多演练几遍。

对于比较大的会议场所，麦克风的使用是很有必要的。一只好的麦克风，既能传递出优美的声音，又能激发出听者和说者的热情。因为演讲者着装各异，所以麦克风的使用也不尽相同，通常女性演讲者容易出现各种问题。比如，对于夹扣式麦克风，一般是夹在男士领带或西装的翻领上，但是女士裙装或者薄衫则不适合佩戴此类麦克风。因此，对于女士来说，固定在讲台上的麦克风或者挂在脖子上的麦克风会更合适些。但是，要注意的是，固定的麦克风对演讲者的活动范围有要求，不能离得太远而影响效果。还有一种麦克风利用了音响系统，将声音传递出去的便携式无线传感器可以随身放在男士的裤兜或者上衣口袋中，但是对于女性的着装来说仍然不太方便。对演讲者来说，最佳的解决办法就是穿一件外套。

16.2　时间把控

在整场演讲活动中，演讲者对演讲的准备、开始、进行、结束时间的把控都相当关键。在规定的时间内，将与主题相关的所有重要论点和论据陈述出来，需要演讲者对演讲内容进行高度概括。正如McCown(1981)对于海报的理解，一个好的创意是由摘要开始的，然后逐渐用实例和细节使其更丰富，犹如一棵大树，枝干先长出来，然后枝叶不断地繁茂生长，终成参天大树。一般来说，准备演讲和设计视觉辅助手段的时间应该尽可能地早于正式演讲。其实，在做科学研究和数据分析时，就应准备好将实验结果公布给观众了。即便有了现代技术的辅助，最终定稿的时间应该在正式演讲前一周。然后利用最后一周的时间，调整自己的心态、修改幻灯片中的错误，在同行观看评论后，修改演讲稿，为鲜活而充满热情的演讲做准备。

大多数情况下，在演讲时，我们很少有机会能自己设定时间。有些情况下，比如工作面试时的汇报，给的时间比较长，未来的雇主可能通过建议时间控制在20～30分钟，不超过40分钟来测试面试者的判断力。这种情况下，最佳的介绍时间是25分钟，因为很多人的注意力最集中的时间不到30分钟。剩下的几分钟里，面试官会提一些问题。而在某些活动（或节目）中，比如主办方要求参与者在指定时间内完成关于某一话题的演讲时，假设时间只有15分钟，那么最佳分配是12分钟演讲，3分钟回答问题。在这种情况下，参与者没有多少时间余量，过快或者过慢都会产生负面的影响，过慢甚至会影响下一位参与者的演讲时间，这是非常不礼貌、不专业的行为。同样，主持人也希望演讲者能按照计划的时间完成，而不是过早或过迟地结束演讲，从而打乱原先的时间表。优秀的主持人会坚持让每位演讲者按时完成演讲，如果演讲者延迟就会被主持人打断。演讲者的结论部分是非常重要的，不要因为前面讲得太久而最后没有时间呈现结论。

演讲过程中的时间把控也很重要，对于与正题无关的内容应尽量少说，关注要点。通常，在学术会议上，在规定时间内，演讲者只能详述一两个主要观点。对演讲进度起决定性作用的是演讲稿的组织框架，而演讲的快慢决定了观众的接受效果。Anholt(2006)认为，"演讲中放慢语速能够解决演讲者出现的90%的问题"。演讲者可以采用停顿、放慢语速等方式为观众留出更多的时间思考。有一位出色的演讲家在演讲时经常把"放慢语速"这四个字写在每一页的演讲备注卡片上。如果你的语速很快，也可以采取同样的方式来提醒自己。优秀的演讲者在讲到一个重要的观点时，一般会适当地给观众留出一两秒思考时间，以保持观众的注意力，其效果比没有停顿的讲解好得多。

16.3　视觉道具

即便是相同的主题，对于不同的观众群体，视觉图像的选择也不相同。比如，某些复杂难懂的图表对于工作面试官和普通观众来说有一定的理解难度，但是对于专业的同事来说则没有问题。同样，在谈论到研究中使用的专业的科学工具或者设备时，前者（面试官或普通观众）只有看到图片才能明白，而对于后者（专业人士）则不需要。因此，在明确观众群体和演讲目的之后，才能准备演讲的幻灯片内容。

不要把文字直接搬到幻灯片上，然后干巴巴地朗读，这样就像是在读课文，起不到丝毫讲解和评论的作用。当然，标题、目标和结论部分除外。通常情况下，演讲者会使用视觉道具或重复手段来强调某一观点的重要性，效果非常显著。但是，一定要选择性地重复。介绍主题时，不要逐字念标题，最好能对其中的关键词进行评论。在提到目的和结论时，添加一些评论性的语言，以加深观众的理解。对于演讲中的其他部分，不要去读幻灯片上的内容，也不要把全部内容呈现在屏幕上让观众厌烦。应适当选择一些关键词和图表放在幻灯片上展示，在演讲时展开讲解，评述其意义，按幻灯片呈现的顺序逐个讲解所有要点。这样，幻灯片上简洁的文本既能帮助观众快速浏览关键信息，又能通过演讲者的口头表达和肢体语言获得更多信息。小心地使用激光笔来引导或保持观众对幻灯片上某一个点的关注，不使用激光笔时，将其放在一旁，以免干扰观众。对于如何制作和使用视觉道具，详见第15章和附录13。

16.4 协调视觉道具和演讲

在组织演讲结构时，要考虑到观众群体的感受，以及每一部分内容占用的时间比例。在时间划分上，教授演讲的老师通常的建议是介绍占10%，正文占80%，结论占10%。然而，有时为了某些特定的观众群体，演讲者会延长开始和结束的时间，以便这些观众能够更好地理解。表16.1所示为报告科学研究结果的演讲和幻灯片的典型内容示例，但是不同的主题也会采用其他形式和内容。

表16.1　报告科学研究结果的演讲和幻灯片的典型内容示例

演讲的内容	幻灯片的内容
I. Title	
Title	Title and authors
II. Introduction	
Hypothesis	Full statement
Justification	Key words, pictures
Literature	Ideas and references
Objectives	Full statements
III. Methods	
Equipment and materials	Illustrations or lists
Sampling and technique	Lists or flow charts
Methods of analysis	Summary or key words
IV. Results and Discussion	
Objectives accomplished	Statement and pictures
Data	Tables, figures, key words, photographs
V. Conclusions	
Accomplishment of objectives	Full statements
Accuracy of hypothesis	Statement or photograph
Application of results	List or picture

任何演讲开始时，演讲者都要对主题和如何研究这一主题进行简要介绍，其中包括应用的科学原理或者假设，以及研究的主要目标。适用于介绍性的大纲包括："今天，我想就以下两个问题与大家探讨一下。第一个是……，第二个是……"（Today, I'd like to discuss two issues … The first is …, and the second …）或者"这一理论的发展包括三个阶段，1.……，2.……，3.……"（We can follow the development of this theory through 3 stages: 1…, 2…, 3…）。通过这种开场方式，能够帮助观众提前了解整个演讲的思路，继而引导他们对接下来的主题发展、论点和论据、结论等部分的理解。最重要的是演讲者要明确目标，并从这一点出发，使演讲围绕着研究目标的发展与达成，通过重申要点并根据观点的发展提出解释来得出结论。在任何演讲中，要明确想让观众了解什么，并认真确立目标和结论，提供足够的支撑材料。演讲前要听取他人对自己演讲能力的评价，如有需要，可修改演讲内容的顺序。

能够对演讲起到良好辅助作用的幻灯片必须要有条理，并与演讲协同一致。由于观众群体不同，使用的幻灯片格式会有所差异并可按需修改，但是标题、目标和结论部分的幻灯片不仅是构成整个演讲的基础，也是连接幻灯片其他部分的关键环节，因此这三部分是每一个幻灯片中必不可少的要素。

标题幻灯片页代表演讲的主线，内容要清晰，格式要美观大方，可以说这张幻灯片是演讲者的第二张面孔。这一页除标题以外，还要包含演讲者的姓名、代表机构等信息，有时也可以包含一张演讲主题的照片。如果在演讲开始前，主持人已经介绍了本次的主题和演讲者信息，那么这部分内容可忽略不讲。不过，这里建议演讲人最好重复一遍该内容，题目和个人身份都是重要信息，也许有些观众未听到主持人的介绍，同时重复说明也加深了观众对主题和演讲人的二次记忆。

目标页主要简述研究的主要目标、演讲的目的和概要。目标的数量应该是有限的几个。即使在一个相对较长的演讲中，提出三个以上的研究目标也是不可行的，一两个更好。文字表达要简练，但不要为了简洁而忽略了明确性。逐一慢慢读取幻灯片中的每个目标，然后停顿并讨论其含义或解释为什么选择该目标；也可以在每张幻灯片上只介绍一个目标，通过一屏一个目标来放慢演讲的速度。目标构成了话语的核心，因此一定要给予强调，用足够的时间介绍，以体现其重要性。

结论页的重要性不容忽视。通常，在演讲进行到最后时，很多观众也许已经忘记前面的内容了，这时幻灯片的动态结论既能唤起观众的记忆，又能加深他们的理解。不过，结论部分的内容一定要与前面的主题目标一致，目标页告诉观众本次演讲的目的是什么，而结论部分则告诉观众这一研究的成果如何。不同于其他部分的幻灯片内容，结论部分中可使用完整的句子，陈述时降低语速，尽量带入前面的内容，比如"正如之前所述，……，因此得到……的结论。"为表达该部分的重要性，演讲者的声音要充满活力和激情，如果发现观众神情彷徨，想要提醒他们，就可以使用悦耳而有力的声音和话语，同时利用合适的面部表情和肢体语言。

在完成标题、目标、结论的幻灯片设计之后，需要在其间添加幻灯片。根据标题，首先应该陈述研究的重点、主题、研究假设，以及应用的科学原理。也许，有些演讲者喜欢在幻灯片放映前向观众展示几张有关研究依据的图片，或者某种研究物种，或者某一研究场所的图像。比如，你正在研究美国濒危的埋葬虫的习性，那么在演讲前播放两三张埋葬虫的特写照片，不仅能够帮助观众认识这种生物的长相（很多人也许一辈子也见不到这种虫子），而且也了解了它们在所处环境中的价值，以及面临灭绝的险境，从而激发更多的人关心埋葬虫的生存环境和习惯。在标题页幻灯片放映前，可以简要介绍研究的依据，或者在标题页放映结束之后，一起向观众讲述主题的研究依据和研究目的，但是陈述的时间会稍长，与介绍环节差不多。在研究主题、重点和依据结束之后，接下来是研究所做的假设，以及研究相关的参考文献。比如，通过将埋葬虫与其他同类（或近似）物种的习性进行对比，看到的结果是否与预期的假设一致。研究目标可能会出现在研究依据之后，以结束介绍部分的内容，或者安排在标题之后，研究依据之前。除了特定的主题和特定的演讲者，没有哪种组织模式一定比另一种更好。换句话说，演讲的介绍部分和伴随的视觉辅助工具将包括一个标题、几个目标和以各种模式呈现的与这两个要素相关的其他支撑材料。

演讲时，如果开场做得好，那么后续进展就会比较清晰、顺利。通常，在科学演讲活动中，介绍（introduction）的下一部分是方法（method）。要提前考虑观众有可能提出的问题。有时观众提出的问题比较切题，但是也有脱离轨道的情况，这时演讲者要引导观众回到演讲的目的上。作为演讲者，在问题互动环节，要确保回答正确的问题，指引观众关注主题观点。比如，关于美国埋葬虫的科学研究，观众可能想知道研究者通过何种方法来捕捉这些虫子？是否得到相关部门的许可来对待这个濒危物种？收集了哪些数据？在什么样的环境下对埋葬虫进行观察？采用何种分析法？诸如此类问题层出不穷。这时，演讲者必须决定哪些问题是与本研究相关的，是需要马上做出回答的，甚至可以利用视觉图像，比如追踪埋葬虫地点的图片、描述追踪方法的图表、埋葬虫的饮食习惯和飞行习惯的数据汇总图等。除非研究主题是方法论，否则不要在实验方法类问题上耽误太多时间，因为观众更想知道的是结果，而数据分类、统计分析等实验方法只是告诉观众，这项研究以科学的途径在追寻实验结果。

切记观众最关注的是如何处理结果和讨论部分。通过呈现具有代表性的精选数据，向观众讲述最终的结果，并讨论其中所能产生的任何特殊含义和可以得出的应用。将自己的研究与其他研究者的研究联系起来，可进一步增加当前研究的信度。参考特定的文献并使用研究者的名字进行阐述，能够体现演讲者对文献的深度理解。

在学术会议上，如果观众是专业的人士，能够理解专业的技术和科学术语，并且习惯于观看线形图、柱形图、数据表等图表，演讲者的幻灯片就可以放置大量的图表来阐述实验研究的结果。但是，如果观众是非专业人士，就需要更多的文字幻灯片和图像来作为辅助手段。当然纯文字或者纯图像的幻灯片远不及文字、图片（场地或实验室等）相结合（详见附录13）的幻灯片更吸引观众的注意力。比如前面讲述的美国埋葬虫案例，也许在陈述研究结果时会选择采用数据表格和柱形图的形式传递信息，然后通过展示观察埋葬虫时拍摄的照片进行详细说明。

整个演讲过程中力求突出重点，主线统一。结果和讨论应从研究目标出发，然后展示研究结果，并针对这些结果讨论其与研究目的之间的关联，利用实验数据论证本文的假设，一旦完成上述分析后，结论随之产生。演讲者要对结论能否充分反映本文的研究目标负责。

演讲时，演讲的内容要与幻灯片上展示的内容相一致，演讲者在会议开始前一定要不断地练习，要确保幻灯片顺序及每张幻灯片上的信息的顺序与演讲内容的顺序一致。影响演讲顺利进行的关键要素还包括过渡语的使用。

16.5　口头演讲中的过渡语

有时，经过充分准备的演讲并不一定是一次优秀的演讲。演讲中的一些细节决定了演讲的成功与否，比如演讲者的语速和引领观众的过渡语的用法。正所谓细节决定成败，使用过渡语既能减慢演讲者的语速，又能为观众消化信息提供时间。过渡语引导读者由一部分进入下一部分，由一个观点转到另一个观点，甚至由一张幻灯片切换到下一张幻灯片。一般来说，基于科学研究的口头报告中所包含的各部分之间有一定的逻辑关系与转折，演讲者需要引导观众从一个观点进入下一个观点，而这离不开过渡语的使用。第3章讲述了论文写作时如何使用过渡语，但是演讲不同于写作，使用的引领观众的过渡语也有所差异。

演讲者最容易忽视的一种过渡是会议即将开始时的一些细节。假如会议没有主持人，那么演讲者本人应如何引起观众的注意力呢？尤其是当观众在窃窃私语，或者关注自己的事情，甚至互相谈论着天气和个人健康状况时，要想吸引他们的关注，演讲者可采取以下几种方式：关门声，走到讲台前正对观众，向前走向观众，调暗灯光，或者直接表达"请大家注意听我讲"（May I have your attention, please）。大多数观众会认为上述行为暗示着演讲即将开始。但是，在观众的闲谈结束之前或迟到者坐下来之前，演讲者最好先停顿一下，因为当有外界干扰因素时，大多数观众的注意力并未全部在演讲者身上或演讲的内容上，这会在某种程度上影响观众接收信息的能力。

在所有起过渡性作用的方式中，停顿是最有效的一种，无论是演讲开始之后，关上门之后，或上前走向前排观众之后，停顿带来的效果经常会好得出乎意料，会引起观众的注意，甚至那些沉醉在自己世界里的观众也会想"发生什么了？"或"演讲者在等什么？"适当的停顿足够吸引观众们的注意力，但是停顿时间一定不要太长，否则他们的注意力又转移了。

会议主持人的职责之一是将观众的注意力吸引到演讲者身上，关门、调整灯光，并做适当的停顿，向观众简单介绍演讲者和演讲内容。无论是否有主持人，上述工作都要完成，直到演讲开始，过渡阶段才结束。一旦准备好进入演讲，尽可能地停顿几秒，让观众适应演讲者的着装和声音。微笑，用眼神交流，然后开口说话。这是讲话前的几个简单的小动作。不要小看这个环节，好的开始离不开这些细节的动作。如果主持人已经介绍过演讲者及其报告，接下来就可以直奔演讲环节了。但是，重要的观点一定不要放在开头，因为观众尚未完全适应演讲者的着装和声音，无法将注意力全部放在演讲内容上，因此应在最初的过渡阶段给观众留出不超过10秒的适应时间。

同样重要的还有礼仪。如果在演讲结束准备离席或者准备回答提问时，演讲者并未使用任何过渡性语句，场面就会显得比较尴尬和生硬。这时，主持人的出现可谓相当有必要，在主持人调整灯光、准备好让观众提问时，正是演讲者放松自我、关闭最后一张幻灯片或准备回答问题的时候。但是，如果会议并未安排主持人，那么演讲者本人应承担起以上工作，要知道所剩时间并以专业的姿态让观众意识到接下来的安排。不要认为演讲已经结束，所以松开领带、卷起衣袖，甚至将手插到衣服口袋里，这些都是非常不礼貌的行为。如果接下来是提问环节，那么要确认麦克风还在自己身上，是打开的状态，而此时幻灯片的放映已经结束，灯光应该打在观众席上。有的演讲者的最后一张幻灯片显示"Questions"或仅显示一个问号，这张幻灯片是没有价值的。无论是主持人还是演讲者本人向观众询问是否有疑问，都应上前一两步，走近观众，这一肢体语言表达了双方的互动，也是对观众提问的一种鼓励。在回答完最后一个问题后，主持人会讲结束语，感谢演讲者，感谢参加会议的观众。如果下面还有其他人的演讲，那么主持人会简单介绍下一位演讲者的信息及主题。因此，主持人的存在提供了很多便利，但是假如没有主持人，演讲者应该在规定的时间内回答完最后一个问题，并总结演讲的关键信息和观众的问题，向观众提供他们所需要的解释。最后，切记按时完成自己的演讲。

很多人对演讲前和结束时的过渡不甚在意，认为无关紧要，这是大错特错的，这里的过渡与演讲中其他部分（比如观点之间、章节之间等）之间的过渡同样重要。如何从介绍过渡到方法？如何从讨论过渡到结论？这需要平滑的过渡，不能有丝毫的突兀感，更不能不符合逻辑。对于口头演讲，幻灯片上每部分的第一张用标题代表了每一部分的内容——介绍（Introduction）、方法（Methods）、结果（Results）和结论（Conclusions）。这些标题在之后的幻灯片中重复出现，通过这些明显的标志引导着观众的思路。通常，一张照片和一些过渡语也能起到同样或更好的作用。无论有无标题，演讲者都要引导着观众进入下一部分。对于从介绍到方法，我们可以这样说："为开展这项研究，我们设定了两种实验方法。第一种是……"（To carry out this study, we set up two experiments. The first …）或者"为完成目标，我首先得到了……"（To accomplish my objectives, I first acquired …）。以上这两种方式要比生硬地转换到方法和材料部分顺畅有效。同样，从方法转到结果和讨论部分时，也会有一些过渡的幻灯片，但我们仍要通过使用过渡语将这两部分连贯起来，比如"收集到的数据表明先前的假设是正确的"（The data collected showed that our hypothesis was accurate），然后转到结果部分的幻灯片，或者说"这次的实验结果不明朗，但是它确实证实了……"（Our results are inconclusive, but they do show that …）。

过渡至结论部分非常关键，观众的注意力必须完全集中在主要的观点上。通过对结果部分的准确概括和总结，逐步呈现并动态地过渡到研究的结论。进入结论部分的最简单有效的过渡语包括"从以上实验结果可得出以下两种结论"（All of these results point to two conclusions）和"虽然数据有限，但是我们仍然可以得出……"（Although the data are limited, we can conclude that …）等。不过，你也可以创造更多的、更有特点的过渡语来承上启下。

再回顾美国埋葬虫的案例。假设议题是城市中的灯光对生活在动物尸体上的埋葬虫有很大的影响，吸引着它们离开长久的居住环境，放弃已有的习惯，来到有着灯光的城市中安寨扎营，繁衍子孙。在结论之前，插入一张埋葬虫聚集在灯光下（或走向灯光）的图片，为从结果过渡到结论提供了很好的桥梁，从而顺利引出"实验的结果说明了当美国埋葬虫见到灯光后就全然忘记了自己以往的家庭和生活环境。因此可以得出……"（Our results indicate that American burying beetles will not keep their minds on home and family when they see the lights up town. We conclude that …）。此时，可以向观众展示结论部分的第一张幻灯片，这一页的主要内容通常对应第一个研究目标。照片和过渡语的使用给尚在消化数据信息的观众提供了一定的思考时间。同样，在过渡时有意停顿一下能够有效地吸引观众的注意力。比如，让屏幕上的幻灯片辅助演讲者进行过渡，这是绝佳的停顿时机，有利于让观众仔细观看。

除了演讲开始和结尾，以及各部分之间的过渡衔接，整个讲演过程中都需要使用一定的过渡方式。通常用于过渡的方法有语言／文字表达或照片。无论采用哪一种方式，切记在使用过程中要保持自然、适度。衔接紧密的幻灯片之间无须增加额外的过渡语或图像。长时间逗留在某一页幻灯片上时，在进入下一个观点之前，需要对本页幻灯片进行简短的总结，并使用简洁的过渡语快速地转到下一个观点上。比如，在放映完数据图表的幻灯片之后可以这样总结，"与实验所得数据相反……"（Contrary to what we found with these data …），这时，演讲者操作设备，转入下一页幻灯片，然后接着说"对……的分析表明了……"（the analysis of … showed that …）。类似这样的过渡方式在整个演讲中无处不在。

过渡作用不强的词语尽量少用，比如"Also, we see …""And here you can see …""Again ...""Look at the …""We see that …"。而对于不具有任何过渡意义的语气词或叹词，如"Uhh""And uh""OK"等，应避免使用。正如 Booth(1993) 所说，"'Anderm' 不具有任何意义。"好的过渡语既能给观众带来信息，又能提供一定的思考时间。例如，与其使用"再一次……(again)"，不如表达"这些数据向我们展示了被研究对象在解剖学上的差异，"（演讲者进行操作，转入下一张幻灯片）"但是其他数据表明，生理学上的差异也同样重要。"后者既为观众提供了一些时间来思考解剖学上的差异，又为下一张幻灯片讲述生理学上的不同做了铺垫。花时间思考对任何良好的交流都是非常重要的。

16.6　同行评议

在完成演讲内容的组织，衔接好各部分内容，并且合理分配时间后，可通过面对同行进行演讲来获得反馈性建议。对于善意的批评要虚心接受，同行提出的很多问题和看法往往非常贴近观众的需求。如果幻灯片或演讲的内容、框架等不够清晰明了，则应继续修改，直到同事能清楚地看到或听到幻灯片或演讲的主线。随着练习次数的逐渐增加，演讲人会更了解什么样的幻灯片更适合自己和观众。即使演讲经验丰富，也不要轻视同行评议，要以谦虚的态度接受同行评议。另外，在演讲中，要时刻注意观众的接受程度，如果发现观众的关注点出现偏离，就要有能力做到随机应变。

以上关于把控时间、框架和同行评议的建议并不一定会让我们成为一名优秀的演讲家，就像学习游泳一样，只有亲自去游才能学会。只有遵循优秀演讲的基本原则并不断地练习，才能真正成为一名优秀、熟练的演讲者。更多有关科技演讲的知识详见 Anholt(2006)，Booth(1993) 和 Lehr(1985)。下面一张自查表可用来对照检查我们自己或他人的科学演讲。

16.7　专业口头演讲自查表

Ⅰ. 演讲

　A. Introduction（介绍）

　　1. 文章的假设或者研究目的是否表达清楚？

　　2. 是否提供了清晰的研究依据和基本原理？

　　3. 本部分内容是否符合逻辑？是否与其他科学文献和科学原理相关联？

　B. Materials and Methods（材料与方法）

　　1. 文献和科学原理是否支撑实验的研究方法？

　　2. 实验过程是否符合逻辑？是否按照步骤进行实验、收集数据并最终实现目标？

3. 是否使用合理的实验设计和统计分析法?

C. Results and Discussion（结果和讨论）

1. 在这部分开始和结束时，是否总结概括，突出重点?

2. 是否将结果与研究目的清晰地关联?

3. 支撑论点的数据是否经过仔细筛选? 以哪种方式展示给观众，是利用插图、图表、表格还是列表?

4. 是否讨论以下两点:

　　a. 与其他研究之间的联系?

　　b. 实际前景或科学应用如何?

D. Conclusion（结论）

1. 为了观众更好地记住内容，结论部分是否反复陈述主要论点?

2. 是否罗列结论并将结论与研究目标联系起来?

3. 是否给出了科学发现的应用实例?

Ⅱ. 视觉道具（见附录 13）

A. 数量　在规定的时间内，准备的幻灯片页数是否合适?

B. 内容

1. 幻灯片的内容与演讲能否协调好?

2. 每页幻灯片的目的是否明显?

3. 数据、列表、点缀插图的文字幻灯片的比例是否恰当?

4. 幻灯片必备的标题页、研究目标页、结论页是否包含在内?

C. 质量

1. 幻灯片是否整洁、均匀地排列在屏幕上?

2. 幻灯片是否简洁? 未包含冗余数据?

3. 幻灯片字体、内容、设计、表格（坐标轴）是否清晰易读、简洁大方?

4. 幻灯片是否未包含鲜艳的颜色甚至分散观众注意力的多余装饰?

Ⅲ. 演讲者

A. 准备

1. 对幻灯片和演讲内容是否熟悉?

2. 着装与外形是否让自己和观众觉得舒服?

B. 以下因素，在使用恰当时对演讲起到积极的作用，而使用不当则会造成消极的影响:

1. 特殊习惯和手势;

2. 与观众交流（眼神交流、面部表情）;

3. 声音、表达习惯和语速;

4. 服装和肢体动作。

C. 在演讲时，牢记以下几点:

1. 切忌逐字逐句阅读幻灯片或便笺上的大段文字;

2. 眼神交流时应环顾整个会场，兼顾所有观众;

3. 不使用激光笔时，将其关闭并搁置在一旁;

4. 手不要插在口袋里；

5. 永远不要为糟糕的幻灯片而道歉。与其这样，不如一开始就不要出现；

6. 提高声音，放慢语速，保持激情；

7. 适时停顿；

8. 按时结束。

成功的演讲离不开演讲者、演讲、听众和视觉道具，只有将以上这些因素有效地结合起来，才能成就一次好的演讲。一定要认真训练，最终你将为自己的表现感到骄傲。每个演讲都有特定的目标和观众群体。演讲之前，要检查会议现场的各种情况和设备，如现场环境、激光笔和麦克风等。要准备好幻灯片、逻辑清晰的组织框架，适当的过渡，以及经过同行评议的意见。在演讲过程中，要时刻关注观众的听讲状态，同时不要忽视主持人的作用。无论是在演讲、对话还是在提问环节，都要保持一种专业的学术态度。另外，还应有饱满的自信心，并保持适当的谦虚谨慎。

参考文献

Anholt, R. R. H., 2006. Dazzle 'Em with Style: The Art of Oral Scientific Presentation, second ed. Norton, New York.

Booth, V., 1993. Communicating in Science: Writing a Scientific Paper and Speaking at Scientific Meetings, second ed. Cambridge University Press, Cambridge, UK.

Lehr, J. H., 1985. Let there be stoning. Ground Water 23, 162-165.

McCown, B. H., 1981. Guidelines for the preparation and presentation of posters at scientific meetings. HortScience 16, 146-147.

第17章 海报展示

Only the composition as a whole determines the good or bad of a piece of graphic work.

只有当各部分组成整体后，才能决定一幅作品的好坏。

——Eduard Imhof

海报展示已经成为学术会议的主要表现形式。通常情况下，海报展示的时间大约是一天，甚至几天，而作者会在某一时段出现在现场与观众互动讨论。有时，某些会议会同时安排十几个甚至上百个海报展示，不同的观众群体围绕自己感兴趣的主题进行讨论。海报展示对于很多作者来说是建立学术声誉的难得机会，如果海报展示引人注意，信息量大，资料丰富并且职业风范良好，那么这次展示能够帮助作者在观众面前树立自信、学识渊博、口才好的形象。

专业会议上的海报展示技术也经历了一个发展变迁过程，从最初要把手稿或内容要点钉在展示板上，到将不同的部分安装到展示板的框架中。现在，随着计算机和印刷技术的进步，海报板通常可以展示按科技论文顺序排列的大量信息。海报展示直到20世纪70年代中期才出现在美国的学术会议中 (Maugh, 1974)，并迅速成为一种展示大量研究报告的方法，也被各类幻灯片演讲、座谈会、工作坊，甚至研讨会广泛接受，成为行之有效的补充与选择。

海报展示在会议安排和提升交流效率方面非常有优势。对于规模较大的会议演讲来说，海报占用的面积较小，而相同时间内的灵活度高，观众可以按自己的日程计划接触到更多主题（见图17.1）。比如，有些会展中心很容易提供放置海报的大型场所，但是不一定能够提供那么多专业的报告厅和投影设备。海报展示在提升面对面交流的效率方面让很多作者趋之若鹜，而在会议安排上也为作者和观众提供了很多便利。与幻灯片演讲相比，在海报展示过程中，作者与观众之间的双向互动更频繁，双方可随时交换意见或者就不同观点进行深入探讨，

图17.1 同时展出的海报让观众更灵活地安排浏览时间

从而获取更多想法和思路，对于作者和观众继续研究或者了解主题提供了有利的帮助。同时，作者和观众可以互留姓名、地址和电话，以便后期交流。

　　通常，在海报展示期间，作者或演讲者必须保证在一段时间内能在海报旁边做介绍，并与观众互动。如今一些学会或组织能够提供"虚拟海报"。虚拟海报以电子版形式投放到显示屏上，以便在会议上观看。这种海报为那些不能出席的演讲者，特别是在国外无法参会的人提供了展示的机会，这是一种可以给作者与观众提供交互的电子交流模式。虚拟海报仍处于发展的初始阶段，与其他缺乏面对面交流的远程通信相比有着许多相同的优缺点。

　　与发展极其缓慢的书面和口头科学报告相比，海报的发展非常迅速。我们要不停地学习和适应海报的格式、内容和结构的权威指导与建议。Imhof(2007)曾说过，判断某一作品的好坏是看将所有组成部分整合在一起后的效果。这同样适用于判断一幅海报的优劣。优秀的海报除了展示时的口头交流，还必须加入有效的视觉道具和语言文字，因为海报是介于演讲和书面文章之间的一种表达形式，所以适用于幻灯片演讲和书面报告中的道具同样适用于海报制作。然而，与幻灯片演讲或科学稿件相比，对于高质量的海报制作，作者更需要全方位平衡视觉道具、口头表达和文字的比例。在这三种表达形式中，最基本的交流工具包括文本、字体、字号、颜色和结构、形状和排版，以及用于表达数据的图表和照片等。在使用这些工具时，牢记Imhof所说的"整体/部分概念"，并时刻谨记科学交流的基本目的：向每一位感兴趣的观众正确、清晰地传递科学信息。

17.1　观众

　　与其他形式的交流一样，在海报展示期间，作者对观众投入的注意力应该和对主题投入的一样多。大多数情况下，观众会站在海报前一两米处阅读。如果想吸引他们的注意力，就要创造出引人入胜、有趣、简洁的内容。毕竟，不同主题的海报同时展出时，观众会有多种选择，又因为大部分时间他们是站着阅读的，长时间的站姿也让他们感到疲倦。正如O'Connor所说，"观看海报的观众的典型做法是：停留→阅读→继续前进"。所有动作都是在90秒或更短的时间内发生的，所以海报作者不仅在与同一时间内的其他海报竞争，还在与观众的时间和疲惫的身体作斗争。然而，很多观众因为对海报的内容和主题感兴趣而选择留下来继续观看，如果在设计和展示海报时，作者始终牢记观众的兴趣，这次海报制作就是值得花费时间的。

　　Woolsey(1989)认为观看海报的人可以归纳为三类。第一类人是密切关注这项研究工作的同事；第二类人是同一个领域的不同研究方向的人；第三类人是与研究领域毫不相关的人。文中指出，第二类人是所谓的目标群体。第一类人观看海报的目的是了解作者使用何种方式和手段描述他们熟悉的主题内容，以及是否提出新的数据和细节。第三类人则是几乎不会对海报产生任何兴趣的群体，只会细看一下海报的制作技巧或仅在瞟一眼主题内容后，发现对此没有兴趣就直接离开。目标观众中的有些人也许不熟悉海报中的数据所代表的真正意义，但是对主题感兴趣。如果海报内容清晰且引人注意，观众停留的时间也可能会超过O'Connor所认为的90秒。为方便以上三种人群阅读，海报制作时应注意：

- 组织框架简洁清晰；
- 主要观点简单明确；
- 字体大小合适，站在一两米之外也能方便阅读；
- 外观引人注意、有美感，令人舒适。

为达到以上标准，下面对海报制作中的具体内容进行详细讨论。

17.2　内容

科学家在美国的科学会议上进行海报展示已经有35年的历史了。现在是时候提出明确的指导方针，使海报的制作更加有效，摒弃那些由密集而杂乱的文本和相关性不大的插图组成的海报，利用海报将好的研究目标和结果突出呈现。Council of Biology Editors出版了Peterson和Eastwood在1999年撰写的关于海报制作的指导手册。Gosling(1999)也是关于该主题的书。在这段时间前后，其他作者也发表了有关海报展示的一些指南，此外网络上也有大量信息帮助人们设计并展示海报。尽管如此，参与海报展示的人们仍然受到和Davis et al.(1992)所述的在1990年对海报观众的调查中得到的同样的批评。观众仍指出海报过于杂乱，排版糟糕，色彩常常使人分心，文本字体过小，还有类似的许多问题。因此，认真地思考McCown(1981)的建议：海报应该是一种"图解摘要"，如果能写一个200～250字可以独立发表的摘要，那当然也能用图像、照片及图表形式来拓展这些文字，使得海报变得更清晰明了。

若想使海报成为扩展的摘要，首先必须摒弃海报要像科技论文一样有引言、文献、详尽的方法、结论、详细的数据及讨论部分的观念，然后就可以将其简化，使其可读性增强，引人注目，并且有效地展现在一个相对小的展板上。针对摘要的每一部分，应该思考如何扩展，使其简洁而完整地呈现在海报上。

在摘要的引言部分要简洁地陈述研究依据，并用一句语，最多两句话来陈述研究问题或研究假设。这部分应当介绍进行这项研究的基本原理和依据，提出假设，摆出问题。如果需要，作为目标的背景信息，还可以提及团队科研人员的前期工作。但是，如果这个背景信息对于理解研究假设和目标并不重要，则可以省略。海报的引言应当不超过四五个简洁的句子。研究目标和引言需要分开，让目标凸显出来。在读完标题后，读者首先寻找的就是目标，所以应将其简明扼要地展示。如果有两个研究目标，要一一列举，多于两个则表明海报包含的内容过多。与幻灯片一样，不要用完整的句子表示目标。引言和目标不要占满海报的第一栏，应该给方法留出空间。

接下来查看摘要中的方法部分。论文要展示详尽的方法，而摘要和海报与科技论文不同，其中的方法无非是为结论的得出提供信度，除非整个研究本身就是测试一种新方法，或者方法的细节对于理解结果至关重要。通常，海报中的方法部分应当简述进行研究、收集数据和分析数据的步骤，可能用六句话就能概况，但是如果可能，使用流程图或罗列步骤。然后，对研究使用的数据分析进行简短的陈述，进入结果部分。一定要在安排的时间内进行海报展示，并向任何一个对实验步骤感兴趣的人提供更多的信息。当然，如果能在摘要中将方法总结为两句话，就可以把他们和引言及目标一起放在海报的第一栏。

　　在摘要中，结果或结论可能将占据一半或更多的文档，而在海报上，它们也完全有理由占据更多的版面，还需加入一些讨论内容。要时刻考虑观众的兴趣，目标和结果是大部分观众在海报上想看到的内容，他们想知道对这个目标有什么发现？所以要在海报里简述研究的成果，一句话就行，不要超过两句话。之后观众的兴趣点通常会转向数据，用图、照片及表格的形式提供数据，尽可能地少用文本阐述。文本只需指出图表所展示的内容，即重点。有时照片可以很好地展现处理效果，而图表的效果通常优于表格。在一个设计精良的图表中比较线段或条块，要比在表格中比较众多的数字更容易、快捷。在表格和图表中，一定要使用具有代表性的数据，以避免曲解其意义。研究发现，通常可以省略那些看不到显著差异的行、列，除非目的是展现所比较的对象是相同的。具体的实例可查阅本书的附录10、图A10.1a和图A10.1b。

　　摘要里不应该包括讨论部分或者至多包含一句讨论内容。海报中的讨论部分应当省略或简化，并常常与结果的内容写在一起。在多数情况下，将讨论的内容留到与观众的口头交流中。那些对海报研究内容真正感兴趣的人会专门在海报展示时前来观看并进行讨论。在海报中简要地列举结论就不再需要罗列讨论部分了。在呈现一些数据时，可能需要与其他从事相关研究的作者（们）的数据进行对比，但是不要过多地将文献和讨论内容放进海报，只给观众展示清晰而有序的数据信息，并准备好与观众讨论数据的含义。

　　除了结果和结论，在一个三栏的海报展示中，最后一栏通常包括参考文献和致谢。无须冗长的介绍和讨论，但应该有少量几个参考文献，一定要将海报中提到的所有文献罗列出来。在与观众进行口头交流、讨论时，要把本研究与他人的研究进行比较。在最后一行的简短致谢部分中，感谢那些为研究或海报展示做出重大贡献的人，如果能再附上一张照片更好。

　　有些观众是在海报作者不在场时阅读海报的，那么海报内容要反映作者的信度。比如，研究目标要有充分的依据，研究结果和结论要有意义。但是，大量介绍或讨论性的文本是不适合用海报展示的，用图片、图表或其他插图进行视觉交互更有价值。海报作者需要在规定的时间内到场与观众进行讨论、交流并解答问题。对于作者不能到场交流的情况，作者要确保海报作为独立的文本呈现，自证科学性，具有吸引力。

　　在规划海报内容时，以下这些做法将有助于观众的理解。

- 考虑观众的想法。
- 不要让任何东西分散观众对海报中的科学信息的关注。
- 使用相对短的线条、精悍的文本扩展，以及简洁的段落。连续超过10～15行的内容会让观众失去耐心。内容越少越好。
- 尤其在陈述目标、方法与结论时，尽可能罗列信息。
- 使用可视化图像，比如流程图、图画、图表和照片。
- 选择恰当的风格类型、尺寸和颜色，调整行距，使得文本阅读轻松愉悦。
- 提供适当的分发材料，诸如名片、电子邮件地址，或含有作者姓名、联系方式的概述或摘要。

　　制作海报时，可以参考以上建议，认真考虑内容和结构之间的搭配。海报制作与论文写作不同，论文写作更复杂，而且读者是在相对舒适且时间充裕的环境中阅读的。海报的内容应当是"出版物的图解摘要"(McCown, 1981)的简洁模式。为了避免冗长的连续文本，可以使用标题、图片、表格、图表或其他插图来分割观点与章节。海报中的长篇幅的段落是不可取的，观众不会从头读到尾，我们更倾向于用简洁的列表来替换。对于讨论部分，尽量使用口头表达的形式完成，而其他参考材料可以印刷成册，方便观众取用。

17.3　合理布局

Briscoe(1986)认为，"要将主要信息浓缩成简洁明了并容易为观众阅读、理解和记忆的海报，作者需要利用自己的聪明才智。而那些版面复杂、内容太多、无法阅读的海报，则只能显示出作者的无知和自大。"海报的构成离不开简洁的信息呈现，以及图文的合理搭配。海报的内容可以被看成一篇简短而完整的科学报告，而不是完整的论文，只是研究内容的概要。相比论文，海报可以省略摘要，提供少量讨论，但是会使用很多图片和颜色元素。正如McCown(1981)提到的，海报本身就是一篇"图文并茂的摘要"，再加上会议主办方极有可能将原始摘要刊登在会议论文集中。因此，除非主办方要求，否则海报上一般不会再出现摘要部分。

展板上所给的空间给通过文本、口头和视觉媒介清晰地传递科学信息的海报交流提出了挑战。按照不同的会议要求，海报展示版的尺寸也各不相同，有些大到4′×8′，相当于1.3 m×2.6 m大小或4′×6′（约为1.3 m×2.0 m），有些只有3′×3′（约为1 m×1 m）。有时，长的一边水平放置时，海报摆在桌子或展台上；有时，长的一边垂直放置，海报则竖立在地板上。在设计前，首先要了解海报的空间大小和放置方向，然后再思考如何有效地利用空间大小，有效地呈现想展示的内容，让观众将所有的注意力都放在海报的内容上。

除了空间大小的限制，时间因素也影响了观众的阅读。同一时间出现在展厅内的海报有几十甚至几百个，观众停留的时间是非常有限的。然而，很多作者都会犯同样的错误，就是想在有限的时间内讲述超出时间范围的内容。在海报展示中无须将所有信息和数据都表达出来，仅聚焦一两个重点主题即可，详细的信息可以放在进一步的讲解或论文写作中。

另外一个常见的错误是，海报布局的不合理影响了科学信息的传递。主要是内容过多，图形、色彩、文本的使用与安排不恰当。海报的呈现应该清晰、简洁、引人注意。除了颜色、图形文本和插图等，不宜添加过多的仅作为装饰用的表达手法。当然，有很多作者希望自己的海报赏心悦目，但要牢记海报展示的首要目的是传递信息。不过，Imhof(2007)认为，以上两种目的互为补充，简洁与美观是两个关系紧密的概念。我们对海报制作的标准与图表、幻灯片和图片的标准是一样的。完整的海报应该能够独立传递信息，选择的材料要适合海报展示模式，注意不要承载过多不重要的内容。海报展示的主要观点要定量，信息要准确、清晰、易读、简洁，并且具有一定的观赏性。

图17.2和图17.3所示的布局中，首先要注意整体的第一印象。较小的一个是4′×4′（约为1.3 m×1.3 m），较大的一个是4′×6′的板。它们的布局在一定程度上取决于展示板的大小，显然较大的展示板呈现的信息会更多。但是，它们都遵循了相同的易读性、简单性的基本原则。不要试图在一个更大的展板中包括更多的主题或目标，只增加对有限几个观点的支持即可，主要应附加一些图表，而不是更多的文字。这些可以指导我们设计海报，当然并不

是每张海报都要遵循这个模式。一般的海报可能需要较多的版面描述方法，而用较少的版面阐述引言，甚至结果部分。有的海报可能需要更多的文本和较少的数据呈现，但是海报上的文字不宜过多。每列的长度不同可能会使海报的顶部或底部边缘不整齐，这并不是一件坏事，图17.2和图17.3只是设计海报的模板，内容不易过多、庞杂。

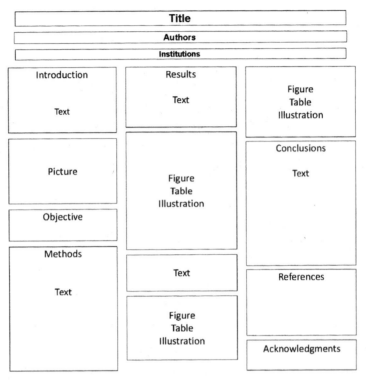

图17.2　三栏海报模板

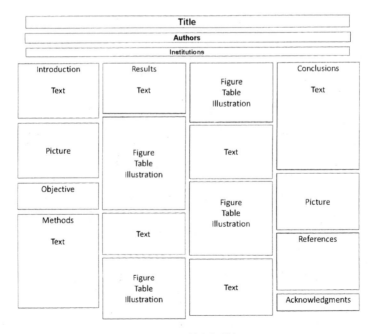

图17.3　四栏海报模板

　　图17.4是一个海报的优秀示例。但是像其他所有的海报一样，仍然有改进的空间。这是一个真实的海报，展示在2011年得克萨斯州圣安东尼奥市举行的美国土壤科学学会会议上。海报的尺寸是43′×43′，基本上遵循了图17.2所示的布局，并按照带照片、数据插图的摘要的顺序依次整齐地排列。海报末尾还包括了未在出版摘要中提供的参考文献。海报中有大量的文本，尽管内容很多，但是间距和字号的合理设置使之易于阅读。整个海报的字体为Arial，正文为26磅字，大标题为65磅字，主要的小标题为36磅字，站在两米以外都能很容易阅读。缺乏色彩的变化不是一个要紧问题，标题与黄线略显强调，图中的黑色条块无疑表达了它的含义，但是如果着色后，比如用深绿色来表示草的生物量，也许会更具吸引力。海报背景中柔和的形象并没有干扰文本的阅读，但是介绍中的描述和照片更有可能转移人们的注意力，而不是增加信息的清晰度。

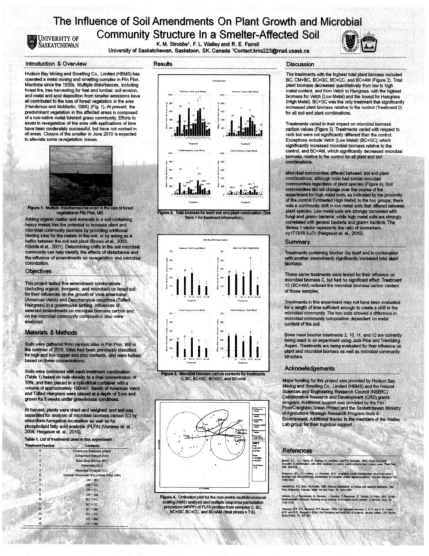

图17.4　海报示例

　　图17.4中海报的基本组织是不错的。但是，基于在出版摘要中所占的比例，引言还是相对过长，可以缩减以匀出更多的空间将其与研究目标分开并列出目标，或者对方法部分做更多

的解释，或者将照片放大以增加清晰度。最好是将目标与其他部分隔开，如下所示突出地呈现研究目标，注意不要使用完整的句子。

> ### Objectives
>
> 1. To determine influence of organic, inorganic, and microbial amendments on growth of two grass species
> 2. To determine influence of select amendments on microbial carbon biomass and microbial community composition

关于物种的名称和温室位置的信息都不用提及，将来会在方法部分介绍。

方法部分也要压缩到适当的版面。如果内容较多，则可以减少介绍部分的内容。以图表形式呈现的结果占了整个中间栏，没有附加文本。如果在图表或每组图表之前概述总体结果，则更有助于快速理解图表内容。但是，图表主要用于展示结果，文本内容仅限于提醒注意每组图表展示的要点。讨论部分包括结果说明，也可将"Results and Discussion"（结果与讨论）作为两栏的标题，在第一组图表前对结果做出初步说明，并在第二组图表前加上说明图表要点的文本，最后的图表在第三栏，其余的结果和讨论可以与总结、致谢和参考文献一起出现在第三栏。如果引言中略去大多数文献引用，那么第三栏的参考文献可能会更短，足够再添加一张照片，使海报更具吸引力。在印发的资料中，可以为观众提供更多的参考文献、摘要及作者的联系信息。

在准备海报展示时，所有这些以及图17.2和图17.3中显示的布局，可能都有助于我们做决定。因为每个报告都是独一无二的，所以在设计海报时必须要有创意。坚持简单，在批评任何海报（包括自己的）时，切记作为科学交流手段的海报所关注的重点必须是传递清晰的信息，其次但很重要的是海报必须具有吸引力。

17.4　字体和字号

与幻灯片制作一样，易读最重要，正如要让坐在会议室最远位置的观众能看到幻灯片的信息一样，要让观众在合适的站位上能观看到海报的内容。一般来说，题目要能让站在海报外5～10 m处的观众看清楚，而正文至少要能在1.5～2 m远处看清楚。因此，合理选择字体、字号、行距以及每行的长度是很重要的。标题应采用粗体，字号不小于30磅，正文字号不小于16磅，才能满足观看距离的要求（见表17.1），当然展板的尺寸也影响着字号的大小。

一行的长度和行距也很重要。应遵循Woolsey(1989)的建议，即每行不超过65个字母和空格，1.5倍行距要比单倍或双倍行距更适合阅读。如图17.4所示，只在左侧对齐的行比添加了右对齐的行更易于阅读。标题字体则尽可能采用适于阅读的Arial，Helvetica，Tahoma等字体，而正文部分除了以上字体还可选择有衬线体，如Times New Roman，Bookman, Old Style或者类似字体。避免华丽无用的装饰字体，在语法或学术上有要求时，使用斜体。内容尽量不要全部大写，小写更适合观众阅读。正如O'Connor(1991)及其他书中所说，"只有在特定的情况下，正文才会全部大写。"海报展示更多关注的是观众的感受，因此使用观众更习惯的小写方式才是正确的选择。

表17.1 符合海报展示的字体

Sample*	Font sizes (height)	
	Shown	Range
# Title	120 (30 mm)	90 ~ 144
## Heading	60 (15 mm)	30 ~ 90
Subheading	30 (8 mm)	30 ~ 60
Text	24 (6 mm)	16 ~ 30

注：例子所用的是Arial字体，出自Davis et al.(1992)，*J. Nat. Resour. Life Sci. Educ.* 21:158.

17.5 颜色及其物理特性

颜色、立体感、品质、材质都影响着观众对海报的整体观赏感受，如果搭配或使用不当，则会造成很混乱的感觉，让观众感到不适，从而阻碍了科学信息的交流。详细信息可参阅Imhof(2007)的颜色交流原则（见附录12），通常柔和的颜色更舒适，明亮的色彩应只用于突出显示。我曾经在一次专业会议上看到一张以大红为主色调的海报，我走近海报作者，友好地问了一两个问题后，问她为什么用红色，她自豪地宣称："就像红绿灯一样，红色意味着停止，就是让人们停下来，观看海报。"的确，红色有时意味着停止，但看到那张海报，就像在红绿灯处一样，我打算尽快离开。注视亮色会使眼睛很不舒服，正文或图表背景的颜色应该是浅色或白色，或让眼睛舒适的灰白色、米黄色、羊皮纸的颜色或其他类似的浅色。在这一背景上可以绘制几乎所有容易辨别的深色系。对于正文和表格来说，最常见、最传统的色彩是黑色，作者会使用某一亮色系色彩，以突出要重点表达的数据或内容。但是，在海报中大量使用亮色表达重点内容则会弱化"重点强调"的作用。而对于浅色系（或白色）背景下的图表，比如柱状图、线形图或者饼图，数据的颜色要容易辨别、重点突出，但切记不要使用过于强烈的色彩。

虽然一张海报中的颜色过多会分散注意力，影响观众的阅读，但是颜色可以体现统一性，以区分文本的不同部分，产生意想不到的效果。比如，当研究内容包含两种观点、目的或实验时，通篇采用蓝灰色或蓝绿色进行区分，相互独立又上下关联，给观众一种逻辑性强且方便理解的视角。当观众的注意力放在颜色所代表的内容意义时，颜色才真正起到了作用。在科学交流中，海报的颜色太多、太亮、太暗或者不协调，就如同穿着小丑的服装或者正装搭配运动休闲裤一样，让观众感到不舒服而分神。关于颜色搭配的更多内容详见第14章。

海报的结构也影响着颜色的选择。用柔和的颜色勾勒海报的各部分并对文本或表格的背景进行轻微的着色，有助于区分各部分内容，强调要点，但要确保颜色不会喧宾夺主。在整个海报中，颜色的使用要具有一致性，即便需要对比也不要超过两种颜色。尽量避免使用亮色，除非是为了突出重点。在使用一些彩色照片时，要协调好照片的主色调与海报中的线条、边框或背景颜色。

有些海报作者尝试颠覆传统幻灯片的浅色背景和暗色字体的传统，采用了纯黑色的背景，白色（或浅色）的正文，这种创新技术只有在对比相当强烈的前提下才能起到引人注目的作用，否则观众会难以阅读，仅仅只是被色彩（而非内容）所吸引，严重影响了科学交流活动的进行。应避免任何使海报更难阅读或理解的东西，即使是艺术上的创新。

有时候海报作者会将和主题相关的照片放大，弱化处理后作为海报的背景。从表面看，这一做法颇具创意，但是却很少成功，这主要有两方面的原因：1）这样的背景容易对内容和承载科学信息的数据造成干扰；2）这种背景几乎总是由多种颜色或深浅不同的部分和线条组成，使阅读其上的文字变得困难。在良好的交流中，上述缺点带来了严重的局限性，似乎对科学交流没有什么意义。此外，有时很难确定图像是什么，于是观众很可能会因为试图弄清图像所代表的内容而分心。在几十个用图片作为背景的海报中，也只有几个做得很好，甚至有些图片对主题和内容没有明显的益处。暗淡的照片并不能帮助阐明目标，说明方法，或支持结果和结论，虽然尽量弱化处理过，不会严重影响文本，但是看看图17.4，其中柔和的背景在任何方面对海报的理解都没有帮助。不论用什么方法设计海报，正确判断颜色、各部分的大小、间距和素材的排列都是极其重要的。

17.6　间距与排版

在设计海报的布局之前，要拿到实际使用海报板的真正尺寸，合理安排每一部分内容的空间占比。恰当的排版会增强交流的效果，而过分拥挤或版块太多的版面会令人望而生畏，单调或一整块的排版又不会吸引观众的注意，因此留出一定的空白既美化了版面，又有效地区分出了每一部分的内容。Woolsey(1989)认为，海报中最理想的空白面积应占整体的50%左右。

Woolsey(1989)认为，"人的眼睛总是会关注边缘的地方。"如果海报中出现大量的空白和过多的小版块，很容易造成视觉疲劳。为了避免产生过多的空白区域，在制作海报时，按照模块进行排版，可将子标题或图表的标题与文本或插图放置在同一个方框中。对于不规则形状的图表（如三角形、不规则菱形或剪裁下来的图画）等，只有在有效地传递信息时才能使用，否则过多或不恰当的使用都会干扰信息的传递。与字号和颜色一样，图表形状和布局在突出重点、区分从属关系、统一内容方面也起到了关键性作用。综合以上因素，在各类标题的引导下（比如 Objectives，Results 和 Conclusions），海报各部分按逻辑归类，统一颜色与间距，观众才能顺利地理解作者的思路。

17.7　数据展示

无论何种形式的表格，数据表达既要符合上下文一致的原则，又要具有代表性，所有图表都应与相关的文本内容紧密相连。适量的数据、恰当的间距与字体大小能够有效地传递信息。一般来说，理想的表格中的内容控制在 12～16 项，重点内容用颜色标出，但是不能过度使用这种强调方法。遵守表格构成的基本准则，即在没有文本支撑或作者解释的情况下，表格也能传递意义（见第 11 章的数据呈现）。

同样的原则也适用于图表，需要强调的是图表中的线条数和柱体数是受限的。线形图中的线条数不超过 3～4 条，柱形图中的柱体不超过 6～8 个。图表中的数据所代表的意义越清楚、越简单越好，多余的辅助数据或内容可用在口头讨论或论文写作中。颜色和字号的使用在图表中的作用也很重要，当想要重点突出某条线的数据时，可以使用亮色或者加粗，但是过多地使用会造成混乱。在这里，还需要关注不同图表中同一内容表达方式的统一性。如果相同的数据在某一图表中被标色或加粗，那么当它出现在其他图表中时，要使用相同的颜色或字体标示。有关设计和构建图表、插图和图片的详细内容可参阅 Briscoe(1996)。

相比图表和表格等形式，图片更加引人注目，在文本的不同部分中间放置一张图片时，能够起到很好的缓冲作用，而且图片本身也可能附带某种目的。选用合适的图片既能起到突出主题的重要性，又能从视觉上形象地说明数据所代表的意义。比如，一张显示控制组和实验组的植物的照片可能比数字或文字更能显示实验的效果。图片必须足够清晰，大小合适（至少 5″×8″ 或 6″×10″）①，让观众能够立刻理解它的含义。不过，也要确保图片传递的信息清晰且与主题相关。另外，图片数量太多或者尺寸太小会对海报的整体布局造成影响，进而妨碍观众的阅读。还需要注意的一点是，在光线较强的展厅里，哑光效果的图片要比光泽度高的图片更适合海报展示。

17.8　海报作者

与演讲相比，海报展示的形式稍显不正式，但是作者仍需保持高度的责任心和职业素养，与观众进行清晰的互动交流。影响海报展示的因素还包括作者的学识、与观众的交流互动时的坦诚、行为举止和专业态度。无论是否有观众在附近，在规定的时间内出现在海报前

---

① 1″ 即 1 英寸，1 英寸 =2.54 cm。——编者注

是身为一名海报作者的义务。作者的同事或朋友可能偶然经过，但是不要让他们影响了与观众的交流，应该迅速打个招呼，将与他们的交谈放在展示结束后。

有时海报面前一位观众也没有，有的作者会认为自己可以稍事离开，休息一下，然而事实并非如此。观众并不会成群结队地出现在海报前，只有真正感兴趣的一两个人会停留下来。如果海报写得比较好，又有几位很感兴趣的观众阅读后与作者进行详细的讨论，那么在某种程度上海报展示已经成功了。无论观众是一个人还是一群人，作者都应该热情、真诚地与之交流，这是作为一名科学工作者的基本素质和专业精神。

17.9 宣传材料

准备一些简单的可以散发并带走的材料，对于海报展示有利无害。应该在海报标题的下面标注作者的姓名、电子邮件地址和电话号码或者附上一张名片。如果使用带有大学、机构或公司名称或标志的名片，要确保其内容符合相关政策。还可以给观众提供海报的摘要、相关文献、实验方法和图表等有价值的资料，甚至有些作者还将海报内容以更适合携带的形式打印出来，供观众阅读。在分发提供的这些材料之前，一定要考虑版权、专利及数据的出版等问题。因为遗憾的是，不是所有的人在使用他人的智慧成果时都能遵守职业道德（见第12章）。

17.10 时间和结构

制作海报需要一定的时间。在做科学研究时，要考虑到也许将来某一天，这些内容会以海报的形式向世人展示，所以需要提前保存研究过程中的图片和数据。当即将准备展示时，则需要提前选取合适的图片、图表和文字内容。如果手头有其他工作，那么至少也要提前两三周准备好将会用于海报的材料。另外，已完成的海报必须经过同行审阅，并且要按照审阅意见进行修改，在会议前几天完成终稿。最终成稿的内容必须是经过审阅和修改的版本。

要熟悉将海报生成在一整张纸上的软件。认真学习这款软件，直到达到想要的海报制作效果。比如，一张大的海报纸，水平方向一行字的长度可以达到1 m，但是这样非常不利于观众阅读，因此要做到每行字不超过65个字符（含空格和标点符号）。为了保证观众可以清晰、方便地阅读，同时也为了更好地排版，就需要在制作海报的过程中重新编辑某些内容或者放弃某些图片。排版时要认真思考、谨慎布局，手忙脚乱时制作出的海报只会让观众大失所望。在出发前几天准备好会议所需的一切，这会让人心情舒畅。单张海报可以小心地卷起来，装入纸筒以便携带。一定要带一些大头针、胶水，以及张贴海报需要的其他材料。如果乘飞机前往，就可以随身携带装有海报的纸筒，路上不要打开它。出发前，查询航空公司有关随身携带行李的政策，以确保在办理登机手续时不会被拒。此外，要做好最坏的准备，在旅行前找到一家靠近酒店的打印室，以便将来可以快速提供海报的副本，以备不时之需。

关于如何制作和展示海报，可参考相关的文献或学习资料，这些都非常有帮助。本书的附录15提供了一篇较为简单的海报制作模板，可供大家参考。Briscoe(1996)提出的视觉交流基本原则不仅适用于海报展示中的图像资料处理，也适用于其他的视觉展示。Gosling(1999)提供了关于海报的设计、结构和颜色使用的相关内容，其中列举了一些由于不关注好的海报制作方法而出现的错误。虽然他的这本书的内容有些过时，在能打印单张大型海报的打印机广泛应用之前，这些信息对海报的排版是很有益处的。但是，无论海报是大型单张展示还是分页呈现，设计海报的基本原则是相同的。Woolsey(1989)，Hofmann(2010)和 Peterson & Eastwood(1999)也提出了一些关于海报制作格式的好建议。另外，多观察身边的优秀海报案例，从中获取设计思路。

参考文献

Briscoe, M. H., 1996. Preparing Scientific Illustrations: A Guide to Better Posters, Presentations, and Publications. Springer, New York.

Davis, M., Davis, K. J., Wolf, D. C., 1992. Effective communication with poster displays. J. Nat. Resour. Life Sci. Educ. 21,156-160.

Gosling, P. J., 1999. Scientist's Guide to Poster Presentations. Kluwer/Plenum, New York.

Hofmann, A. H., 2010. Scientific Writing and Communication: Papers, Proposals, and Presentations. Oxford University Press, New York.

Imhof, E., 2007. Cartographic Relief Presentations, English edition ESRI Press, Redlands, CA.

Maugh, T. H., 1974. Poster sessions: a new look at scientific meetings. Science 184, 1361.

McCown, B. H., 1981. Guidelines for the preparation and presentation of posters at scientific meetings. HortScience 16, 146-147.

O'Connor, M., 1991. Writing Successfully in Science. HarperCollins, London.

Peterson, S. M., Eastwood, S., 1999. Posters and Poster Presentations. Council of Biology Editors, Reston, VA.

Woolsey, J. D., 1989. Combating poster fatigue: How to use visual grammar and analysis to effect better visual communications. Trends Neurosci. 12, 325-332.

第18章 小组交流

> The true spirit of conversation consists in building on another man's observation, not overturning it.
>
> 交谈的真正意义在于他人从中获得的感悟，而非单纯的正误。
>
> ——Bulwer Lytton

　　小组交流要求每个人在恰当的时候发言，但是要尽可能多地倾听，至少倾听和表达所用的时间一样多或者前者更多。如果交流的一半是倾听，那么显然当两个以上的人参与交流时，每个人的发言时间都不到一半。这并不是说所有的时间都是平均分配的，这将取决于个人所扮演的角色，但最重要的一点是认真倾听。要记住，倾听不仅仅是听单词，还包括观察和处理信息。这些信息受肢体语言和语调的影响很大。事实上，大部分的交流来自于整个团队的非语言交流。手势、面部表情、音色、音质和小组成员之间表情的交换都承载着很多信息。

　　在小组中倾听要比仅倾听一个人发言更困难。关于小组成员的互动和这种语义环境的复杂性已经有很多的研究。在小组交流中，必须迅速转变，把自己的想法和其他不同的信息综合起来，要注意自己的非语言交流，以及别人是如何对此进行解读的。这个复杂的团体互动的平台是维护和建立专业声誉的最重要的平台之一，也是进行研究、教学或处理科学领域的其他事务的关键平台。

　　团队内的沟通、问题解决和决策需要我们成为一个真正的专业人士，通过达到专业水平（不一定是个人目标）而服务于他人。应该做好准备，把自我利益抛在脑后，为团队的利益而工作。在推崇独立的西方文化中，这种心态很难保持。然而，不管是在私营企业、公共机构还是研究所工作，都会参与团队交流，尽管有些人认为在小组沟通中浪费的时间比其他任何形式都要多，但是解决一个问题或达成一个决定都可能得益于一次精心策划和执行良好的小组讨论。在讨论中，每个个体专业地承担了自己的角色，非常有技巧地进行沟通和交流。正如Beebe & Masterson(2011)所宣称的，"沟通的质量真的会影响一个团体的成就。"另外，一次会议的组织以及小组交流的准备和执行，在很大程度上取决于会议是否有小组成员以外的听众参与。

18.1　无观众的小组交流

　　有些交流是内部活动，比如为某一研究项目制订计划、做出决策，或者评估某一位同事的研究项目的进展等，这类专业学术活动没有观众参加，可以采用圆桌会议，也可以采用董事会或委员会讨论的形式。圆桌会议是非正式的，其目的是集思广益、理念共享，不求最终结果，也没有正式议程。这种交流形式对开拓思路、获取更多想法有很大帮助，但是通常无法就讨论的问题得出结论。

与圆桌会议相比，由大型组织机构挑选出的专家组成的承担某一特定责任的董事会或委员会更正式。委员会成员按照会议日程参加各类会议，并由该委员会最高领导向上级部门汇报会议的最终结果。委员会一般有两种形式，常务委员会是指长期设立的会议组织；特别委员会是为特定事件（或项目）成立的专门组织，当事件（或项目）结束时，组织随即解散。特别委员会的定义与特别小组有重叠，特别小组也是一种特别委员会，是由一组特定领域的专家组成的，其工作需要大量时间，对某一项目展开详细调研。

无论处于哪种组织机构中，也无论自身的责任和组织的交流形式是什么，身为专业人士，职业道德要求我们尽全力展示自己的个人能力，实现小组的目标任务（Wilson & Hanna，1993）。有时，为了更加全面地剖析问题，得出令人满意的结果，小组内的成员需要扮演不同的角色，比如组长、记录员、报告撰写人，甚至专门挑错的人等。通常以组内分工的形式，而非正式任命来承担不同的角色，例如领导或对手的角色。在完成人员配置后，终极任务就是无观众的组内决策和解决问题了。

需要做决策就是因为可供选择的方案较多，因此应通过研究和讨论来界定每一套方案。只有通过收集各类信息，并且不断地发现问题、解决问题才能做出最佳的决策。在对每一套方案的优势和劣势进行充分考虑后，小组内部应该达成一致意见，或者通过投票得出最终决定。许多决策都是在解决问题之前或解决问题的过程中做出的。

在解决问题时，也许一开始没有任何头绪，只能循序渐进、一步步接近问题的答案。正如科学的方法，我们总是以发现问题为开始，清晰地识别和定义问题，然后收集和分析得到的数据，综合已知的信息和最新信息，解决问题并评估可能的结果。要想在成员众多的小组内统一解决方案，需要周全地考虑和协调不同角色的意见、专业知识和思想。小组的优势在于分解了工作量，综合了多种专业知识，但是它的劣势在于要不断调和不同的声音。在寻找问题解决方案的过程中，作为一个整体的小组和组内成员，应该遵循以下步骤（见框图18.1）。

▶框图18.1　小组解决问题的步骤

1. 明确定义问题，全组讨论并提出解决目标；
2. 小组制订个人和全体行动计划，划分责任，收集不同方面的信息，提供多种角度的意见；
3. 制订个人和小组行动计划；
4. 按照计划行事和决策；
5. 执行该决策并分析结果；
6. 评估行动结果，判断解决方法是否可行。

小组解决问题和个人解决问题一样，都可能因为缺乏足够的信息，因为获取了错误信息或沟通不畅而影响问题的解决。只有完全执行每一步计划才能确保下一步计划的成功，而某些时候小组人员急于求成，在行动开始前未能完全明确问题或制订详细的计划，导致最后功

亏一篑。没有深思熟虑的计划，小组成员很容易因对问题缺乏了解，或对行动步骤不熟悉而受到阻碍，最终不得不重新回到起点，再次界定问题，制订相应的行动计划。

影响问题解决的关键因素还包括小组成员的数量和完成目标的时间。当成员数量达到10位甚至更多时，会很难协调所有人的想法和个性差异，难以有效地进行交流。小组里的一些人不积极提出任何建议，只是简单地等待别人的决定。而人数较少的小组中，每一个人都有很强的责任感。另外，奇数小组成员的好处是可以在投票时以少数服从多数来避免僵局。Cragan et al. (2009)认为5～7人是组内"完成任何类型的工作"的"最佳数目"，组内成员人数要求最少3人，最多13人。Keyton(2006)认定5人是决策小组的最佳人数，但往往必须包括更多的成员。当小组必须包括许多成员时，要明确划分成员各自的职责，更好的做法是继续划分为人数更少的组。计划有助于有效地利用时间，但是由于个人需求的不同，小组活动花费的时间往往比预期的要长。然而，当所有成员对所做的工作都有热情并且非常专业地进行沟通和交流时，小组内不同成员的专业知识又会让额外花费的时间变得物有所值。

对于成员较多的小组，集体研讨是促进项目正常推进的一种有效方法。集体研讨的目的并不是要解决问题，而是为了产生找到解决方案的想法。这种方法的一个优点是，所有想法、观点都不会遭到喋喋不休的批评，提出仅供考虑。整个小组可能会集思广益，直到就讨论的问题达成共识。由于每个成员的性格不同，有些人缺乏自信，在大型场合下羞于表达，为了确保每位成员的参与，可采取分组讨论的形式，将所有成员分为几个临时小组，对挑选出的观点进行初步讨论，待小组内达成一致意见后，再向全组成员表达本组的一致观点和目标。另一种集体研讨的形式是，将自己认为最重要的观点和想法写在卡片或者纸条上。当然，最好在开会前就已经要求大家做完以上工作，记录员或者组长会整合和重组所有的观点和想法，并按照重要性分先后进行排序，然后展示给所有的成员进行讨论。当特定的目标或主题被过滤筛选出来时，关键的过程就开始了。

负责解决问题或决策任务的小组成员往往是那些已经身兼数责的人，那么目前这个小组任务可能会令人沮丧而且会占用太多的时间，于是他们会让小组的其他成员来研究问题并做出决策。如果问题或决策影响到包括自己在内的所有相关人员，不尽自己的一份力量可能是不道德的。同意加入某学术团体之后不参加其活动或会议，是非常不专业的。是的，这需要花太多时间，但别人也同样需要花很多时间。为了节约时间就需要一步一步系统化地工作，并将特定的职责分配到人，那么付出的努力都是值得的。在个人没有明确、具体的责任，而小组在一个接一个的会议上没有重点，只是随意地交谈，组织进展甚微的情况下，小组问题的解决通常几乎是不可能的，或者解决得很糟糕，集体研讨永远也不可能达到预期的目的。

只有当成员做到全面彻底地、客观批判地分析问题时，项目才能积极健康地向前发展。在面对决策、解决问题、表达观点时，每一位小组成员都有义务搜集和调研任何相关的信息。在面临以上问题时，如果毫无准备，不积极参与，实际上是在推卸道德和专业责任。当成员无法承担相应的准备、信息查找及讨论参与等责任时，小组内部之间的互动就会陷入混乱，也许更糟的是充斥着消极怠工的思想（见图18.1）。

Janis(1982)首创"groupthink"一词，集体思维不同于上面的两种集体研讨，它是指利用集体的头脑作用（即头脑风暴）得到统一的观点。Beebe & Masterson(2011)认为，"集体思维令人产生达成共识的错觉，是只发生在无须测试、分析和评估观点时，小组努力使冲突最小化，凝聚力最大化，并达成共识的一种思考。"
一般来说，小组成员之间应该有凝聚力，能够
有效地避免破坏性和分裂性冲突，利用健康的冲
突、专业的辩论方法，做出正确的决策，获得解
决问题的方案。消极的团队成员可能认为自己有
合作精神而且很友善，但实际上团队中的对各种
观点或解决方案提出质疑的"魔鬼"代言人更有
价值。消极的做法非常不明智，只有抱着开明、
审慎和专业的态度，对不同的意见展开探讨和辩
论，才能得到正确解决问题的答案，也才能达成
最终的结论。集体思维可能是由于漠不关心或不
愿意被很强势的人扰乱或劝导，而产生的从众效
应（即使做出的决定是错误的）。达成一致的确
不错，但是赞同错误的解决办法是不可取的。

图18.1　被满满的负面思想充斥的
头脑无法正确地解决问题

　　集体的努力并不比其中个人的努力好多少，但是如果个人的决定影响到整个集体，甚至
可能影响到公司、研究所或机构中的许多其他人，那么就必须将团队利益置于个人利益之
上。"人人为己"不应该成为遵循的座右铭。在与团队合作的同时，要具有批判性和合作性。
专业人士可以批评观点、想法而不针对提出这些想法的人，倾听是最重要的（见第14章）。
合作与专业精神要求我们思想开明，不仅要表达而且要倾听；要提出和接受别人的意见；允
许自己的观点被质疑；仔细考虑他人的想法，并愿意在分歧点上妥协。集体思维的消极影响
在于它有可能抹杀最好的想法。只有当所有的想法都得以分享，并且最终的决定真正被团队
里每一个人所接受，在决策时达成一致，这才是团队的优良品质。一个决定一旦做出，就应
该是强有力的，但它是目的而不是客观的手段，而且手段并不能证明一个错误的目的是正
确的。

18.2　有观众的小组交流

　　无论有没有观众的参与，小组成员的责任都是非常重要的。观众的参与为语义环境增加
了另一个维度。即使观众仅仅坐着听讲，他们也是积极的参与者。观众参与的小组交流有不
同的形式。通常，专业学术会议的安排包括专题讨论会、学术研讨会或论坛。专题讨论会的
组织模式一般是所有小组成员坐在观众面前，针对某一主题展开讨论，这种形式相对自由，
整个过程比较自然，虽然不一定经过排练，但是每位成员在会前都经过了认真的准备和组
织，并且有主持人来协调交流与讨论。第二种会议形式是学术研讨会，也是由团队组成的，
但采用个人参与的形式，每一位参与者都要向观众做有准备的演讲，讲解自己的观点和看
法。一般来说，他们的报告与主题密切相关，整个过程中参与者有少量讨论或不进行讨论，
仅做汇报。这种形式比专题讨论会更正式。学术研讨会经常会演变成演讲者的专题讨论会或
论坛，或与观众的问答互动；第三种会议形式就是论坛，在主持人的组织下，观众百分之百
参与。

当确定有观众参与时，会议交流的组织和计划就变得很重要了，每一位小组参与者都要了解自己在其中的作用，清楚整个会议的时间和个人所分配的时间。同样，观众也要清楚自己的角色，比如观众提问或评论是在讨论中还是讨论结束后进行？还是根本不允许提问？在会议开始前，经验丰富的主持人或主席会先介绍主题、会议流程，以及不同角色参与者或观众的任务。无论是哪种角色，每一个人都要承担起自己的责任。下面，以专题讨论会为例讲述不同角色参与者的职责。

18.2.1 　主持人的责任

作为会议的主席或者主持人，在会议正式开始前，务必履行以下职责。

1. 挑选讨论会成员。一定要认真谨慎地挑选。能够参会的成员需要具备以下资质：首先，有足够的相关专业知识；其次，能够清晰、有条理地组织语言，呈现信息；最后，当观点存在争议时，能够始终保持专业的态度，稳定情绪，冷静地表达自己的看法，不能对意见冲突方进行语言攻击。简单来说，主持人需要评估参与者的专业知识、专业精神和交流能力。即便当主持人自己的意见有偏颇时，也要暂时保留观点，努力平衡两方之间的关系，保证公平地对待不同的观点。如果所有人都将专业精神放在首位，那么这样的分歧是很有价值的。如果意见冲突两方不能以开明、冷静和专业的态度对待问题，就会产生矛盾，尤其是当主持人本身偏向某一方的观点时，会加剧矛盾的恶化。如果讨论会的成员事先已经选定，那么作为主持人应该在会议之前了解他们的个性和专长，然后在专题讨论会上引导所有成员达成共同的目标。

2. 作为一名主持人，不仅要承担挑选小组成员的责任，还需要确保所有成员（特别是自己）已充分了解即将讨论的主题和期望达成的目标。因此，要事先询问成员的想法和观点，结合所有人的思路和会议的目标，制订会议的日程安排，并依此组织讨论。

3. 在敲定会议成员名单和日程安排后，务必保证所有人都清楚会议的目的、计划、时间安排，以及各自的任务。如果可行的话，最好分别与他们进行交谈，并发放书面的会议日程或写有每个人分工的活动议程。

4. 除了以上三项职责，主持人还需要考虑外部因素对语义环境的影响，例如观众、会议室等其他现场环境，总的时间和时间分配，以及其他可能影响会议成功举行的因素。有时，糟糕的天气状况、会议召开的时间、灯光、室温，甚至隔壁的噪音，都有可能影响会议的顺利进行。关于会场的布置，如果在没有桌子的情况下，面向观众，椅子成排放置就不如围成弧形的效果好。另外，没有扶手或者写字板的椅子不受观众的欢迎，毕竟人们更喜欢和习惯于坐在桌子后面。会议室的大小、麦克风的质量、观众的情绪等也都是很重要的关注点。想要成为一名优秀的主持人，要能灵活应对各种突发状况，把所有的不确定因素牢牢控制住。

当会议开始后，主持人应该如何做呢？首先，主持人应在会议开始前几分钟入场，确认最后的准备事项，向已经到来的观众问好。此时，如果主持人的心情很轻松，态度很自信，那么这种情绪也会很容易感染到观众。能否使整个交流顺畅地进行，取决于主持人会前的计划安排是否完善，执行是否到位。以下是主持人在会议开始后应该履行的职责。

1. 向观众和会议成员介绍此次会议的主题和安排；向观众介绍与会的各位成员；通过介绍让各位成员彼此熟识；简要地概括此次讨论的目的。另外，还应该提前告知观众，在讨论进行时能否随时打断谈话、发表观点或者提问问题等。如果担心有的观众直言不讳，可以提前要求讨论会结束后再提问，或者将问题写在纸条上。平稳的开场能够营造出和谐的氛围，为会议的成功奠定基础。不过，有时即便事先准备充分，也难保观众不会带来意外之"喜"。

2. 主持人要做到积极参与、协调和仲裁，激发大家的探讨意识，紧扣主题，保持会议正常进行，并在适当的时候对关键部分进行总结；鼓励所有的专家表达自己的观点，激励羞怯者提出问题，当发现有攻击性言论时适当地转移话题。当焦点过于集中在某一个人身上或者谈话偏离主题时，主持人要适时地打断他们的交流，概括总结前面的内容，并及时将话题重新引导到主题观点或新问题上。如果讨论的内容越来越空洞，就要巧妙地请大家加入一些详细的支撑内容。这种方法更适用于较长的会议讨论，即便大家并未偏离主题，每隔一段时间也要对前面所述内容进行简单概括，这样不仅能够有效地把控和利用时间，而且能确保将事先准备的议题讨论完成。注意，主持人不要让自己的工作变成单口相声或个人演讲，而是引导和鼓励交流。当然，主持人也不要争强好胜，不理智地表现自己或者控制他人。观众们是来观看和倾听整个专题讨论会的，不是来看主持人的表演的。

3. 宣布会议结束。这时，主持人要对所有内容再次进行总结和阐述，得出最后的结论。结束时，应再次重申本次讨论的主要目的，并展示完成的程度如何，同时也可以将讨论时产生的出乎意料的观点进行归纳总结。结束语不可能事先准备好，因此，为了能够快速地组织和表达新产生的主要观点和想法，主持人应该全程做笔记。当然，如果上述职责能够顺利完成，结尾部分的工作就会容易得多。

最后，对所有观众和成员的专注和参与表示感谢。如果接下来还有会议要主持，那么也可以按照以上几条意见贯彻执行。作为主持人，即便在出现突发状况时也要时刻保持专业的、令人愉快的态度。

18.2.2 小组成员的责任

对每一位小组成员来说，领导能力都是不可或缺的素质，为了确保会议的成功，成员也需要考虑所有影响交流的因素：如参会的观众、参与讨论的每一个个体、会议的议题和安排、时间控制和专业态度等。有时，小组成员应在讨论某一问题时起带头作用；有时又需要对某一段时间内的安排进行把控。偶尔，当指定的主持人或主席被迫面对尴尬境地时，比如观众提出了挑战性的问题，或对正讨论的问题不具备相关专业知识却不得不回应时，作为讨论会的成员、专家，可以适当地提供一些支撑材料，帮助他渡过难关，使讨论继续进行。有时，小组成员甚至可以暂时给予恰当的评论、低调地承担起领导的责任，之后再尽快回归自己的角色。

18.2.3　专题讨论会成员的责任

1. 定义、阐述和分析所讨论的议题和出现的问题；
2. 保证讨论的内容不偏题且生动；
3. 激发成员之间的讨论意识，如果允许的话，观众之间也可以尽情讨论；
4. 控制那些无价值、无意义的冲突，确保每位成员有平等参与的机会；
5. 每一个话题讨论都应匹配相应的时间和关注度；
6. 遵守会前制订的计划；
7. 从不同的角度概括所有的问题和观点；
8. 在特定问题上发挥领导作用，始终保持专业的态度。

18.2.4　组织小组讨论

组织小组讨论要涉及主题、时间、地点和参与人。下面详细介绍几种讨论会的模式，均适用于小组成员和观众在场的情况。

18.2.4.1　论坛

论坛是由专家小组引领的，主席对讨论的主题和目的进行简要介绍，然后将会场交给参与的专家小组成员和观众。很多时候，专家小组组长宣布论坛开场后，整个环节会变成观众和专家小组成员之间的讨论或者问答形式，即在抛出主题后，成员发表自己的意见，主持人询问观众的看法，双方之间进行探讨，或者在观众对某些观点不清楚时，向成员发出询问。当相关领域的专家被邀请参与这种形式的交流时，对台下的观众来说是一个学习知识的好机会。但是，这种会议形式也存在不足之处，尤其是当讨论的议题有争议性、很敏感，并且某些观众情绪极端，甚至具有很强的攻击性时，会场很容易失控。因此，对于参与的成员来说，每个人都应该对会议的正常进行负责，注意自己的态度与言行，以专业的精神推进既定目标的达成。而作为主持人，必须具备控制整个会场（包括人、时间、议题走向等）的能力、手段和策略。强有力的观点没错，但是如果带有怨气、愤怒会毁了任何研讨。

18.2.4.2　专家小组座谈会

专家小组座谈会是指无观众参与主题讨论的会议形式，观众仅仅坐在台下听讲和思考。通常的形式是利用电视或电台广播，主持人以问题的方式推动小组成员不断地发表看法，向最终的目标前进。如果现场有观众坚持参与讨论，主持人最好能够委婉地拒绝。主持人在开场前应该向观众明确不能参与的要求，尽量控制任何影响交流目的的因素出现。

18.2.4.3　研讨会

研讨会一般由主持人开场，在介绍本次会议的主题和待议问题后，由每组参与的成员进行简要陈述。陈述结束后，通常大家会展开讨论或辩论，此时更接近于座谈会或有大量观众参与的论坛的形式。

无论会议采用何种形式或最终发展成何种形式，至少在开始前先有个定位。领导角色可在代表不同主题和观点的小组成员中分配。每一个人都应该对自己想要取得的最终目标负责。在观众参与互动的形式中，负责人作为主持人出现在小组成员和观众之间。当议题具有争议性或主题观点众多时，会议形式最好是座谈会或者论坛，而不是研讨会。另外，会议的成功与否取决于主持人（或参与者）能否以专业的态度把控会议的方向。

无论是否有观众参与，小组交流和个人演讲一样，材料的准备和组织都至关重要。如果主持人事先未准备会议日程，或者专家组成员事先未了解会议议题和日程而导致无法提前准备发言稿等，就会浪费现场的时间。下面是帮助交流成功进行的 8 条建议。

1. 设定明确的目标，简单的计划。确保在会议前所有成员知悉会议安排与议题。
2. 时间规划合理，准时开始，为每个问题分配合适的讨论时间，并准时结束。组内互动要在合理的时间内完成。
3. 确保每一位参会人员（包括观众）清楚会议的表现形式和最终想要达成的目标。
4. 独立思考；对待讨论的议题进行批判性分析并明确评估；避免随波逐流。
5. 向着最终的目标前进，不断总结，不要脱离既定的目标。
6. 时刻保持专业的态度和良好的合作意识。
7. 恰当地进行表达，平等地参与，不要过多地发表意见，也不要不发表意见。
8. 成功的交流离不开舒适的环境，以及主持人对各种因素的把控能力。

18.2.5 小组虚拟交流

最新的科学技术使得团队成员无须面对面交流就能实现小组讨论或进行电话会议。这种虚拟交流的最大优势在于消除了人们之间的物理距离。但与引入沟通交流领域的其他电子设备一样，它涉及了听、说和写的技能的调整。Cragan et al.(2009)将虚拟团队定义为"以任务为导向，利用计算机媒介交流的力量，跨越时空和组织边界进行协作的小组。"随着技术的不断进步，越来越多的人能够熟练地使用这些系统，小组交流将不再受时间和地点的限制。然而，许多面对面的沟通技巧和团队的互动可能会因此而缺失，所以应该注意扬长避短。正如过去生活中有了电话、电报和传真机一样，虚拟交流仅仅是增强沟通和交流能力的工具之一。

对许多人来说，发电子邮件是很平常的一种日常交流活动，如今交流的形式也越来越丰富，例如：在线课程、讨论小组、网络会议、视频会议，以及其他一些社会和专业渠道。我们可能会发现自己的团队有面对面的会议，还有一些介绍性的会议最初会面对面地进行，接下来的会议或交流则通过计算机进行；很多人通过电话会议的方式来参加工作面试；电话会议还能让毕业论文答辩委员会的成员在千里之外参会。所有这些都是有益的，但必须基于交流的基本原则来实现我们的目标。

虚拟交流缺失了肢体语言带来的功效，但是可以通过清晰的发音和激情洋溢的演讲来弥补这一缺憾。正如所有的小组交流一样，良好的倾听是首要的，但是在声音后面看不见说话的人，或者由于糟糕的互联网连接而看不清，那么所表达的意义可能是不完整的。下面提出几点建议供大家思考。要确保组内的所有成员都使用了兼容的技术系统，在开始虚拟交流之前必须遵守基本规则。准时，不要说太多或太少，要专业，仔细听，礼貌回应，轮流发言。两个人同时发言或者试图互相交谈都是完全无效的。注意语言的含义，是否容易产生歧义或被曲解。如果没有看到讲话者眼中闪烁的光芒，很可能把幽默的意思曲解为否定的、讽刺的含义。同样重要的是，在电子邮件或短信中要注意俚语、行话、过多的缩写、不完整的句子、突然的评论，甚至是拼写错误，这些都可能影响解读。换句话说，重要的是学会有效地使用这些新工具，在良好沟通的基础上使用它们，好好地利用它们，使他们更好地为小组交流以及个人交流服务。

　　在以下这些书中，Beebe & Masterson(2011)反复提及关于虚拟交流的简短章节及小组交流的各种问题。Cragan et al.(2009)用一整章来阐述这个主题。显然，关于这一主题已经有大量的研究，所以要及时了解如何更好地进行虚拟交流的最新信息。无论是面对面还是虚拟交流，小组沟通都不能抹杀潜在的创造力。如何选择交流的形式，取决于主题内容、正式程度、时间长短，以及是否需要观众参与等因素，最常见的科学交流模式是小组讨论的形式。

　　无论是被任命的委员会，还是临时成立的专家组，在讨论时想要达到最终目标的原则是一致的。每一个参与者都应该具有专业的职业道德，积极地展开讨论，并且义不容辞地承担起自己在团队中的角色，与他人维持良好的合作态度，形成良好的独立思考的习惯，尊重他人独立思考的成果，哪怕是对立的观点。如果无法做到与小组内成员进行良好的沟通，那么不妨参考Beebe & Masterson(2011)，Wilson & Hanna(1993)，Keyton(2006)，Cragan et al.(2009)关于小组交流的建议。

参考文献

Beebe, S. A., Masterson, J. T., 2011. Communicating in Small Groups: Principles and Practices, tenth ed. Allyn & Bacon, Boston.

Cragan, J. R., Krash, C. R., Wright, D. W., 2009. Communication in Small Groups: Theory, Process, Skills. Wadsworth, Boston.

Janis, I. L., 1982. Groupthink: Psychological Studies of Policy Decisions and Fiascoes, second ed. Houghton Mifflin, Boston.

Keyton, J., 2006. Communicating in Groups: Building Relationships for Group Effectiveness, third ed. Oxford University Press, New York.

Wilson, G. L., Hanna, M. S., 1993. Groups in Context: Leadership and Participation in Small Groups, third ed. McGraw-Hill, New York.

第19章　与非专业人士交流

> We have a society exquisitely dependent on science and technology, in which the average person understands hardly anything about science and technology. This is the clearest imaginable prescription for disaster—especially in a purported democracy.
>
> 我们生活在一个科技发达的社会，但是普通人对科技几乎一无所知。这对于所谓的民主社会来说，无疑是一场可以想象的灾难。
>
> —Carl Sagan

在科学生涯中，与那些对专业领域了解甚少的人进行清晰的交流，是科研工作者义不容辞的责任之一，医生、科学教师和美国推广服务处的从业科学家几乎每天都在做这类事情。与非专业人士沟通是科学家的一项主要职责，土壤科学家必须向房主或建筑工程师解释建筑物附近的土质或污水处理的能力；环境顾问必须向政府领导阐明废品回收处理所需的条件；公众信息官员或担任科学编辑的人的主要职责是向公众解释科学发现；有时科学家必须做充分的讲解和展示，以获得政府的科研基金；其他所有科研工作者也需要花一部分时间和精力为非专业人士讲解专业知识，这成为联系科学与普通大众的纽带。

我们有时会抱怨公众缺少科学常识，简直就是科学文盲，但并不是每个人都能获得大学本科学位，有些人则并没有获得理工科学位。艺术和人文学科的专家没有更多的时间学习科学，就像理工科的学生没有更多的时间学习艺术和历史一样。但是，每位艺术家都应该有一些科学知识，每个科学家都应该有更多的人文知识。正如 Will Rogers 所说："针对不同的学科，每个人都是无知的。"学识有限可能是一件危险的事情，可能是由于那些科学文盲没有很好地利用学习机会接触科学，或者是没有学懂，也许是科学家并没有为他们提供足够的机会来获得客观的知识。将科学信息包裹在神秘的光环中是不能为社会或科学带来最大利益的。任何一位优秀的科学家都能证实，未知的东西会引起人们的好奇心，但也会引发焦虑和恐惧。正如对我们生活的其他影响一样，科学与技术都是有风险的。科学家的责任就是帮助非专业人士获得足够的科学知识来满足他们的好奇心，同时减轻恐慌心理。

19.1　研究型科学家

对于与非科研工作者交流的研究型科学家而言，一些几乎适用于任何科学交流的一般概念显得尤为重要。传统上被称为基础科学和应用科学的东西是分不开的。发现很重要，但是用这个发现做什么也同样重要。我们对科学发现的应用的重视，对社会极为重要。一位专注科学发现及其推广应用的研究型科学家应该为自己的职业和工作感到自豪。科研的进步显而易见，研究型科学家希望其他科学家和外行听众都能关注自己的工作。为了接触到非专业人士，就要对他们的知识和兴趣持开放态度，无论是否同意他们的观点，都要从他们的优势看到价值。

人类的价值观是多元化的，往往还是具有冲突性的。所有发现都满载着风险与收益的双重价值。医学上的突破可以拯救生命，但有时副作用却是致命的。科学不是世界上唯一的真理。毕竟，每一项科学实验都是在特定条件下完成的，以至于并不能揭示全部的真相。科学有利有弊，"任何事情都有可能出现不同的解释"（Gould，1981）。也许有人坚信科学的真谛，但是也有人强烈地认为科学是一种任性和破坏性的知识体系，除非有人知道全部的真相。科学家也是普通人，有着常人的感知，因此他们在进行科学研究时很难不受到人类价值观的影响。为了调和分歧，使持不同观点的人为获得特定的利益而达成最终的统一，必要的交流手段非常关键，不论是学习更多关于宇宙的知识，保护地球的环境，还是提升人类健康的水平，都是如此。

研究型科学家很容易忽视与非科学家交流的机会。作为一名研究人员，没有时间去做那些可能对研究项目或自身水平提升鲜有帮助的辅助工作。此外，我们还可能看到"公众"将专业人士的话语曲解，将其置于新的语境下；科学问题，特别是健康和环境问题，正在不断地与日常生活绑在一起，这方面往往充斥着错误信息；涉及科学问题的公共政策有时由那些对科学领域一知半解的人制定。尽管信息被歪曲了，但是这让我们更有理由向公众提供准确的信息。从理论上讲，科学家应该是最客观、最开明的教师。但是，他们与其他人一样也会有自己的倾向性。因此，在与非专业人士交流时，科学家一定要保持高度的客观性，不受倾向性影响。

与非科学家交流，不仅使社会受益，同时也使科学和科学家受益。当批准拨款的非专业人士理解并欣赏你的工作时，才更可能获得科研基金。如果能激发年轻人进入科研领域的兴趣，你所做的科研工作才会后继有人，发扬光大。作为一名科研工作者，我强烈建议大家阅读 *Explaining Research*（Dennis Meredith, 2010），文中为与非科学家交流提供了令人信服的理由，并就与谁、如何、什么时间、在哪里，以及为什么交流等方面给出了建议。最重要的原因之一，正如 Meredith 所说，如果不对科学研究做出解释，那些不了解它的人就会曲解它。

19.2　科学从业者

与研究型科学家的受众不同，科学从业者的听众往往由非科学家组成。科学从业者可以定义为那些职业主要涉及应用科学，并向非专业人士传递科学信息的人。这些从业者包括教师、博物馆馆长、野生动物中心的教育工作者、顾问、美国农业部的推广人员，以及其他许多从事类似工作的人。他们可能也做研究，发表科技论文，并在科学会议上发言，但他们的很大一部分责任是传递科学知识，并将其与我们所生活的世界结合起来。他们是连接科学发现与应用的关键桥梁。这种工作很可能比科学家之间的科学交流更困难，比如向病人解释复杂手术过程的外科医生，努力向年轻人解释光合作用的老师，向住宅施工人员解释基于自身特性的湿地为什么在施工前不能将水抽干的土壤科学家，以及告知一家木材公司某种林木已是濒危物种因此不能砍光的生物学家，都可能体会不到这些工作带来的乐趣，尽管有时令人感到沮丧，但这是职责所在。显然，在交流中耐心地传递准确的信息并理解听众的想法，也是很必要的。

为了科学和现实世界的未来，教育工作者可能是所有科学从业者中最重要的。在课堂上传授知识的教师不仅需要掌握科学知识，还需要拥有把它传授给学生的热情；公园和博物馆的教育工作者需要热情地接待一批又一批的参观者，尽管他们可能刚带队讲解过同样的参观内容，但其工作职责就是激发参观者对现实世界及其保护的兴趣；指导研究生进行实验的大学教授必须认识到，他所做的这部分工作对未来科学的发展至关重要；将医学的科学发现应用于病人的医护工作者，是医学世界里科学与应用的重要桥梁。这些科学从业者使得科学在我们的生活中发挥着重要作用。

19.3　科学写作者

科学写作者是一个特殊的科学从业者群体，他们的大部分时间都用于与公众沟通和交流。很多时候，虽然大家更关注科技写作，而不是科技演讲，但两者同样重要，统一称其为科学交流。任何科学家都可以而且应该成为科学交流者和传播者。词的定义通常含糊不清，为含义相近的词而争论是徒劳的，但有时又不得不区分近义词，才能用其表达出应用和内涵的差异。下面来解释区分"科学交流"和"科学的交流"的含义——科学的交流主要是科学家之间的信息交互，而科学交流是科学家或担任科学编辑的人与非科研工作者所进行的交流。两者在主题处理和表达技巧方面存在不同。然而，交流的大部分基础问题都是一样的，除了关于在科学期刊上发表文章的章节，以及一些关于科学交流的具体参考书目或例子，本书中的建议是针对任何研究型科学家和科学从业者的。

作为一名科学家，要决定花多少时间和精力与非科研工作者交流。当然，科学写作和科学演讲是该职业的主要工作。对此类职业、自由作家或该领域的兼职工作感兴趣的人，可以阅读 Meredith(2010) 或 Lutz & Storms(1998)，特别是 Ricki Lewis 编写的第 7 章，具有很好的参考价值。还可以通过网址 http://www.nasw.org 登录国家科学作家协会的官方网站，查看相关信息。另外，读者可以参阅 *A Field Guide for Science*(Blum et al., 2006)，这是全国科学作家协会的官方指南，包含知名科学作家写给媒体和观众以及他们所做专题的评述。参阅诸如 Zinsser(1988)，可以了解其他科学写作的例子。

研究型科学家和科学从业者都是科学的传播者，他们可能同时扮演着双重角色，因交流的语境不同而产生差异。这种语境包括受众和目的，以及物理环境、交流的方法和沟通者。无论选择成为研究型科学家还是科学从业者，都能找到一种将科学知识传递给他人的方法。如果能考虑受众，考虑用何种途径接触广大听众，考虑主题如何激发兴趣，以及用什么样的方法能最好地传递信息，就能履行好自己的责任。Meredith(2010) 提供了与非科研工作者交流的非常出色的信息资源。就算工作几乎全部集中在科研方面，仍能找到为其他观众写作或与之交流的机会。

19.4　观众

不同的观众群体决定了交流地点、内容和方式的不同。当面对的观众对脱氧核糖核酸（deoxyribonucleic acid）、三硝基甲苯（trinitrotoluene）、开花期（anthesis）甚至反硝化作用（denitrification）等术语毫无认知时，我们该如何沟通？千万不要像图 19.1 所示的那样，因为知道几个生涩的术语就像只孔雀般炫耀。为了达到沟通的目的，我们要使用观众熟知的词语，尽量采用他们的交流方式，比如用flowering或bloom而不是anthesis；使用TNT，a highly explosive material而不是trinitrotoluene。与其告诉三年级的学生某种植物和昆虫之间有协同作用（synergistic）的关系，不如说它们是相互依存的，从而更有利于理解。如果不能用适合听众的词语来调整专业术语，也许这是个人读写能力的问题。

图19.1　采用优秀的交流手段，摒弃不恰当的措辞

不确定的词汇和术语也会影响科学家之间的交流。曾经有一位导师在学生演讲前建议他使用snow 'em作为术语。这位教授认为，他们正在开拓一个新的领域，需要创造出一连串的新词汇（科学界尚不了解的内容），希望能够给所有人留下深刻印象。但是，我认为这最终只会让观众更加困惑，达不到交流的目的。交流工作的首要目的是让观众了解所讲的内容，而不是创造一些自以为是、浮夸、晦涩难懂的术语。如果确实需要使用一些观众不熟悉、不常用的新术语，一定要用举例或者类比的方式进行解释。

教授发现给一群新生讲课很有难度，因为很难评估他们的理解水平。所以在演讲时，要观察听众是否听懂了的各种反应；在写作时，要把受众放在心上。要想对观众有一些基本的了解，首先要从他们所在的年龄层和教育程度去思考。在这些人中，也许有人没上过大学，也许有人虽是文学博士，但除普通生物和化学课以外从未修过理工科课程。然而，大多数人还是很聪明的。我们还应该了解他们的兴趣、偏好、态度和职业背景，尽可能地考虑他们的需求、对主题的熟悉程度，以及对此主题感兴趣的原因。通常，我们会在脑海中形成一个理想型的观众形象，他会尊重科学工作者的身份、教育背景，相信我们所讲述的任何信息，但千万别为此自命不凡，要保持谦逊的态度。当这位观众对主题存在偏见，甚至态度对立时，他或她完全有理由持有这种观点，无论其理由是否客观。在尽可能清晰交流的过程中，尽力发现原因，充分掌握对方的看法。

在面对相同教育背景的观众时，如6年级至8年级的科学俱乐部的学生，或某个小镇上的商会成员，作者或者演讲者沟通起来会比较容易。相对复杂的情况是观众的受教育程度不同，甚至专业背景不同，比如观众是不同专业的本科生和研究生。例如，在某篇论文中，作者提到"denitrification（反硝化作用/脱氮）是指反硝化细菌在缺氧条件下，还原硝酸盐，释放出分子态氮（N_2）或一氧化二氮（N_2O）的过程"。这一概念被同行甚至很多高年级理科专业的学生所熟知，但是对于刚入校的新生来说，尚有些陌生，因此需要加注详细的解释。

对于普通民众来说，概念的出现不足以形成具体的印象，他们需要的是将抽象的科学知识与实际的生活联系起来。例如，在讲到氮肥时，我们了解到氮肥能够促进植物的生长，但是土壤中施用过量的氮肥会产生大量的硝酸盐，进而影响到人们饮用的地下水，危害人类健康。为了及时分解土壤中的硝酸盐，我们需要能够帮助将硝酸盐转化成无害气体的微生物群。通过将氮肥、微生物、硝酸盐这些专业术语与生活用水紧密联系起来，人们就能深刻认识到每种物质的作用和危害程度。通过这种方式，无论观众是否听过化学或微生物课程，大多数人都能很快地理解这些专业名词的含义。

在面对更加懵懂无知的小朋友时，需要做进一步解释，比如微生物是什么？微生物也许就是一些我们肉眼观察不到的小虫子。无论遇到何种背景的观众，我们都要调整使用的术语，找到合适的沟通方式。也许我们的家人或者熟识的朋友中就有这样的人，符合我们对理想型观众的所有想象，那么不妨提前思考如何向他表达专业的科学知识。

19.5　途径

成功交流的关键在于了解观众的需求，并与他们达到某种程度上的共鸣，但是如何抓住这些非专业群体的心理呢？对于科学从业者来说，观众通常会找上门来；对于研究型科学家来说，机会总会有的。当有机会与非专业人士交流时，不要拒绝，不要总是等待别人来安排，应该自己去创造机会。可以主动加入一些社会组织，向成员们讲解有关安全用水和废物处理方面的专业知识；可以加入某种鸟类观察小组，为爱鸟者提供鸟类甚至生态学等方面的科学知识。

你也许会作为代表、技术员、咨询师、经理或研究专家，供职于一家公司或机构。公司或机构经常会提供一些交流机会，你可能需要为公司内外的非专业群体讲授科学知识，也可能参观一些市民俱乐部和学校。有时你需要为流行刊物撰稿，也有时会与农业部和相关部门的科学家合作，将正在研究的信息推广到农业从业者或其他不同产业中。即使科学交流不是工作的一部分，也可以想办法接触到这些非专业群体。通常，公立学校的课堂、市民俱乐部和园艺俱乐部都非常愿意邀请科学家来介绍自己的工作。另外，你还可以和自己孩子的科学老师建立联系，表达给孩子们讲科普知识的强烈意愿。这些内容能够以各种方式传递到广大群众中，常见的方式有演讲报告、宣传资料、技术报告、新闻报道、政策声明、手册和海报等。

媒体传播的方式也会创造很多机会。常见的有访谈，或者其他电台、电视或网络节目。虽然现场访谈节目容易让人紧张，但是充分的准备工作可以适当地减轻这种压力，不妨借鉴 Meredith(2010) 和 Gastel(1983) 给出的建议。相比现场访谈，下面这几种交流方式可能会比较轻松，比如事先制作的适合特定人群（中学生、低年级学生、广大群众等）观看的视频材料，简单的演示视频或一场演讲。随着网络的发展，越来越多的人接触到电子信息，科学工作者留下的电子影像经过不断累积，最终会形成巨大的网络数据库，未来的孩子们可以通过网络阅读这些内容。

大众媒体有各种各样的渠道。研究型科学家和科学从业者都可以为报纸或通俗杂志撰稿，但他们并不是科学作家。有些杂志仅致力于发表科技论文，有些杂志有固定的科学特色。科学家可以提交专题文章或撰写定期专栏。作为科学家，可以一边从事研究、教学或其他服务工作，一边使用大众媒体和其他媒介与非科学家进行交流。无论在演讲还是在写作中，这些严肃的科学传播者都会利用某种形式的媒体向公众进行宣传，在消除公众对科学的一些误解方面发挥了重要的作用。

19.6　主题

很多时候，你的观众和你自己感兴趣的领域决定了主题的选择。园艺俱乐部的成员可能希望听到如何控制西红柿枯萎病的知识；市民俱乐部的人可能更关心如何有效地处理人类和动物制造的废物；在一场严重的洪水之后，农民可能想知道该如何处理土壤；癌症幸存者可能想知道他们如何才能更好地生存下去，并避免恶性肿瘤的复发。非专业人士偏好的具体问题取决于他们本身、他们的工作，以及他们的特殊兴趣。作为一名科学家，为非专业人士提供专业知识、答疑、解惑，让他们相信并且重视科学，这是一项至高无上的荣誉和责任。观众有权了解他们想要知道的信息，比如食物中含有哪些添加剂甚至是农药残留物？为什么激素对身体的影响那么大？转基因物种是否会摧毁大自然母亲自己的创造物？为什么特意保护失明的蜥蜴，以及夜间活动的鸟类？外来转基因植物是否会摧毁当地物种？核能是否同电能一样安全？药物有哪些副作用等一系列影响他们的日常生活、工作的问题。科学家有义务帮助他们识别真正的风险，找到安全的防护措施。

要站在观众的角度选择他们感兴趣的话题，明确交流的目的。例如，如何控制日本甲虫，如何积极防御已经流行的传染病，告诉他们在庭院喷洒除草剂或在室内喷洒杀虫剂之前应该详细阅读并遵循农药瓶外包装的使用说明。和很多人一样，观众对安全问题、热门话题、灵异事件、奇异发现，以及科技发展等内容比较感兴趣。

与主题选择同样重要的是，如何正确地看待它。首先，对待科学新发现的公布方式应该慎之又慎。在实验阶段尚未结束前，宁可缄口不言，也不要妄下论断。如果不想在一个可能的结果上继续花费时间，那么可以向观众展示原始资料，让他们得出自己的结论。如果这些资料对他们来说过于偏技术性或科学性，要说明目前还没有人知道这项研究的结论及应用价值。在观众质疑科学工作者的信誉时，仍要保持积极乐观的心态，不要认为观众愚笨，也不要认为他们的态度不够尊重。良好的交流原则是尊重观众，虚心接受批评，哪怕是那些来自非专业人士的批评。面对批评应该理智、冷静，引导观众认同所讲的观点。任何提供给特定的非专业观众的交流内容，在传递给观众之前都需要接受别人的指正并不断修改。

19.7　技巧

在明确目标、主题和观众之后，要讨论的是交流技巧的使用。面对非专业群体，要尽可能地使用他们熟悉的实物或想象来描述抽象的科学概念。必须从观众已知的问题开始，不管他们是中学理工科学生还是学前儿童，都需要利用大量的插图和多种表现手法来详细展示，这样会比单独的文字描述更快捷地帮助观众理解观点。应该使用科学数据来支持所说所写，要确保这些数据的信度和准确度，并以一种听众能够理解的形式呈现出来。食品添加剂有毒性却添加在食物中，这令人惧怕，但如果说食品中的添加剂仅为每百万份中含0.006份，对那些认为食品添加剂不好的消费者来说，可能得到"微不足道"的结论。应该告诉他们，每天服下800片阿斯匹林并服用一周的有害程度，相当于一口食物中所含的食品添加剂的效果，但是如果没有食品添加剂，食物发生腐坏变质，则会对健康造成更大的危害。利用下定义、作比较、视觉图像等手法，将科学概念、结论与观众熟悉的东西进行类比，是一种交流技巧。

科学写作和演讲都应遵循Zinsser(1998)等著作所提倡的极简主义。使用对话的方式直击要害，突出重点；使用第一人称和第二人称，以及主动语态。另外，演讲时，要注意语音、语调和词语的选择，避免出现倾向性或者傲慢的语句，哪怕观众是孩子。有时，演讲者会不经意间说些冒犯个人或群体的话语，甚至晦涩不完整的解释。演讲者应该使用观众能理解的过渡衔接词，引导观众从一个观点进入下一个观点，这些过渡有时需要用比面对专业观众更长的时间来解释前后之间的联系。尽量缩短每个主题内容，以便观众能够在演讲间隙或无文稿展示的地方稍作停留，快速理解。

除了将生疏的科学概念转换成熟悉、准确、完整、简洁的具体实物或影像，如何引导观众的兴趣也很关键。也许你在写作或演讲时就知道观众了解的内容与他们感兴趣的内容不一样，但是两者同样重要。观众可能并不关心 DNA 分子的样子，甚至也不想知道土壤杆菌如何将一种植物的 DNA 转移到另一种植物身上，他们只关心如何利用 DNA 知识改变西红柿的特性，是否可以作为强奸案的证据。作为一名优秀的交流者，应该主动融入观众的世界中，激发他们的兴趣，一步一步引导他们接受你的世界。

除 Zinsser(1998) 以外，还有几本介绍交流原则的参考书籍，其中 Blum et al. (2006)，Meredith(2010) 和 Gastel(1983) 介绍了如何有效地利用媒介和技巧展开交流。Burnett(1994) 关于科技写作，以及 Smith(1991) 和 Anholt(2006) 关于科技演讲的书则更多关注了写作和演讲的最基本要素和原则。想要了解更多的内容，也可以参考相关领域的知名期刊和杂志，很多内容在图书馆的专业期刊里可以找到。除此之外，著名演讲家 Carl Sagan 和 Stephen J. Gould 等的演讲视频或音频也是不可多得的学习资料。

我们可以从事有趣的科学写作事业，但也可以像科学从业者或研究型科学家那样，以一种娱乐、教育的方式来帮助非科学工作者了解科学知识，通过演讲、写作、互联网、广播新闻和其他途径向观众展示书面、口头和视觉信息。无论采用哪种方式，最重要的是为非专业的群体传授了科学知识，这是非常令人自豪的。为了让更多的人接受科学知识，就要跳出自己所处的圈子，尝试去接触更多想要了解科学的非专业人士。

我们无法做到为公众解答所有问题，但是正如 Richard S. Nicholson 所说，"向普通群众讲授科学知识不是无聊的举动，而是我们的工作的最重要的一部分。"如果每一位科学家都能为此奉献一份绵薄之力，那么相信不久之后，科学文盲将不复存在。也就是说，我们每个人都在推动社会文明进步的发展。

参考文献

Anholt, R. R. H., 2006. Dazzle 'Em with Style: The Art of Oral Scientific Presentation. Freeman, New York.

Blum, D., Knudson, M., Henig, R.(Eds.), 2006. A Field Guide for Science Writers. Oxford University Press, New York.

Burnett, R. E., 1994. Technical Communication, third ed. Wadsworth, Belmont, CA.

Gastel, B., 1983. Presenting Science to the Public. ISI Press, Philadelphia.

Gould, S. J., 1981. The Mismeasure of Man. Norton, New York.

Lutz, J. A., Storms, C. G., 1998. The Practice of Technical and Scientific Communication: Writing in Professional Context. Ablex, Stamford, CT.

Meredith, D., 2010. Explaining Research: How to Reach Key Audiences to Advance Your Work. Oxford University Press, New York.

Smith, T. C., 1991. Making Successful Presentations: A Self-Teaching Guide, second ed. Wiley, New York.

Zinsser, W., 1988. Writing to Learn. Harper & Row, New York.

Zinsser, W., 1998. On Writing Well: The Classic Guide to Writing Non-Fiction, sixth ed. HarperCollins, New York.

第20章 写给海外留学生

> We can work together, men and women, to develop the world.
>
> 无论男女老少，我们团结一致，让世界更美好。
>
> —Maria Mashingo

对于母语非英语的读者，尽管作者极力避免使用口语化的方言，但本书的英文表达仍可能有很多令他们费解之处。与读者无法清晰地交流，也源于语言与文化及教育的紧密关联，而对于母语非英语的读者而言，他们的理解是基于自己的文化和教育的。尽管大家的英语水平都比较高，但由于所处文化背景和思维模式的不同，仍会存在交流理解的障碍。本章将着重介绍文化差异对科技写作、演讲、肢体表达，以及对选择何种交流主题和如何有效交流的影响。我们首先要了解对信仰、行为和生活方式产生影响的文化差异，这些差异极大地影响着人们的写作和讲话方式。然后，我们还需要关注美式英语中关于写作与演讲的约定俗成的一些内容，这些惯例的差异与不同文化下对肢体语言和剽窃的理解不同是类似的。

本章的一些观点也许并不适合每个人。毕竟所有人接触英语的时间不同，有人在幼儿园就开始学英语，也有人在上大学后才开始学英语，还有一些人去过美国不同的州县，对不同地区的文化知之甚详。本章中所有关于文化差异的观点都来自于作者平时的观察、阅读过的文章，以及与海外留学生的交流讨论。在下文中，将来自美国的学生称为本土人（或美国人），而把其他民族的学生称为海外留学生。虽然这种区分方法相对于多元文化比较泛化，但是仅用一章来讨论这一复杂的主题，需要这种泛化模式。

20.1 适应美国文化

想要凭借个人之力全方位、多视角地了解整个世界，这几乎是不可能的。大千世界，包罗万象，从衍生之初到如今的人类社会，孕育了千万年的文明，正如Hall(1983)所说，我们通过建立各种信念、社会规范和条条框框的规矩，将这个世界变成了可以适应人类居住的环境。在这种情况下，人们的交流、写作同样也受到了自然环境、社会制度、价值观念、信仰和其他因素的影响，所有这些因素构成了语言交流活动中的语义环境。当文化环境相近时，大家可以正常交流；当文化环境不同时，交流障碍便出现了。

幸运的是，对于科学交流活动，文化差异的影响相对较弱，因为很多人对自然现象和行为经验的理解比较接近。不过，对来美国留学的学生来说，将科学内容从日常交流中单独区分出来，也是一件不可能的事。因此，学习了解美国的校园文化，意识到因文化差异产生的语言差异，对与当地人进行科学交流非常关键。

美国人民是什么样的？众所周知，美国是一个"大熔炉"，吸收了来自世界各地的文化，形成了自己独特的文化形式。如果第一次来到美国，要敞开心扉，不要为自己所看到的人或事而感到惊讶。你觉得古怪的事也许正是这个国家的人的习惯。美国的很多学校的师生都很友好，思想很开明、公正。但是，就像每个国家都有思想狭隘的人，每个人也都有自己的个性。有些人爱笑，有些人习惯于愁容满面、眉头紧锁。我们不熟悉他们的文化，正如他们也不熟悉我们的文化，双方也许都想知道对方对自己的看法。由于文化背景不同，这种不熟悉使大家很难在第一时间熟络起来。曾有位学生说过，在她刚进校园时，每次上课或开会的时候，周围的学生都坐得离她很远，也不愿意和她讲话。在一些情况下，这种行为可能是由于偏见造成的，但很可能是由于美国学生与不熟悉的人坐在一起不自在，或者在教室里突然看见了自己的朋友便坐在一起。不久，这位学生与身边的人逐渐熟悉了，也遇到了许多愿意和她接近的人，能够自在地与美国学生聊天了。

的确，在美国确实有一些人有种族和社会偏见，但在大学的环境中，有这些偏见的人相对较少。每个人都可能遇到无法容忍的情况，但不要将所有的人或任何特定的人群贴上标签，将他们定义为心胸狭窄和有偏见的人。大多数人喜欢多元化，并且喜欢与那些有不同文化背景的人交流，彼此学习。

其实，美国人对其他国家的了解比外国人对美国的了解少得多。很遗憾，美国学校的课程里很少有关于外国文化、社会和国家的内容，甚至有些美国人一生都没去过其他国家生活或旅行。他们对外国文化的理解大都来自于电影或新闻报道，而这种传播形式中的内容与实际情况相差甚远。因此，大家要对美国人更包容一些。来到美国后，如果有机会，一定要对身边的美国人讲讲你所属国家的风土人情和文化差异等。在适应美国文化的同时，也让身边的当地人学着适应不同的文化，在分享信息的同时，交流会更顺畅。同样，来到美国之前，对美国的先入为主的看法也许不全正确，要学会客观地看待发生的每件事。美国的电影、电视、音乐、新闻报道等所讲述的也不是真正的美国。美国是一个信念、文化、社会和经济大融合的民族，并不是所有人都喜欢摇滚乐或乡村音乐，也不是每个人都拥有漂亮的房子和汽车，也有人没有接受过教育、没有体面的工作，大家讲的英语也不是同一种口音。

留学生也许最初由于担心英语口音的不同而造成听力障碍。事实上，美国本土所有州县之间的英语口音也不相同，相互之间也有听不太懂的情况。比如，来自密西西比州的非裔美国人、路易斯安那州的法国后裔、爱尔兰的新英格兰人，以及阿肯色州的西班牙人，他们讲的英语都非常不同。不用担心，慢慢调整，就能适应你所在美国地区的口音。你读到本书时也许正准备到美国留学，或已经来到美国并在科学领域学习或者工作。无论到哪里，科学就是科学，文化差异和口音的不同对科学的影响要远小于对日常交流的影响。科学讨论的内容和使用的词汇与我们所了解的非常相近，所以口音不会产生太大干扰。然而，要想在美国取得成功，就必须在实验室或课堂之外适应不同的文化和语言问题。刚开始时，如果相互之间听不懂，可以要求对方再讲一遍，不久之后就会习惯这种表达。当大家相互适应对方的发音之后，交流就不成问题了。

　　每个个体都有差别，交流的进行与个人性格也有着密切的联系，但每个人的性格都很难改变，在特定的文化和环境背景下，有时连我们自己都意识不到这一点。但是，我们每个人都必须正视自己的性格特点。

　　到一个完全不同于自己国家的地理环境、气候条件、饮食和着装习惯的地方留学时，很容易会为自己的不适应而感到沮丧。有些学生甚至会为美国的地域辽阔而感到不可思议。比如，有人在美国有亲戚或同学，当他们想要去探望时，发现从佛罗里达州的学校到俄勒冈州比从美国回自己的祖国还要远。当然，这其中也有交通不便的因素，许多美国留学生没有自己的汽车，而有些小城市或乡镇的交通系统非常落后，甚至完全没有。所以，一旦明确留学事宜，首先要了解即将居住的城市的情况。除了交通因素，留学生也许还会对当地的居住条件、天气情况，甚至是想参加的社会和宗教活动感到失望。比如，与家乡相比，留学地区的天气更炎热或更寒冷，让人感到很不舒服，或者难以买到经常吃的食物等。

　　和其他已经在这里生活了一段时间的留学生，尤其是来自同一国家的学生交谈，会得到一些关于如何适应环境的建议。有了耐心，就能在异国环境的挫败中求生存。另外，必须适应文化和语言才能成功，这并不是说必须接受这种文化，只是需要在留学期间适应它。之所以称美国是多民族的"大熔炉"，是因为它融合了世界多地的文化和种族，虽然不同文化背景下的民族之间存在争议和不理解，但正是由于这种多样性的融合，我们才尝试着学会理解、忍耐和包容这些不同。

20.2 　常见的文化差异

20.2.1 　对自我的态度

　　在某些文化中，个体是组织、家庭、社区，或者其他社会团体的一员。相比个人的利益，他们更关注团体的完整、幸福和和谐。而在美国，个人才是中心、重心，个人忠诚于组织，但组织不会凌驾于个人利益之上。这种观点可能会被认为自私自利、傲慢、冷漠、独断专行，但大部分美国人则认为它是独立、自由选择、尊重个人价值观的一种行为，反而认为某些来自其他文化的人过于顺从而缺少独立和自信。无论大家如何理解，这并不是原则性的问题，我们尊重别人的观点，也希望他人尊重我们的看法。

20.2.2 　直接/间接交流

　　根据文化中的主流交际方式，Edward Hall 和其他语言学家、人类学家将文化区分为"高语境文化（high context）"和"低语境文化（low context）"。低语境文化指的是美国人、德国人、丹麦人等生活的环境，他们习惯于依赖语言直接表达自己的想法，较少受到交际语境的影响。他们通过直接的语言和肢体语言表达所观察的事物，即便听者也看到了相同的事物。但是，在高语境文化中，比如在中国、印度和日本等国家，以及拉丁美洲，人们彼此在交流时不必将情境中显而易见的信息完全用言语表达，有时可以利用表情、暗示等形式来传递信息。曾经有一位来自拉丁美洲的学生描述丹麦学生的粗鲁，丹麦学生直接告诉她，"如果不喜欢丹麦，你可以直接离开。"这位拉丁美洲的学生从来没有如此直接地表达想法，她认为在那种情况下，结果是很明显的，无须直接使用如此伤人的话语。这就是高、低语境文化交流的不同。

　　这种交流的差异又称为直接/间接交流，很多留学生认为美国人的行为和态度粗鲁、冷漠，但是本土人和低语境文化国家的人则认为合情合理。反之，美国人认为某些留学生的行为和态度很软弱、不安全，但是高语境文化国家的人则认为这是秉承和谐的原则和态度。美国人习惯直接表达，因此他们对沉默很不适应，喜欢唠唠叨叨说许多话，即便这些话不起任何作用。而在高语境文化交流中，沉默既能留给人们思考的时间，又能委婉、隐晦地表达不适宜说出的话。为了更好地交流，建议留学生遇到不同语境文化下的人时，尝试使用直接和间接两种表达方式交叉进行。

20.2.3　权力距离

　　权力距离是指个体在组织内的地位不同，直接交流（低语境文化）和间接交流（高语境文化）所表现出来的臣服态度也不同。不同的组织内，大家扮演的角色不同，包括家庭关系（家长/孩子）、工作关系（上级/下属）和师生关系（老师/学生）等。人们的行为与沟通取决于对社会中不同身份、地位的人的尊重程度。例如，在某些文化环境中，要求孩子在许多大人在场的情况下保持绝对的沉默和服从，或者要求学生不能提出任何反对老师的意见。但是在美国，无论是在家庭还是学校里，都鼓励孩子们勇于表达自己的观点。在学校里，不同环境的学生表现不同，因此需要不同的教学模式。比如，在课堂上，许多留学生保持沉默，几乎难以融入课堂讨论中，而美国学生则善于提出与老师不同的观点。对于这种情况，留学生认为美国学生太鲁莽，不尊重老师，而美国学生则认为留学生太胆小，太沉默，甚至有时教授们也认为留学生的沉默是因为他们听不懂，但实际上并非如此。开诚布公地讨论这些差异可能是达成相互理解的最佳方法。在课堂上和布置的学习任务中，留学生要学会调整所使用的方法，不懂之处要和任课老师进行沟通和交流。

20.2.4　时间

　　文化的差异造成了人们对待时间的观念的差异。人们对优先时间概念、准时的重要性，以及时间或日程管理的观念，因文化背景不同而不同。有些人会严格按照日程表行事，而有些人则要根据时间是否合适，是否方便再行决定。在低语境文化中，如美国，日程表非常重要，比预计的时间早、晚或花费的时间比预计的长，都是非常不礼貌的行为。一天晚上，一位丹麦本地学生邀请另一位在丹麦学习的拉丁美洲学生喝咖啡。这位拉丁美洲学生在晚上6点，做完自己的工作后去丹麦学生的公寓喝咖啡，而对方不太高兴，因为他认为喝咖啡显然是一种仪式性的活动，而晚上的咖啡时间是8点。拉丁美洲学生不知道这个习俗，被对方送回去，并请她晚上8点再来。在她的国家里，由于客人不理解习惯的时间安排而把客人送走是粗鲁和侮辱人的行为。这种情况下，对客人无礼的可能只是那个丹麦学生，但她离开时觉得丹麦人很粗鲁。所以，如果在美国被冒犯了，不要以为美国人都是这样的，大多数美国人比丹麦人更灵活。虽然，美国人可以接受不同的思想，但他们无法忍受不守时的行为。美国人非常尊重时间表，教授布置作业时会要求在特定时间内完成，他们无法理解延迟交作业，上课或预约早到、迟到的行为。

在以上提及的文化差异中，哪种是最重要的呢？我们各自的文化背景和性格决定了各自认为重要的因素，但是在本章中，讨论不同行为和交流形式的优缺点不是最终目的，最重要的是了解这些文化差异如何影响科技写作和演讲，怎么改进才能让大家接受？而留学生则应该在此期间调整自己，认识到文化差异的影响并保持自己的文化认同，在英语写作和交流中提升自己，以便顺利完成学业。

20.3　科技英语写作

来自高语境文化（以间接交流方式为主）国家的留学生的文章有时会被很多人，包括教授、同学甚至期刊编辑认为叙述啰嗦、杂乱无章。有些教授在批改留学生的作业时，经常会提出"文章要点题，要简明扼要、直接地支持要点"诸如此类的意见，Fox(1994)中也有相关的描述。有力的、直接的方法并不是一定优于其他交流方式，但在美国这是常用的交流方式，所以留学生必须采用这种风格或方法。

直接表达是指在描述文章结构和主体脉络时融入了自己的思考模式。这里，思考模式是构成表达方式的基础。真正受过教育的人有能力与不同的观众群体进行交流。在本国交流时，文章中最好保留自己的特点，这样有利于本国人理解。但是在美国文化中，尽量增加直接的表达方式，以便于美国人理解。改变自己原有的思维和交流方式不是一件简单的事情，Montgomery(2003)认为，通过引用一些优秀英语论文的模板来提升阅读、写作、演讲的技能非常有帮助。在这里把听这一能力也增加进来。第3章、附录2和附录3中的案例为科技写作提供了很好的指导和素材，下面将对其中的一些观点进行详细解释。

直接和间接交流的主要区别在于观点的组织，也许想要以最快的时间学会一种沟通技巧就是从整理文章大纲和列举主要观点开始，掌握这一技巧后，在进行科技英语论文创作时，应首先描述文章的主要观点，然后提供支撑论据，按照论点—论据这种合理的、逻辑严谨的论证关系展开论文。不过，这种表达形式并不一定比论据—论点（首先提供大量的背景材料，然后引导读者得出最终的观点）的方式更有效。再次强调，我们并不是要比出哪种方式更好，而是为留学生在美期间的论文创作提供更有效的方法，成功地与美国观众交流。开始思考时就按照论点—论据的顺序，建议遵循这个基本模式或大纲。对于那些在文章组织和脉络发展方面有困难的美国学生，也可以尝试这种方法。下面的讨论中，每一部分的建议长度是基于一篇典型的期刊文章的。如果是一本书或一篇学位论文，那么每一部分都可能更长；如果是摘要或简短的报告，那么每一部分都可能要缩减。除此之外，附录3中提供了一篇按照下述模板创作的极为简短的大纲和正文案例，可供参考。

20.3.1　引言

期刊文章的引言部分一般有如下三方面的内容：1）立即引起读者的注意，定义或澄清特定主题；2）提供理解主题所需的任何信息、以前的文献及选题依据；3）明确定义与主题有关的观点或研究目标。在文章摘要中，这些内容是简要概述的，分别用一句话来介绍前两方面内容中涉及的研究依据及主题，然后具体陈述研究目标。在期刊文章的引言中则需要用占不超过双倍行距的两页纸左右的文字描述定义和论证主题、提供研究背景、介绍前人的研究成果和不足、提出本文的假设和研究目标，以及研究与后续的报告等。在引言部分一定要简明扼要地陈述，过多的背景信息或研究方法会显得杂乱无章，这些文字用于描述特定的主题，给出明确而直接的研究依据，陈述假设和目标，引出正文。

20.3.2　正文

大部分科学报告的主体是由研究中使用材料和方法、获得的结果，以及对这些结果的意义的简要讨论组成的。这些结果与最初的目的或假设有关，与前人相关的研究发现有关。Day & Gastel(2006)就正文或文章主体的相关论述值得借鉴。材料和方法部分又称为实验过程，告诉其他研究人员进行同样的研究时所需知道的一切。因此，必须描述需要的所有材料，从哪里得到这些材料，以及使用材料达成目标的步骤，还包括科学和统计分析方面的信息。撰写这部分的简单方法是按照研究步骤分别描述，或按研究目标来描述用于测试每个研究目标的方法。

结果部分包含代表性的数据和文字描述，其中大部分数据以表格和图表的形式出现，而文字仅用来直接描述图表中数据的重要发现。但是，也有一些结果仅用文本呈现，讨论部分有时穿插在结果中，有时独立成章。同引言部分类似，讨论部分的内容也要简洁明确，避免杂乱无章、脱离主题，这一部分主要是将结果的重要性和意义与科学原理和前人成果联系起来所形成的见解。

20.3.3　结论

结论部分主要是对预期的研究目的和通过实验结果得到的实际结果进行对比和陈述，另外针对实验的结果，对如何将其应用于后续科学研究和实际中进行简要概括。最后，在文章的结尾部分，要附上参考文献和致谢。

关于期刊论文的格式和内容模板详见 Day & Gastel(2006)和本书的附录3。而有关小论文、学位论文或科学报告的格式和内容模板详见附录2。开题报告一般不包含结果和讨论部分，如果有，也仅是初步的研究或调查结果。本书中部分章节是有关论文和开题报告写作的内容，附录5中给出了开题报告的样例。面临思维模式调整困难或者创作困难时，不妨参考Fox(1994)中的经验，Fox与很多留学生合作过，有不少针对留学生写作的经验。

20.3.4　抄袭

在科技写作和演讲中，美国人最关注的一个话题是抄袭。有些国家的作者把引用其他作者的文章当成对他人的欣赏和尊敬，并且经常不会标注文章的来源和出处。然而，在美国，我们将他人有形的文字或语言看成"知识产权"，使用之前必须经过产权所有者的书面许可。知识产权的形式包括文字、图表或表格中的数据、舞谱或乐谱等。如果未标注引用符号或未经版权所有者许可，这种行为就会被定义为"剽窃"，违反了职业道德，甚至法律。

我们在写作或演讲时经常会引用他人的语句，如果只是简单的几句话，对内容进行改写后可以变为自己的文字。如果原封不动地将文字用到文章中，就要使用引号，明确地标注，这样大家就知道这段话是引用他人的。但是，如果需要引用较长的篇幅，首先需确认文章的版权归属，在使用前务必征得版权使用许可。有时，版权许可是免费的，但也有作者或出版商会要求收取一部分费用。比如，本书附录7的样例是Vander Stoep博士免费授权使用的，而关于附录12则从出版商处购得了Imhof的部分内容使用权。在这两种情况下，都要保留书面的版权许可回复函，以证明通过正规渠道获得了信息使用权。

如果习惯了未经他人授权而引用文章，那么在美留学期间一定要尊重当地的法律法规和职业道德，以免带来负面影响。另外，从一篇文章中引用大量信息或使用他人的想法，而用自己的语言加以概括，同时未将该文章列入参考文献，这都是不被接受的行为。在美国，这种行为的影响相当恶劣，一旦被查出，则可能被中止学业。留学生应该努力遵循学术规范。第12章中有关于抄袭的讲解，想要了解这方面的更多信息可通过网络查阅。

20.4　口语表达

与科技写作相比，文化因素和个人性格对口语表达的影响更大。大多数留学生的英文基础都不错，他们对口语的担心多于写作。当他们来到留学的城市后，几周时间就能熟悉周围的语言，甚至能够流利地交流。但是，有些留学生担心自己的口音问题，其实虽然发音很重要，但是有口音是一件很自豪的事情。口音是发音的一部分，而声音一般受到音调、语调的抑扬顿挫、韵律的变化、声调的高低、独特的表达方式等因素的影响，而这些因素来自于母语的发音特性。在美国旅行时会发现，每个州的口音各不相同，比如波士顿州人就很难听懂佐治亚州人或路易斯安那州人的口音。保证基础音节发音的准确性，清晰而有条不紊地讲话，不会有人听不懂的。

尽量清晰地发音，有些音节在自己的母语中根本不存在，还有些音节不容易被区分。有一位来自沙特阿拉伯的年轻人经常混淆"b"和"p"的发音。有一次，他去美国的某个停车场（parking lot），当他询问当地的交警"我是否可以bark here"（正确的发音应该是park here）时，交警笑着回答"当然，你可以在任何地方bark（狂叫）"。遗憾的是，当他再次回到停车位时，发现自己的车上贴了一张罚单。通过这件事，他很快区分出了"b"和"p"的发音差别。通过不断地听、大声朗读、录音并回放，就能发现问题，提升英语表达的能力。在美国，要尽可能地讲英语。

听说练习既能增加自己的词汇量，又能学到地道的俗语和语句表达。每个人的母语和英语之间都有很多差异，比如词序、句子结构、冠词、复数等词形的使用。在学英语的过程中，就会慢慢发现这些差异。讲一口流利的英语其实是使用语言的问题，就像学游泳，别人会告诉你怎么游，你也可以不断地重复游泳的技巧，但是一定要下水，需要练习正确的划水姿势、正确的呼吸技巧，以及学会在水中如何放松。只有不断地练习，才能够真正学会游泳。学会说一门外语也是同样的道理。持续不断地听说练习是熟能生巧的唯一途径。练习正确的发音、正确的词序和地道的表达，就能熟练地掌握这门语言。但是，如果不勤加练习，甚至重复性地练习错误发音，就越来越难以克服这些问题了。最重要的一点是，不要总是与自己国家的留学生在一起时讲母语，不要与非英语母语的留学生交流英语，他们无法给予任何正确的意见。多与美国学生进行交流，有些留学生甚至要求美国同学指出自己发音的缺点或者词语使用不当的地方。偶尔，留学生也会教美国同学学习自己的母语，在这样健康的语言环境中互相学习，对双方都有益处。

无论接触哪种语言，最难理解的部分永远都是俚语、俗语、成语和比喻。这些都需要一定的文化背景知识才能理解。其实，用英语交流时并不会经常使用这类语言，对于一些俚语或毫无意义的表达应该尽量避免，尤其是在演讲时，比如OK，Umm，like，stuff like that，you know，well，yeah等。也要尽量避免使用某些粗鄙贬义或冒犯的词语，美国人在讲俚语时并不是因为这些词有实际意义，而是语境中的自然结果。对于留学生来说，当面对不清楚具体含义的词语时，一定不要拿出来说，避免产生交流障碍或冲突。

正如前面所说的科技写作，美国人在口语表达时通常也是非常直接的，可能会让人觉得比较粗鲁，也许他们并无此意。对美国人来讲，直接并不代表粗鲁，而只是倾向于论点—论据的方式。由于不同的文化背景，有些留学生仍习惯于论据—论点的表达形式，思维模式的固化影响着写作和讲话的思路。为了方便美国人理解留学生所说的内容，在进行汇报或演讲时必须调整思维模式，以适应他们的节奏。

语速、语调和音量是影响说和听的三个关键要素，这里将语速和语调看成两个不同但相关的概念。很明显，任何一种语言交流过程中，语速太快，听者在理解时会比较费劲。有时，在母语的影响下，很多人语速比较快。另外，从嘴的前部发出声音要比从喉咙深处发出声音快得多，比如西班牙语中的发音，大多从嘴的前面（嘴唇部位）快速发出，而来自于日耳曼语系家族中的英语发音则从喉咙深处缓慢发出，因此西班牙留学生在学习英语时的语速相当快。然而，如果这种快速的语速经过词语和短语的润色，发音有轻重缓急、抑扬顿挫，那么听者理解起来也不会很难。语调是指短语或句子后的短暂的（或有意识的）停顿。如果每个短语或句子后都有短暂的停顿，那么即便是语速较快的情况下，也很容易被听众理解。任何一种语言中，说者都要发音清晰、语调抑扬顿挫、停顿恰当。

音量是说者需要关注的另一个要素。在美国，大声说话并不是一个大问题，尽管说话声音大会让听者不舒服，也会让听者感到对方的攻击性很强。对于留学生来说，因为文化背景的差异，在面对长辈、上级、女性时，他们更喜欢和声细语。然而，这种让人身心愉悦的音量却不适合在大型报告厅中使用。演讲时，保证所有的观众能够听清是第一关键要素。如果演讲者的声音低沉，则可以借助麦克风；如果不是，就要大声说出来，让每位观众听到。无论是美国学生还是留学生，因为紧张、羞怯、不安全感、权力距离、文化差异，或者对语言把握不准确等因素，都会造成语速过快、不停顿，甚至说话声音太小，因此我们都要积极地防范，遇到问题及时补救。

留学生通常更容易适应相对正式的讲话环境，比如在观众面前演讲。而人数较少的聚会的语义环境还是有些不同，因为这里存在的个体文化的多元性和性格的多样性让人很难适应。Cragan et al.(2009)谈到了文化的多样性适用于人数较少的情境。Beebe & Masterson(2011)讨论了文化差异给小群体带来的冲突。正如在其他语义环境中提高交际能力，最好的办法就是观察与参与。其他的建议详见第18章关于如何更好地参与小组活动的内容。

有些留学生曾经说过，特别是刚到美国的前几天或前几周，随意聊天、闲谈会让他们非常沮丧和不适，特别是打招呼或名字和头衔的使用。美国人有很多打招呼的方法，比如say hello/hi，good morning，good afternoon，有时使用how are you等问句形式，更随意的还有what's happening，what's up或hey, what's new等。在双方熟悉后，见面时说一句hello，good morning或good afternoon，甚至仅仅微笑一下就足够了。

在刚进入校园时，每个人可能都不知道该如何称呼对方，尤其是那些有头衔的人。不同文化背景下的称呼方式也不同。很多留学生担心不恰当地称呼老师会被认为不尊敬对方。再次强调，美国人之间没有固定的称呼语。例如，医学博士 Mary Jones 是一位教授，她更喜欢自己的学生尤其是研究生直接称呼她的名字 Mary，而有些教授更喜欢别人称呼 Dr.+ 姓氏，如 Dr. Jones。在某些学校里，学生喜欢比较时尚的叫法，比如 Professor Jones。所以，在尚未完全了解自己的教授喜欢哪种称呼时，不妨采用 Dr.+ 姓氏的称呼方式。

20.5　肢体语言

口语交流中，有时未说出口的话和通过肢体表达的话要比实际语言产生的效果更大。Hall(1990)认为，90%的交流都是非语言的交流。面部表情、肢体动作、面对沉默做出的反应、穿戴的服饰，甚至每个人的发型（人际交往中的一个要素），都在向对方传递着某种信息。我们就像观察别人讲话一样观察肢体语言，发现了许多差异。虽然有些肢体表达很普遍，但是即便像微笑、皱眉或者点头这类普通动作都有不同的解释。以微笑为例，全世界对笑容的理解几乎是一样的，但是有一位来自塞尔维亚的学生却认为美国人"笑得太多"，在他对某位观众讲解严谨的科学数据时，对方一直在微笑，这让他感到非常不舒服，也许正是他个人的性格和生活的文化背景影响了他对笑容的看法。

还有一些肢体语言的差异更明显。但是，一般情况下，美国学生和留学生都能互相理解这种区别，并且通过其他方式正常沟通，尽量不产生误解。比如，当着装与美国人有很大差异时，我们只会觉得有趣，这不会成为影响交流的障碍。又如，很多国家为表示尊敬教师，学生在见到老师或教授时会弯腰鞠躬。英国和美国历史上也有这种传统，尤其是在面对长辈、上级或地位比自己高的人时。但是，随着社会的发展，美国对于因权力造成的差距越来越不明显，这种鞠躬的行为也渐渐消失。然而，至今还有很多国家的人在打招呼时习惯于弯腰鞠躬，以示尊敬。曾有一位韩国留学生在第一次见老师时90°弯腰鞠躬，几个月后已逐渐融入美国环境，再次见面时仅仅点头示意，而老师当然也不会因此而不高兴。每位留学生在一段时间后都会改变一些原有的习惯，变得越来越本土化，但是无论如何，哪种打招呼的姿势都不会让人感到不快。

除了上面讲述的问候表达，不同文化中还有一些不同的问候和再见用语。比如，在美国，拥抱既可以表示情人间的亲密，又可以表示为运气好的人送祝福，为运气差的人送安慰。如果某人刚赢得一份大奖，那么拥抱就表示 congratulations（祝贺）；如果某人家里有人刚刚去世，那么拥抱就表示 I'm sorry for your misfortune（节哀顺变）。但是，拥抱、脸颊吻等行为是用于亲人、好朋友之间的动作，而握手才是普通人之间常见的问候和道别方式，虽然我们现在也不经常用了。有时我们也会相互拍拍肩膀以示友好，所以无论男女，无论自己的文化如何定义，在美国，如果有人拍肩膀或请求握手，不要感到诧异或惊吓，如果不能接受这种肢体接触，请告知对方。在美国，如果不确定，就用最简单的握手或通过交流询问，也可以向他们讲述在自己的国家，每种肢体语言所表达的含义。

在大多数国家，因为权力距离的出现产生了眼神交流的概念。比如，在美国，人们习惯于直接表达，权力距离不明显，因此不论地位、年龄、性别，直接的眼神交流非常关键。与一位美国人交谈时，如果整个谈话过程中几乎零眼神交流，就会被认为不够真诚，甚至认为根本没在听他讲话。美国的家长在教育孩子时经常会说"在我跟你讲话时，请你看着我。"同样，这种交流方式也适用于专业的科学演讲活动中，我们希望无论演讲者面对的是个人还是团体，都能保持清楚的眼神交流。不过，很多留学生会觉着这样做很尴尬，而美国学生则认为没有眼神交流的交流才尴尬。如果在与教授沟通的过程中遇到了相同情况，那么比较好的解决办法是向他解释你所处国家的文化背景，请他理解。当然，在美国学会与他人进行眼神交流才是最好的解决方法。正如其他的文化适应过程，不要失去原本的文化概念，一旦回国还能很快地调整过来。这种方法也许不是最好的，但是可以供大家参考。

即便不同文化之间有很多不同之处，大部分肢体语言还是很容易理解的。如果两个人对点头或招手所代表意义的理解不同时，不用过于纠结，解释清晰后尝试换个话题交流。在美国文化中摇头表示"no"，不同意对方的看法或言论，但在其他文化中却可能表示"同意"。同样或者类似的手势可能在两种文化中有截然不同的含义。留学生在美国留学期间，为了顺利完成学业，既要适应美国学校里写作的模式，又要适应交流的模式，同样也需要调整肢体语言的表达，以便于当地人的理解。然而，这种改变仅仅是为了学习，而不是放弃自己的文化，转而吸收别国的文化。下面列举了 8 条建议，帮助留学生尽快适应美国的工作或学习。如果任何一条内容触犯了个人的信仰或习惯，则可以自行调整到满意为止。其中第一条建议最为关键。

1. 不要轻易对当地人的言行举止做出评判，灵活地调整自己以适应当地的文化；
2. 不要被同化；保留自己的文化习惯，但是在与美国人交流时，尽量配合当地人的习惯；
3. 每天多听、多读、多写、多说英语；
4. 不要对当地人有先入之见，要有耐心；
5. 对自己也要有耐心。进入一个全新的世界，饮食和语言完全不同，要学会慢慢适应；
6. 与当地人交朋友；主动攀谈；交流出现障碍时，主动要求对方解释；
7. 忠于自我，忠于自己的个性，忠于母国的文化，适应并不是接受；
8. 如果需要，可以寻求帮助。一般就读的大学里可能有专门为国际学生提供帮助的部门，咨询并向他人学习。导师通常会很乐意回答国际学生的问题，或与他们谈论文化差异，其他同学通常也愿意帮忙，所以不要害怕寻求帮助。如果第一个人的回答不满意，试试另一个。大部分美国人很欢迎留学生，希望他们在美国感觉舒服自在。

本章中关于文化和交流方式的内容都是一手材料，其中的建议和方法仅作为参考。如果读者是在美国读研的留学生，通过观察或调整适应不同的思维模式就能适应各种学术论文写作和专业演讲。但是这个过程并非易事，如果明白自己的思维和表达模式不同于美国学生的基本原因，就更容易成功。为帮助读者深入理解，可参考 *Beyond Culture*(Edward T. Hall, 1977)，*Dance of Life*(Edward T. Hall, 1983) 和 *Understanding Cultural Differences*(Edward T. Hall & M. R. Hall, 1990)的第 1 章。上述最后这本书讨论了文化差异的主要概念；*Listening to the World*(Helen Fox, 1994)特别讲述了美国和其他国家之间的写作差异；*Faculty and Student Challenges in Facing Cultural and Linguistic Diversity*(Clark & Waltzman, 1993)介绍了不同文化的学生在留学期间如何适应美国的文化氛围；Deborah Westin(2007)是在弗吉尼亚联邦大学发表的学位论文，其中包括关于向美国大学里的国际学生提供支持服务的信息，还介绍了对6名国际学生的案例研究。Montgomery(2003)的建议对大学生非常有益。*Getting What You Came For*(Robert L. Peters, 1997)特别适合来美国留学之前阅读，尤其是针对留学生讲述的第23章。

　　不管我们之间的文化差异有哪些，也不管人类精神文明的目的是什么，我们所追寻的学术目标和精神文明是全球相通的。我们通过真诚的努力，尽可能包容并鼓励交流中的多样性，从而让在科技领域共事的海内外学生相互加深了解。我们欢迎文化和思想的多样性，但是对于严谨的科学来说，我们必须遵守这一领域约定俗成的原则。当留学美国时，留学生们一定不要在适应当地文化的过程中迷失自我，迷失自己的个性、文化、交流习惯，甚至是价值观念。高素质人才的标准之一是具备与不同文化背景下的人们交流的能力。

参考文献

Beebe, S. A., Masterson, J. T., 2011. Communicating in Small Groups: Principles and Practices, tenth ed. Allyn & Bacon, Boston.

Clark, L. W., Waltzman, D. E., 1993. Faculty and Student Challenges in Facing Cultural and Linguistic Diversity. Charles C Thomas, Springfield, IL.

Cragan, J. R., Krash, C. R., Wright, D. W., 2009. Communication in Small Groups: Theory, Process Skills. Wadsworth, Boston.

Day, R. A., Gastel, B., 2006. How to Write and Publish a Scientific Paper, sixth ed. Greenwood, Westport, CT.

Fox, H., 1994. Listening to the World: Cultural Issues in Academic Writing. National Council of Teachers of English, Urbana, IL.

Hall, E. T., 1977. Beyond Culture. Anchor Press/Doubleday, Garden City, NY.

Hall, E. T., 1983. The Dance of Life. Anchor Press/Doubleday, Garden City, NY.

Hall, E. T., Hall, M. R., 1990. Understanding Cultural Differences. Intercultural Press, Yarmouth, ME.

Montgomery, S. L., 2003. The Chicago Guide to Communicating Science. University of Chicago Press, Chicago.

Peters, R. L., 1997. Getting What You Came for: The Smart Student's Guide to Earning a Master's or PhD, revised ed. Farrar, Straus & Giroux, New York.

Westin, D. A., 2007. Social Support During the Academic Transition of International Students in PhD Programs [Dissertation]. Virginia Commonwealth University, Richmond, VA.

附录1 科技写作中的问题

科技写作中常出现拼写错误、标点使用不当、语法错误等问题。如果在科技论文写作中频繁发生此类错误，那么极有可能产生作者意想不到的问题，严重的话将会造成恶劣的影响。其实，大多严重性问题发生的根本在于，作者不愿也不能客观地、谨慎地审阅和修改自己的文章。这种不严谨、不负责的行为本身就是写作的一个主要问题。如果自己不能发现论文中的问题，那么可以通过使用下面的方法进行自查。缓慢地大声朗读自己的文章要比默读更能发现问题。

A1.1 准备不充分

很多作者急于求成，在下笔前未经过充分的思考和准备。首先，写作的受众是某类特定的读者群，即便作者的知识储备和见解观点很到位，但是想要获得读者的信任，也并不是一件容易的事情。为了获得信任度，我们必须要弄清研究的主题，对研究的内容充满信心，用数据和其他研究发现等可靠信息及科学原理来支持研究观点。换句话说，通过对文献、科学和数据的研究和理解，通过与他人的交流为科技论文写作做准备。

A1.2 组织结构薄弱

每份研究报告都围绕一个侧重点，我们称之为研究问题或假设，它构成了报告的研究目的，进而在论证过程中产生支撑该项假设的证据及具体目标计划。通常，围绕这一研究目的所组织的逻辑性框架和合理的文章发展脉络，对科技写作来说至关重要。大部分的科技报告都遵循下面的提纲模板，但是细节内容需要作者自行填充。

Ⅰ.介绍
   A.主题和重要论点
   B.研究背景（文献）和基本原理
   C.研究目的
Ⅱ.材料和方法
   A.实验材料
   B.实验步骤和过程
   C.数据收集和分析
   D.统计分析和评价

Ⅲ.结果和讨论
　　　A.结果概述
　　　B.数据呈现（表格、图、辅助性文字等）
　　　C.对研究结果重要性、实用性和关联性的讨论
Ⅳ.结论

在套用了上述模板后，剩下的就是内容的衔接问题。

A1.3　内容不恰当

A1.3.1　过于烦琐

文章内容烦琐主要体现在以下方面：观点多种多样、材料和计算内容太多，语言描述啰嗦、冗长和重复，数据收集不具有代表性等。

A1.3.2　过于单一

虽然作者更容易犯内容烦琐的错误，但是也有些人对文章中的某些观点或想法描述得不够充分，这同样也影响读者的理解。

A1.4　粗劣的结构、无连贯性

文章优秀的结构体系是指具有严谨的组织结构，包括文中各部分的统一（章节、段落、语句），以及各部分的过渡衔接（详见第3章）。有时，松散的组织结构也会出现在句子构成或者数据表达格式中。

A1.4.1　数据

有时，语言描述较少、数据太多的图表很容易影响读者的理解。产生这种现象的原因包括：不符合常规的数据分析模式，图表标题、图例或轴标不恰当甚至错误，收集的数据杂乱无章，不能独立描述实验结果等。

A1.4.2　语句结构

语句的表达有多种方式，例如：下面这些句子主要表达了相同的意义。

— *Some strata of the earth contain water.*

— *Water is present in some strata of the earth.*

— *Rock and sand strata of the earth may hold water deposits.*

— *Water has been deposited in the earth's strata.*

— *There is water in rock and sand strata of the earth.*

— *Contained within the depths of the earth are extensive strata composed of rock, gravel, or sand, some of which collected large deposits of water billions of years ago and still hold those deposits today.*

— *Deposits called groundwater exist in rock and sand strata of the earth.*

— *Underground are deposits of water.*

— *Hidden in the monstrous recesses of the interior of the earth lie extensive strata of rock and sand wherein there exist enormous volumes of water.*

除了以上9种，还有十几种表达同样意义的语句，单独来看，无法判断哪种最合适，只有结合上下文语境，才能选择出最恰当的表达。通常，语句结构中最容易犯的两种错误是词语冗余和词语错放。

冗余通常就是没有直奔文章主题，例如：

It can be noted that salmonellae are present during all phases of poultry production and processing. Although similar hygiene practices were practiced on all of the 10 poultry farms we examined in this study, great variation existed in the degree of salmonella contamination on them. From the results of this study, it appears that salmonellae may be transmitted continuously through feed to the breeder parent stock, to the chicks, through the processing and finally to the finished broiler product.

我们可以简化成：

Salmonellae are transmitted progressively from feed to breeder chickens and their offspring and then through the processing plant to the finish product. On 10 poultry farms using similar production practices, we found great differences in the degree of salmonella contamination.

首先，这段话包含了两部分内容，每部分都可以独立成段，因此，如果把这两部分内容包含在一个段落中，则语句间的顺序调整并不影响阅读。而第一种表达中的 *in this study*，*practices were practiced*，*all phases of poultry production and processing* 等此类重复性词语可直接删除，同样，某些无实际意义的 *It can be noted that...*，*it appears that...* 短语也无须出现在文中。在经过修改后，删去一半冗余内容，第二种表达明显精炼得多，并且把原有的两部分内容完整、准确地描述出来。

语句中**词语错放**会直接影响文章的流畅性和逻辑性，例如：

Neither callus tissue from the spinach culture in 1988 nor 1989 produced shoots.

从逻辑上讲，Neither...nor结构在这里只能连接年份，

Callus tissue from the spinach culture produced shoots in neither 1988 nor 1989.

再如：

Our purpose was to determine whether the cultivar was more tolerant than others to the pathogen and to characterize the wilt.

　　在这句话中，*to the pathogen* 和 *to characterize the wilt* 是并列结构，但是再回头来看，实则不然。也许聪明的读者能明白句子的意思，然而他们并不会仔细思考这句话的逻辑关系是否正确。事实上，本句中真正的并列结构是 *to determine* 和 *to characterize* 两个谓语动词，例如：

> *Our purposes were to characterize the wilt and to determine whether the cultivar was more tolerant than others to the pathogen.*

修改后的语句明显更通顺，逻辑关系更严谨。

A1.5　细节问题

　　有时，细微的错误或前后不一致很容易让读者分心，一定要保持前后一致并遵循样式表。例如，词语使用不一致的情况包括：Figure，figure，Fig，fig，Fig.，fig.，*Figure*，*figure*，*Fig*，*fig*，*Fig.*，*fig.*，或者加下画线、加粗等。又如，*3-cm depth*，*3 cm deep*，*two rates*，*a 2-mg rate*，*six plants*，*42 plants* 等数字+连字符的格式，虽然表达均正确，但是如何选择就需要参考欲投稿期刊或出版商的格式要求。切记在一篇文章中使用缩略语、连字符、数字、首字母大写等时，要遵守一致性、准确性的原则。

　　参考书目和文内引用中出现以上错误，极有可能在读者阅读时造成困扰，导致无法正确找到对应的文献资料。因此，要严格遵守期刊或出版商的格式要求和语法标准，确保文中引用的部分与文献清单中的条目一致。单词拼写错误、标点使用不当、语法错误，以及词语使用不一致等问题，一旦出现在文章中的任何一部分，都将影响读者对内容的理解。

A1.6　选词

　　作者在写作时经常会面临选词的问题，一定要谨慎对待近义、同义或同形的词语，按照上下文语境选择最恰当的单词。例如，使用在 *affect/effect*，*medium/media*，*data/datum*，*different/varying*，*while/only*，*cheap/economical/inexpensive*，*there is*，*a small size*，*a red color* 等词时要注意区分，正确理解每个词的内涵。但是，在遇到词组与某个词表达的意义相同时，应尽量避免使用词组，比如 *at this point in time/now*，*a long time period/a long time*。另外，校对时不要过分依赖计算机自动识别错误的功能，因为计算机只能识别出单词拼写是否正确，但无法判断单词使用是否恰当。下面4个例句已经通过计算机的拼写检查，单词拼写百分百正确，那么是否语句意义也完全正确呢？

> — *This system has been wildly aplied by most laboratories in the United States ...*
> — *The amount of plant material ... was not sadistically different between years ...*
> — *Cotton responds to both soil moisture and relative humility.*
> — *Magnesium sulfate had a notorious decrease on the value of moisture absorbed.*

大声地、缓慢地阅读自己的文章，你会发现很多令人捧腹大笑的错误，不妨在让别人看笑话之前先修改过来吧。

附录2 初 稿

　　有些大学生认为没有人可以在10～15分钟内完成一篇论述性文章（在题目已有的情况下），于是我尝试在10分钟内创作出了下面这篇初稿。但是，这篇稿子的主题是我熟知的范畴，从某种程度来说，这节省了一部分时间。当然，在有限的时间内写出来的文章质量很难尽如人意，这篇初稿的结尾部分也很急促，当我第二次阅读时发现，其中很多观点是可以进一步完善的。如果要创作一篇真正的论文，下面这篇初稿就是一个开始。

　　阅读这篇文章，然后注意随后的分析，不用挑错，找一下优点。我们来看看对这篇初稿的语言分析，文中第一句话点出了good and poor，这是典型的对比分析（comparison/contrast），同时采用列举（enumeration）的方法描述了制作车座所必不可少的材料和工艺。第二句话则定义（definition）了good saddle的概念，同时暗含因果关系。文中开头部分没有一句啰嗦的话语，而是直奔主题，讲述了制作车座最重要的两样要素（材料和工艺）。稍后在第三段中，我又提到了第三种重要因素——工作性质。其实，作为一篇初稿，我并不担心第一句话中所包含的要素不足，因为在后续的修正版中会将加入此前被忽略的要素。而在第二段和第三段中，将materials和workmanship具体化，转变为有形实物——框架、生皮、镫革，只有把这三种材料完美地融合在一起，才能支撑一个车座。同样，写作时也是如此，无数论据都是支撑论点的有力因素。另外，第二段和第三段的第一句起着承上启下作用，每段中的第一句也都准确地概括了该段的主要内容。

　　以上是这篇初稿的可取之处，还是有很多地方需要进一步修改，比如句子结构缺乏多样性、词语和术语使用过于简单、角度单一、使用第二人称，以及未考虑读者是否能够顺利理解"车座"这一术语等。这些问题都会在修改版中做出调整。同样，我需要进一步改进文章的结尾部分，应再一次强调构成good saddle的三个主要要素，如…is up to the job and is well crafted from quality materials。综上所述，初稿至少应包括基本的文章结构和发展脉络，然后才是充实内容的阶段。

　　先通读初稿再研读随后的详细剖析文稿。

WHAT POINTS DISTINGUISH A GOOD WESTERN SADDLE FROM A POOR ONE?

Materials and workmanship distinguish a good saddle from a bad one. A good saddle will be made on a quality tree with good leather. The saddle tree is the form on which the saddle is built. No saddle is stronger than the foundation. Rawhide covered wood and molded fiberglass are the strongest trees on the market today. Canvas-covered trees or those with rawhide bindings should be avoided. The leather should be thick and flexible, especially at points of strain (stirrup leathers, rigging, etc.). Thin leather that is heavily hand-tooled is weakened by the tooling. Decorative metal can also weaken leather.

In addition to good materials, the saddle must be put together well. Note whether the leather on the seat is all one piece or is weakened by being sewed together. If possible, check to see how the rigging is attached and be sure that stirrup leathers are one solid piece laced around the tree rail and running the length of the fender. Even check to see where screws, nails, or weaker staples are used.

If the workmanship and materials are satisfactory, buy the saddle on the basis of comfort and application to the job. An uncomfortable saddle is not a good one. Sit in it before you buy if you can. If you plan to rope from it, check the horn and swell carefully to see that they will fit that job. A good saddle is one that not only looks good, but is up to a lob. (time)

WHAT POINTS DISTINGUISH A GOOD WESTERN SADDLE FROM A POOR ONE?

（列举）   （对比）
Materials and workmanship distinguish a good saddle from a bad one. A good saddle will

（*Point 1: topic sentence*）   （定义）
be made on a quality tree with good leather. The saddle tree is the form on which the saddle is built.
（定义）

（举例）
No saddle is stronger than the foundation. Rawhide covered wood and molded fiberglass are the

（对比）
strongest trees on the market today. Canvas-covered trees or those with rawhide bindings should

（细节列举）
be avoided. The leather should be thick and flexible, especially at points of strain (stirrup leathers,

（有形实物）   （对比）   （细节）   （细节）
rigging, etc.). Thin leather that is heavily hand-tooled is weakened by the tooling. Decorative metal
can also weaken leather.

（过渡）   （*Point 2: topic sentence*）
In addition to good materials, the saddle must be put together well. Note whether the

（举例）   （对比）
leather on the seat is all onepiece or is weakened by being sewed together. If possible, check to see

（举例）   （举例）   （具体的实物）
how the rigging is attached and be sure that stirrup leathers are one solid piece laced around the tree

（有形实物）
rail and running the length of the fender. Even check to see where screws, nails, or weaker staples

are used.

（过渡）

If the workmanship and materials are satisfactory, buy the saddle on the basis of comfort

（**Point 3:** 细节）　　　　　　　　（对比）

and application to the job. An uncomfortable saddle is not a good one. Sit in it before you buy if you

（举例）　　　　　　　　　（细节）

can. If you plan to rope from it, check the horn and swell carefully to see that they will fit that job. A

（归纳）

good saddle is one that not only looks good, but is up to a job.（结束）

附录3　样　　稿

　　下面是一篇非常简短、虚构的文章，发布在一份假想的期刊上。实际上，真正的科学研究要比它复杂得多，任何一篇真实的科技文章也比它复杂得多。阅读完这篇稿子后，你肯定会发现很多有疑问的地方。其实，它的主要目的并不是探索某种科学发现，而是指导人们如何进行科技论文写作，文中的商陆科植物是真实存在的物种，人们通过制成药剂服用来解毒。但是这项研究、相关数据及引用等都是虚构的，只用来指导文章框架和脉络的发展，这份样稿是一份还要进一步修改的初稿。

大纲（OUTLINE）

题目（Title）：Emergence, Yield, and Quality of Poke Greens from Seeds and Roots

Ⅰ. 介绍（Introduction）

    A. Definition and research problem

    B. Description of uses

        1. Home preparation

        2. Commercial use

    C. Problems with propagation

        1. Seeds

            a. Germination

            b. Preconditioning

        2. Roots

            a. Habitat

            b. Handling

    D. Purpose and objectives

Ⅱ. 材料和方法（Materials and Methods）

    A. Materials

        1. Seeds

            a. Source

            b. Storage

2. Roots

  a. Source

  b. Storage

B. Procedures

  1. Treatments

    a. Seeds

      (1) Hot water

        (a) Time

        (b) Temperature

      (2) Sulfuric acid

        (a) Time

        (b) Concentration

      (3) Controls

    b. Roots

      (1) Size

      (2) Weight

  2. Plantings

    a. Seeds

    b. Roots

C. Data collection

  1. Emergence

  2. Dimensions: height, weight, stem diameter

D. Statistical analysis

Ⅲ. 结果和讨论（Results and Discussion）

A. General outcomes

B. Specific outcomes

  1. Emergence

    a. Roots

    b. Seeds

  2. Quality comparison

Ⅳ. 结论（Conclusion）

原稿内容

Emergence, Yield, and Quality of Poke Greens from Seeds and Roots

Abstract: As commercial value of poke greens increases, so does the need for methods of propagating pokeweed (*Phytolacca americana*) for commercial production. We evaluated roots and seeds relative to emergence of shoots and yield and quality of greens produced. Roots were stored in peat moss until planted in three 4-m rows 30cm apart. Seeds treated with sulfuric acid or hot water soakings were planted in three 3-m rows, and seedlings thinned to 20 cm after emergence. Untreated seeds served as controls, but emergence was negligible, and data were not useful. Shoots emerged from 87% of the roots and from 67 and 32% of seeds from acid and water soakings, respectively. We harvested 10 randomly selected plants from each treatment 2 weeks after emergence. Seedlings and shoots from roots were not significantly different in height, but shoots from roots had thicker stems and weighed significantly more at 120g per 10 shoots than did seedlings at 70g per 10 shoots. With more acceptable quality shoots, roots may be suitable for producing commercial greens and acid-scarified seeds for producing root beds for transplanting.

INTRODUCTION

Pokeweed (*Phytolacca americana*), also called poke salad or poke greens, is a perennial herb that reproduces by seeds or roots. Although uncooked they are toxic to humans, the young shoots and leaves are often parboiled and washed to remove the toxicity and then cooked for greens whose appearance and taste are similar to those of spinach. Canners suggest that the greens could be a nutritious and marketable alternative to other greens, but adaptation of the species from the wild to commercial growing conditions has been largely unsuccessful. If propagation methods can be found that produce quality greens, these could fill a timing niche for canning early in the spring before other crops are ready to process.

In spite of the extra parboiling step in processing, the popularity of poke greens is rather widespread (Smith, 2006), and canners are eager to explore the market. Even now canning companies in Northwest Arkansas find the commodity profitable enough to pay premium prices for fresh poke greens delivered from their wild habitats to canneries on days specified for their canning. The S & A Canning Company processed over 75,000 cans of poke greens last spring that stayed on grocery shelves an average of only 3 weeks, and the company would like to be able to expand this market (personal communication, Jim Simon, S & A Canning Company, Watts, OK). Acquiring enough poke greens for canning by gathering them from native habitats is unlikely to satisfy the demand.

This obstacle could be overcome if the species could be propagated and grown domestically. Until now, propagation and cultivation have been impractical because of poor germination of the seeds and the difficulty in acquiring roots and keeping them viable for planting. Under natural conditions seeds are seldom viable until they have been digested by birds. In 2002, Evans hypothesized that the seeds that germinate in the wild might be preconditioned in digestive tracts of birds. He collected feces of caged English sparrows fed poke berries and found that seeds from these feces germinated 73% compared with 2% germination for untreated seeds. Lanier and Sizemore (2006) treated pokeweed seed in a hot water bath and achieved 27% germination. Further work on preconditioning seeds might reveal times and temperatures for water or acid treatment that could be even more effective. However, when they are tender enough for greens, shoots produced from seed are typically small with narrow stems (Evans, 2002).

Stems from roots are broader and more succulent, but acquiring the roots is also difficult. Pokeweed often grows in locations that are difficult to reach, and the taproots are very large and lie deep in the soil and subsoil. With a backhoe, Jones et al. (2001) acquired taproots that measured up to 23 cm wide and 35 cm long. The tops of them were typically located about 8 to 14cm below the soil surface, and the full root extended as much as 48 cm deep. The roots are fleshy and dehydrate quickly if left exposed to the atmosphere (Evans, 2002). Although far more difficult than seed to acquire and preserve, roots typically produce shoots with thick fleshy stems and relatively large leaves compared with those grown from seeds. Quality of the canned product is superior if at least half the greens are grown from roots (Smith, 2006).

The purpose of our study was to determine the feasibility of propagating and producing quality greens from pokeweed to contribute to an expanded market for the greens. Our objectives were (1) to evaluate germination of pokeweed seeds treated with hot water and sulfuric acid, (2) to determine the feasibility of acquiring and storing roots to successfully grow shoots from them, and (3) to assess the quality of greens produced from both seeds and roots.

MATERIALS AND METHODS

The experiments were conducted in the field at the Western Arkansas Agricultural Experiment Station near Mena in spring of 2006 and 2007. Seeds and roots were acquired from an abandoned field on the Rex Mofield farm near the station. Fully ripened berries were gathered in October of the year before planting and stored at 5℃. Roots were excavated with a backhoe in January of each year, packed in peat moss, and stored at 5℃.

Treatments

Seeds from berries, equilibrated to room temperature overnight, were treated with hot water or sulfuric acid. In a hot water bath, seeds were soaked for 1.5 h at a temperature maintained at 80℃ or for 8 h at 60℃. For the sulfuric acid treatments, we used 10% sulfuric acid in tap water held at 25℃. Seeds were soaked in this treatment for 15 or 30 min. Seeds for the controls were held in cold tap water for 30 min just before they were planted.

Roots measured 11 to 21 cm wide and 24 to 32 cm long. Each remained surrounded by at least 6 cm peat moss until removed for immediate planting. For the 2006 test, roots had been stored for 4 weeks and in 2007 for 6 weeks. Initial weights taken before storing and at removal from the peat moss indicated an average weight loss of less than 10 g per root.

Both seeds and roots were planted on February 15 in 2006 and on February 27 in 2007. The soil is a Bjoru silt loam, and standard soil tests revealed adequate fertility for optimum pokeweed growth as determined by Hurter and Balou (2005). The plots had been plowed the previous fall, and during the experiment, they were weeded of all species except the pokeweeds. Rainfall supplied adequate moisture for growth.

For each seed treatment and the control, seeds were planted about 1 to 2 cm deep and 5 cm apart in three 3-m rows with each row considered a replication. Rows were 0.5 m apart. Eight days after first emergence, they were thinned to one plant per 20 cm, and any plants that emerged thereafter were rogued. Three rows for roots were 4 m long, and roots were planted 30 cm apart with the top of the root 10 cm deep in the soil.

Percentage emergence for both seeds and roots was determined at 24 days after planting. Most shoots and seedlings had emerged within 18 days. Plants grew for 2 additional weeks, at which time 10 plants randomly selected from each treatment were measured for height from the soil surface and cut 2 cm above soil surface to determine weights. Stem diameter was measured at that cut.

Because emergence from the controls was negligible with only one emerged in 2006 and three in 2007, these were disregarded and comparisons made between roots and seed treatments. Treatments were compared by analyzing data for percentage emergence and plant height, weight, and stem diameter with least significant difference at the 0.05 level.

RESULTS AND DISCUSSION

Percentage emergence from roots was greater than that from seeds, and quality from roots, as determined by weight and stem diameter, was superior to that of seedlings. For the data combined over the 2 years, shoots from roots emerged 87% with only 4 of the 32 roots failing to produce shoots. Storage in the peat moss apparently preserved their viability. Jones et al. (2001) found that only two of eight roots kept for 3 weeks in a wooden basket at room temperature produced shoots. Of their two viable roots, one produced two shoots and the other produced one. Of the 28 roots in our study that did develop shoots, 17 produced three to five shoots, 7 produced two shoots, and the other 4 had one each. Size of the root appeared to have no influence on the number of shoots or the size at harvest.

Emergence from seeds treated with sulfuric acid was significantly greater than those from hot water baths (Table A3.1). Averaged over the 2 years, data showed 73% emergence for the sulfuric acid treatment for 15 min (0.25 h) compared with significantly less at 61% for the 30-min (0.50 h) treatment. This difference might indicate that the acid produced a deleterious effect with time, and further testing might find an even more optimal time than 15 min. Hot water baths did not produce results significantly different from each other, but seeds from either emerged significantly less than from acid treatments with 29% from the 1.5-h soaking and 34% from the 8-h soaking. The somewhat greater emergence from the hot water baths in 2007 than in 2006 may be attributed to weather conditions and the seeds being planted later in 2007.

TABLE A3.1　Percentage Emergence of Pokeweed from Seeds and Roots (Average from 2 Years)

Source Treatment	Emergence (%)		
(hours/℃)	2006	2007	Mean[1]
Roots	83	91	87a
Seeds			
Hot Water			
1.5/80	20	38	29c
8.0/60	24	44	34c
10% Sulfuric Acid			
0.25/25	68	78	73b
0.50/25	57	65	61b

[1] Means followed by the same letter are not significantly different at 0.05.

Heights of seedlings and of shoots from roots were not significantly different, but weights and stem diameters were decidedly different (Table A3.2). Shoots from roots were obviously more fleshy at 120 g per 10 shoots compared with the 70 g for 10 seedlings, and they adhered more fully to Smith's (2006) description of preferred greens for canning.

TABLE A3.2　Two-Year Average Yield by Weight, Height, and Stem Diameter of Pokegreen Plants from Roots and Shoots (Averages for 10 Plants per Treatment per Year)

Source	Weight (g)	Height (cm)	Stem Diameter (cm)
Roots	120a[1]	16.7a	1.3a
Seeds	70b	18.2a	0.4b

[1] Means followed by the same letter are not significantly different at 0.05.

CONCLUSIONS

Our research indicated that the roots were kept viable for transplanting with storage in peat moss, and that acid scarification significantly increased germination of seeds. The higher quality of shoots produced from roots suggests that greens produced perennially from an established field of roots would be preferred over greens grown from seedlings. Acquisition of roots from the wild is still a major hurdle for commercial production. Acid scarified seeds might be used to establish beds in which to develop roots for transplanting. Further research is needed to establish optimal treatments for seeds and to determine the longevity of production from initially transplanted roots. An expanding market for the canned product may make such research practicable.

REFERENCES

Evans, D. M., 2002. Germination of pokeweed seeds after scarification in digestive tracts of birds. HortReport 26, 13-16.

Hurter, J. S., Balou, B.C., 2005. Fertilization and irrigation for rapid growth of poke greens. Sci. Hort. 8, 54-58.

Jones, F. D., Sims, R.T., Fuller, B.R., 2001. Propagating poke greens from roots. J. Plant Adaptation 13, 65-67.

Lanier, M. H., Sizemore, Z.T., 2006. Viability of Phytolaca americana with hot water treatment. HortReport 40, 17-20.

Smith, C. A., 2006. Let's capture poke greens. Canners'News 53, 2-3.

附录4 文献综述样稿

　　这篇文献综述与附录5中的研究生开题报告，以及附录13中的幻灯片同属 Terry J. Gentry（曾是在读研究生，现在是一名教授）。任何一篇优秀的文献综述都需要具备以下3个功能：1）引入主题；2）通过对以往相同或相似主题文章的概述来向读者及研究人员强调被研究主题的重要性；3）提供专业的研究理论依据。正如研究本身，文献综述也包括：1）提出问题（polycyclic aromatic hydrocarbon contamination）；2）可能的解决方法（dissipation, remediation）；3）强调本研究提出的解决方法（phytoremediation with microorganisms in the rhizosphere）。文献综述的组织与内容都围绕这些关键内容，其中的中心词可作为文献搜索的关键词。不难发现，文献综述不仅对已发表或出版的研究内容进行了概述，同时也对相关主题领域的文献做了透彻的分析和讨论。大家可以仔细阅读 Gentry 博士的论文，看应如何从一般主题着手，最终归于与自己研究相关的专题研究，并在论文的结论部分证实研究的科学性和合理性。Gentry 博士在语言运用上也值得我们借鉴，综述部分使用小标题和转折词来衔接上下文，一目了然。

POLYCYCLIC AROMATIC HYDROCARBON INFLUENCE ON RHIZOSPHERE MICROBIAL ECOLOGY

Contamination of soil by toxic organic chemicals is widespread and frequent. This is sometimes the result of large-scale incidents such as the Exxon Valdez oil spill in Alaska (Pritchard and Costa, 1991). But, more often, smaller areas of soil are polluted. Cole (1992) estimated that in the United States there are 0.5 to 1.5 million underground storage tanks leaking into the surrounding soil. *In situ* bioremediation of these contaminated sites may be more feasible than chemical and physical cleanup methods. Degradation of polycyclic aromatic hydrocarbons (PAHs), a major constituent of many of these pollutants, can be possible if PAH-degrading microorganisms are present at the site. These microorganisms may be more prolific in the rhizosphere of plants than in soil with no vegetation.

A. Polycyclic Aromatic Hydrocarbons (PAHs)

Polycyclic aromatic hydrocarbons are organic compounds that are typically toxic and recalcitrant (Sims and Overcash, 1983). They consist of at least three benzene Tings joined in a linear, angular, or cluster array (Cerniglia, 1992). Edwards (1983) described PAHs as being practically insoluble in water. They are produced by various processes including the incomplete combustion of organic compounds such as petroleum (Giger and Blumer, 1974; Laflamme and Hites, 1978). The carcinogenicity of many PAHs has been well documented (Haddow, 1974). This knowledge has prompted much research to determine the mode by which these compounds cause cancer and their ultimate health risks to humans (Miller and Miller, 1981). Due to their toxic nature, the United States Environmental Protection Agency included several PAHs in their list of priority pollutants to be monitored in industrial wastewaters (Keith and Telliard, 1979). Heitkamp and Cerniglia (1988) concluded that this interest has resulted in increased efforts to remediate PAH-contaminated soil.

B. Dissipation

Reilley et al. (1996) reported the fate of PAHs in soil includes irreversible sorption, leaching, accumulation by plants, and biodegradation. They also contended that surface adsorption is the main process controlling PAH destination in soil. Many PAHs are strongly adsorbed to soil particles (Knox et al., 1993). Means et al. (1980) found the PAHs composed of longer chains and greater masses to be more strongly adsorbed to soil particulate matter. Leaching of PAHs from soil is minimal due their adsorption to soil particles and low water solubility (Reilley et al., 1996). Results indicate that larger PAHs may adsorb onto roots, but translocation from roots to foliar portions of the plants is negligible (Edwards, 1983; Sims and Overcash, 1983). Biodegradation is the main pathway by which dissipation can be enhanced.

C. Bioremediation

Bioremediation manipulates biodegradation processes by using living organisms to reduce or eliminate hazards resulting from accumulation of toxic chemicals and other hazardous wastes. According to Bollag and Bollag (1995), two techniques that may be used in bioremediation are (1) stimulation of the activity of the indigenous microorganisms by the addition of nutrients, regulation of redox conditions, optimization of pH, or augmentation of other conditions to produce an environment more conducive to microbial growth and (2) inoculation of the contaminated sites with microorganisms of specific biotransforming abilities.

1. Indigenous Population. Soil contains a large and diverse population of microorganisms (Tiedje, 1994). The indigenous population of these microorganisms has been manipulated to increase biodegradation. *In situ* bioremediation utilizes organisms at the site of pollution to remove contaminants. Often, indigenous organisms from the contaminated area, which may even have adapted to proliferate on the chemical, are utilized to remove the pollutants (Bollag and Bollag, 1995).

Microbial degradation may be enhanced by aeration, irrigation, and application of fertilizers (Lehtomäiki and Niemeläi, 1975). In Prince William Sound, Alaska, following the Exxon Valdez oil spill, the application of fertilizers increased biodegradation up to threefold (Pritchard and Costa, 1991).

The relative contributions of bacterial and fungal populations to hydrocarbon mineralization may differ based upon contaminant and soil parameters. Anderson and Domsch (1975) studied the degradation of glucose in several soils. They attributed the majority of mineralization to fungi (60–90%) with relatively minor bacterial contribution (10–40%). It is unclear if fungi are also the principal degraders of hydrocarbons (Bossert and Bartha, 1984). Song et al. (1986) reported 82% of *n*-hexadecane mineralization was due to bacteria while fungi contributed only 13%. They concluded that bacteria are the primary degraders of *n*-hexadecane in the soil tested, but additional experiments are necessary before the results can be generalized. In a field study utilizing six oils as contaminants, Raymond et al. (1976) noted that fungi appeared to be the principal hydrocarbon-degraders.

From a review of the literature, Cerniglia (1992) found various bacteria, fungi, and algae reported to degrade PAHs. More specifically, Déziel et al. (1996) isolated 23 bacteria capable of utilizing naphthalene and phenanthrene as their sole growth substrate. These bacteria were all fluorescent pseudomonads. Shabad and Cohan (1972) reported that soil bacteria are the primary degraders of PAHs. Cerniglia's (1992) review concluded that the microbial degradation of smaller PAHs such as phenanthrene has been thoroughly investigated; however, there has not been sufficient research on the microorganisms capable of degrading PAHs containing four or more aromatic rings. There remains a need for isolation and identification of microorganisms capable of degrading the more persistent and toxic PAHs (Cerniglia, 1992).

2. Introduced Microorganisms. Organisms capable of breaking down certain pollutants are not present at all sites; therefore, inoculation of the soil with microorganisms, or bioaugmentation, is sometimes required (Alexander, 1994). Indigenous or exogenous microorganisms may be applied to the polluted soil (Turco and Sadowsky, 1995). Microorganisms capable of degrading several pollutants including PAHs have been isolated from contaminated soil (Heitkamp and Cerniglia, 1988). In addition, Lindow et al. (1989) communicated a need for the continued development of genetically engineered microorganisms including those capable of degrading a variety of pollutants. Nevertheless, successful establishment of introduced microorganisms remains enigmatic (Pritchard, 1992; Turco and Sadowsky, 1995). Thies et al. (1991) linked the poor survival of introduced microorganisms to competition from native soil microorganisms.

The characteristics that allow introduced microorganisms to become acclimated to a new environment have not been completely elucidated (Turco and Sadowsky, 1995). However, the indigenous soil populations appear to have specific qualities, such as the ability to utilize a particular growth substrate, that give them a competitive advantage in occupying available niches (Atlas and Bartha, 1993). One way to encourage the growth of introduced microorganisms may be to supply a new niche for microbial growth in the form of a suitable plant.

D. Phytoremediation

Phytoremediation is defined by Cunningham and Lee (1995) as "the use of green plants to remove, contain, or render harmless environmental contaminants." This applies to all plant-influenced biological, microbial, chemical, and physical processes that contribute to the remediation of contaminated sites (Cunningham and Berti, 1993). Plants have historically been developed for food or fiber production. With an increasing interest in the use of plants to reduce contamination from organic chemicals, plants may be selected and developed based upon their suitability for bioremediation. Cunningham and Lee (1995) contend that plant attributes such as rooting depth, structure and density can be altered to increase biodegradation. They assert that if contaminants are (1) in the upper portion of the soil, (2) resistant to leaching, and (3) not an immediate hazard, many may be removed by phytoremediation. Experiments may confirm that phytoremediation is a less expensive, more permanent, and less invasive technique than many current methods of remediation (Cunningham and Lee, 1995).

E. The Rhizosphere

Curl and Truelove (1986) have described the rhizosphere as the zone of soil under the direct influence of plant roots and in which there is an increased level of microbial numbers and activity. They report that the ratio of bacteria and fungi in the rhizosphere to the non-rhizosphere soil (R/S ratio) commonly ranges from 2 to 20 due to the root exudation of easily metabolizable substrates. These exudates include sugars, amino compounds, organic acids, fatty acids, growth factors, and nucleotides (Curl and Truelove, 1986). Legumes usually demonstrate a greater rhizosphere effect than non-legumes (Atlas and Bartha, 1993). Also, the development of plant roots in previously nonvegetated soil may alter soil environmental conditions including carbon dioxide and oxygen concentrations, osmotic and redox potentials, pH, and moisture content (Anderson and Coats, 1995).

Generally, the rhizosphere is colonized by a predominantly gramnegative bacterial community (Cuff and Truelove, 1986). Anderson and Coats (1995) reported that one of the interesting and repeated topics discussed during the 1993 American Chemical Society symposium was the prevalence of gram-negative microorganisms in the rhizosphere. Reportedly, the ability of gram-negative bacteria to quickly metabolize root exudates contributes to their predominance in the rhizosphere (Atlas and Bartha, 1993).

Anderson and Coats (1995) suggest that increased rates of contaminant degradation in the rhizosphere compared to nonvegetated soil may result from increased numbers and diversity of microorganisms.

1. Rhizosphere Effect on PAHs. The rhizosphere of numerous plants has been reported to increase the biodegradation of several PAHs. Aprill and Sims (1990) examined the effects of eight prairie grasses (*Andropogon gerardi*, *Sorghastrum nutans*, *Panicum virgatum*, *Elymus canadensis*, *Schizachyrium scoparius*, *Bouteloua curtipendula*, *Agropyron smithii*, and *Bouteloua gracilis*) on the biodegradation of four PAHs, benzo(*a*)pyrene, benz(*a*)anthracene, chrysene, and dibenz(*a,h*) anthracene. They reported significantly greater disappearance of the PAHs in the vegetated soils compared to the unvegetated soils, and the rate of disappearance was directly related to the water solubility of each compound.

Reilley et al. (1996) investigated the rhizosphere effect of alfalfa (*Medicago sativa* L.), fescue (*Festuca arundinacea* Schreb.), sudangrass (*Sorghum vulgare* L.), and switchgrass (*Panicum virgatum* L.) on the degradation of pyrene and anthracene. They reported that the vegetation significantly increased the degradation of these PAHs in the soil. They concluded that degradation most likely resulted from an elevated microbial population in the rhizosphere due to the presence of root exudates.

Nichols et al. (1996) conducted an experiment on the degradation of a model organic contaminant (MOC) composed of six organic chemicals including two PAHs (phenanthrene and pyrene) in the rhizospheres of alfalfa (*Medicago sativa*, var. Vernal) and alpine bluegrass (*Poa alpina*). They found increased numbers of hydrocarbon-degrading microorganisms in the rhizospheres of both plants. From the same study, Rogers et al. (1996) reported that plants demonstrated no significant impact on the degradation of the MOC. They concluded it was probable that biological and/or abiotic processes occurring before plants developed enough to produce a rhizosphere effect were responsible for the disappearance of the MOC compounds.

2. Rhizosphere Microbial Ecology in PAH-Contaminated Soil. Before microorganisms can be successfully introduced into the soil or managed for increased bioremediation, an increased understanding of the determinants of rhizosphere microbial ecology needs to be developed. Anderson and Coats (1995) stated the need for an expanded understanding of the interactions between plants, microorganisms, and chemicals in the root zone in order to identify conditions where phytoremediation using rhizosphere microorganisms is most feasible.

To date, no studies have been conducted on rhizosphere microbial ecology in PAH-contaminated soil. Furthermore, little is known about the factors controlling rhizosphere microbial ecology in uncontaminated soil. Bowen (1980) asserted the plant to be the predominant force in the rhizosphere system. In contrast, Bachmann and Kinzel (1992) reported that, in a study involving six plants and four soils, the soil was the dominant factor in some plant-soil combinations. A unique symbiosis that developed from the combination of a specific plant and soil microorganisms was evident. Of all tested plants, *Medicago sativa* had the strongest influence on the soil. They concluded that this effect was consistent with the results of Angers and Mehuys (1990) and may be related to the nitrogen-fixing activity of alfalfa.

Additionally, recent research suggests that gram-positive bacteria may be a larger component of the rhizosphere microbial population than previously reported. Cattelan et al. (1995) found a large percentage of soybean (*Glycine max*) rhizosphere population to be occupied by the gram-positive bacterial genus *Bacillus* spp. Also, it appears that gram-positive microorganisms may play a major role in the breakdown of contaminants including PAHs. Heitkamp and Cerniglia (1988) isolated a gram-positive bacterium capable of degrading several PAHs. The bacterium could not utilize PAHs as the sole C source, but it did completely mineralize PAHs when supplied with common organic carbon sources such as peptone and starch. Additional research is needed to elucidate the determinants of rhizosphere microbial ecology especially in PAH-contaminated soils.

REFERENCES

Alexander, M., 1994. Biodegradation and Bioremediation. Academic Press, San Diego, CA.

Anderson, J. P. E., Domsch, K. H., 1975. Measurement of bacterial and fungal contributions to respiration of selected agricultural and forest soils. Can. J. Microbiol. 21, 314-322.

Anderson, T. A., Coats, J. R., 1995. An overview of microbial degradation in the rhizosphere and its implications for bioremediation. In: Skipper, H. D., Turco, R. F. (Eds.), Bioremediation: Science and Applications. ASA, CSSA, and SSSA, Madison, WI, pp. 135-143. (SSSA Spec. Publ. 43).

Angers, D. A., Mehuys, G. R., 1990. Barley and alfalfa cropping effects on carbohydrate contents of a clay soil and its size fractions. Soil Biol. Biochem. 22, 285-288.

Aprill, W., Sims, R. C., 1990. Evaluation of the use of prairie grasses for stimulating polycyclic aromatic hydrocarbon treatment in soil. Chemosphere 20, 253-265.

Atlas, R. M., Bartha, R., 1993. Microbial Ecology: Fundamentals and Applications, third ed. Benjamin/Cummings, Menlo Park, CA.

Bachmann, G., Kinzel, H., 1992. Physiological and ecological aspects of the interactions between plant roots and rhizosphere soil. Soil Biol. Biochem. 24, 543-552.

Bollag, J.-M., Bollag, W.B., 1995. Soil contamination and the feasibility of biological remediation. In: Skipper, H.D., Turco, R.F. (Eds.), Bioremediation: Science and Applications. ASA, CSSA, and SSSA, Madison, WI, pp. 1-12. (SSSA Spec. Publ. 43).

Bossert, I., Bartha, R., 1984. The fate of petroleum in soil ecosystems. In: Atlas, R.M. (Ed.), Petroleum Microbiology. Macmillan, New York, pp. 435-473.

Bowen, G. D., 1980. Misconceptions, concepts and approaches in rhizosphere biology. In: Ellwood, D.C., Hedger, J.N., Latham, M.J., Lynch, J. M., Slater, J. H. (Eds.), Contemporary Microbial Ecology. Academic Press, New York, pp. 283-304.

Cattelan, A. J., Hartel, P. G., Fuhrmann, J. J., 1995. Successional changes of bacteria in the rhizosphere of nodulating and non-nodulating soybean (*Glycine max* (L.) Merr.). In: 15th North American Conference on Symbiotic Nitrogen Fixation. Raleigh, NC, 13-17 Aug. 1995.

Cerniglia, C. E., 1992. Biodegradation of polycyclic aromatic hydrocarbons. Biodegradation 3, 351-368.

Cole, G. M., 1992. Underground Storage Tank Installation and Management. Lewis. Chelsea. MI.

Cunningham, S. D., Berti, W. R., 1993. The remediation of contaminated soils with green plants: an overview. *In Vitro* Cell. Dev. Biol. 29P, 207-212.

Cunningham, S. D., Lee, C. R., 1995. Phytoremediation: plant-based remediation of contaminated soils and sediments. In: Skipper, H. D., Turco, R. F. (Eds.), Bioremediation: Science and Applications. ASA, CSSA, and SSSA, Madison, WI, pp. 145-156. (SSSA Spec. Publ. 43).

Curl, E. A., Truelove, B., 1986. The Rhizosphere. Springer-Verlag, Berlin.

Déziel, É., Paquette, G., Villemur, R., Lépine, E, Bisaillon, J.-G., 1996. Biosurfactant production by a soil *Pseudomonas* strain growing on polycyclic aromatic hydrocarbons. Appl. Environ. Microbiol. 62, 1908-1912.

Edwards, N. T., 1983. Polycyclic aromatic hydrocarbons (PAH's) in the terrestrial environment: a review. J. Environ. Qual. 12, 427-441.

Giger, W., Blumer, M., 1974. Polycyclic aromatic hydrocarbons in the environment: isolation and characterization by chromatography, visible, ultraviolet, and mass spectrometry. Anal. Chem. 46, 1663-1671.

Haddow, A., 1974. Sir Ernest Laurence Kennaway FRS, 1881-1958: chemical causation of cancer then and today. Perspectives Biol. Med. 17, 543-588.

Heitkamp, M. A., Cerniglia, C. E., 1988. Mineralization of polycyclic aromatic hydrocarbons by a bacterium isolated from sediment below an oil field. Appl. Environ. Microbiol. 54, 1612-1614.

Keith, L. H., Telliard, W. A., 1979. Priority pollutants. I. A perspective view. Environ. Sci. Technol. 13, 416-423.

Knox, R. C., Sabatini, D. A., Canter, L.W., 1993. Subsurface Transport and Fate Processes. Lewis, Boca Raton, FL.

Laflamme, R. E., Hites, R. A., 1978. The global distribution of polycylic aromatic hydrocarbons in recent sediments. Geochim. Cosmochim. Acta 42, 289-303.

Lehtomäki, M., Niemelä, S., 1975. Improving microbial degradation of oil in soil. Ambio 4, 126-129.

Lindow, S. E., Panopoulos, N. J., McFarland, B. L., 1989. Genetic engineering of bacteria from managed and natural habitats. Science 244, 1300-1307.

Means, J. C., Wood, S. G., Hassett, J. J., Banwart, W. L., 1980. Sorption of polynuclear aromatic hydrocarbons by sediments and soils. Environ. Sci. Tech. 14, 1524-1528.

Miller, E. C., Miller, J. A., 1981. Searches for ultimate chemical carcinogens and their reactions with cellular macromolecules. Cancer 47, 2327-2345.

Nichols, T. D., Wolf, D. C., Rogers, H. B., Beyrouty, C. A., Reynolds, C. M., 1996. Rhizosphere microbial populations in contaminated soils. Water Air Soil Pollut. (in press).

Pritchard, P. F., Costa, C. T., 1991. EPA's Alaska oil spill bioremediation project. Environ. Sci. Technol. 25, 372-379.

Pritchard, P. H., 1992. Use of inoculation in bioremediation. Curr. Opin. Biotech. 3, 232-243.

Raymond, R. L., Hudson, J. O., Jamison, V. W., 1976. Oil degradation in soil. Appl. Environ. Microbiol. 3 l, 522-535.

Reilley, K. A., Banks, M. K., Schwab, A. P., 1996. Dissipation of polycyclic aromatic hydrocarbons in the rhizosphere. J. Environ. Qual. 25, 212-219.

Rogers, H. B., Beyrouty, C. A., Nichols, T. D., Wolf, D. C., Reynolds, C. M., 1996. Selection of cold-tolerant plants for growth in soils contaminated with organics. J. Soil Cont. 5, 171-186.

Shabad, L. M., Cohan, Y. L., 1972. The contents of benzo(a)pyrene in some crops. Arch. Geschwultsforsch 40, 237-246.

Sims, R. C., Overcash, M. R., 1983. Fate of polynuclear aromatic compounds (PNA's) in soil-plant systems. Residue Rev. 88, 1-68.

Song, H.-G., Pedersen, T. A., Bartha, R., 1986. Hydrocarbon mineralization in soil: relative bacterial and fungal contribution. Soil Biol. Biochem. 18, 109-111.

Thies, J. E., Singleton, P. W., Bohlool, B.B., 1991. Influence of the size of indigenous rhizobial populations on establishment and symbiotic performance of introduced rhizobia on field-grown legumes. Appl. Environ. Microbiol. 57, 19-28.

Tiedje, J. M., 1994. Microbial diversity: of value to whom? Am. Soc. Microbiol. News 60, 524-525.

Turco, R. F., Sadowsky, M., 1995. The microflora of bioremediation. In: Skipper, H. D., Turco, R. F. (Eds.), Bioremediation: Science and Applications. ASA, CSSA, and SSSA, Madison, WI, pp. 87-102. (SSSA Soec. Publ. 43).

附录5　研究生开题报告样稿

　　附录4的文献综述、附录5的开题报告、附录13的幻灯片PPT同属Terry J. Gentry，当时他在Arkansas-Fayetteville大学攻读硕士学位（使用文稿已获得他本人授权）。开题报告、文献综述和论文计划均通过了论文评审小组的审核，幻灯片在陈述论文时播放，并且和开题报告一起提交给研究生委员会。另外，本篇论文早期所做的研究内容也被刊登在了某地区性大型会议的海报上。

　　读者要注意的是，本篇报告中所包含的早期研究并不一定要出现在所有开题报告中，因为在早期研究开始之前，研究生院就要求学生提交开题报告了。下面这篇报告中包含了两个研究目标：一是早期研究的目标，二是在早期目标基础上深入研究的目标。第二个目标实现的条件和实验方法主要取决于早期的研究成果。在早期研究成果的基础上，Gentry增加了新的理论研究依据，并且明确了第二个目标和实验方法依据的条件，其中PROPOSED EXPERIMENT一节参考了PRELIMINARY STUDY。因此，如果没有早期研究的内容，这仍是一份完整统一的开题报告。另外，有些研究生委员会要求将文献综述合并到开题报告中。下面的开题报告样例并不是特定的标准。每份开题报告都应该与实际情况相符，满足委员会的要求，并符合科学实验的研究计划。

POLYCYCLIC AROMATIC HYDROCARBON INFLUENCE ON RHIZOSPHERE MICROBIAL ECOLOGY

INTRODUCTION

Contamination of soil by toxic organic chemicals is widespread and frequent. This is sometimes the result of large-scale incidents such as the Exxon Valdez oil spill in Alaska (Pritchard and Costa, 1991). But, more often, smaller areas of soil are polluted. Cole (1992) estimated that in the United States there are 0.5 to 1.5 million underground storage tanks leaking into the surrounding soil. Polycyclic aromatic hydrocarbons (PAHs) are a major constituent of many of these pollutants. These PAHs are characterized by their toxicity and persistence (Sims and Overcash, 1983).

　　Phytoremediation is a technology that may provide cheaper, more permanent and less invasive amelioration of these contaminated soils than other remediation methods (Cunningham and Lee, 1995). Curl and Truelove (1986) described the rhizosphere as the zone of soil under the direct influence of plant roots and in which there is an increased level of microbial numbers and activity.

The rhizosphere of numerous plants has been shown to increase the biodegradation of various organic contaminants (Anderson and Coats, 1995). Aprill and Sims (1990) found increased disappearance of four PAHs in soil columns planted with prairie grass compared with nonvegetated soil columns. Reilley et al. (1996) reported an increased degradation of pyrene and anthracene in the rhizospheres of three grasses and a legume.

Although much work has been done on manipulating the soil microflora, little is known about the determinants of rhizosphere microbial ecology (Bachmann and Kinzel, 1992). Anderson and Coats (1995) suggest that a better understanding of the mechanistic interactions among plants, microorganisms, and chemicals in the root zone will help identify situations where phytoremediation can be appropriate.

In a preliminary study we assessed the diversity of microorganisms present in two soils without vegetation and in the rhizosphere of bahiagrass (*Paspalum notatum* Flügge, var. Argentine). The goal of the proposed study is to determine how populations of microorganisms in the rhizosphere respond to the presence of a PAH.

PRELIMINARY STUDY

The objective of the preliminary experiment was to assess the impact of bahiagrass rhizosphere on bacterial density and diversity in two soils.

Materials and Methods

The experiment was conducted under preset conditions on a Captina silt loam (fine-silty, siliceous, mesic Typic Fragiudults) at the University of Arkansas-Fayetteville and on an Appling sandy loam (clayey, kaolinitic, thermic Typic Kanhapludults) at the University of Georgia-Athens. Field moist samples from the Ap horizons of the soils were passed through sterile 2-mm sieves and stored at 4℃ until the beginning of the experiment. Cone-tainers® were surface-sterilized by submerging in 30% bleach for 15 min and rinsing with sterile deionized water. Sterile cheesecloth patches were placed in the bottom of cone-tainers®. Sixty grams of moist soil (52.4 g dry weight) was weighed into respective surface-sterilized cone-tainers® and incubated in growth chambers with day/night cycles of 16/8 h and 27/16 ±1℃. For 2 weeks prior to planting, soils were maintained at 60% of –0.03MPa (14.2% w/w) soil moisture potential with sterile distilled water.

To reduce plant genetic variability, bahiagrass, an apomictic plant, was selected for the experiment. One gram of seed was weighed into a scintillation vial. Ten milliliters of 95% ethanol was added to the seed and vortexed. Ethanol was removed from seed by pipette. The vial containing ethanol-cleaned seed was placed onto ice in an ice bucket. Ten milliliters of concentrated sulfuric acid was added to the vial. The seed were vortexed a few seconds every minute during the 8-min scarification process. Sulfuric acid was drawn off by pipette, and the seed were rinsed seven times with distilled water.

Scarified seed were surface-sterilized with 10 mL of 30% bleach solution added to the vial. Seed were sterilized for 30 min and were vortexed for a few seconds every 5 min. Bleach solution was drawn off, and 10 mL of sterile 0.01 M HCL was added to the vial, vortexed, and allowed to stand for 10 min. A pipette was used to remove the 0.01 M HCL from the vial, and the seed were rinsed with sterile distilled water six times. Sterile seed were inserted between moist sheets of sterile filter paper in Petri dishes and placed in an incubator at 30 ± 1 ℃. After 4 days, five germinated seeds were planted in respective, pre-incubated Cone-tainers® and covered with 1 cm of sterile sand. Cone-tainers® were returned to the growth chambers and maintained at the same conditions as prior to planting. Seedlings were thinned to one per Cone-tainer® after emergence. Bulk soil in control Cone-tainers® received no seed but was otherwise treated the same.

Plants were harvested 3 weeks after planting. Cone-tainers® were sectioned vertically with a sterile scalpel, and plant shoots were cut off at the soil surface. Soil was emptied onto sterile aluminum foil. Roots were carefully removed from the soil and lightly shaken against a sterile surface to remove loosely attached soil. Roots plus tightly adhering, rhizosphere soil were placed into 99-mL dilution blanks for the 10^{-2} dilutions. One gram of soil from the nonvegetated soil Cone-tainers® was utilized for the corresponding 10^{-2} dilutions of nonrhizosphere (bulk) soil. Samples were serially diluted and spread-plated on 1/10-strength trypticase soy agar ($0.1 \times$ TSA) containing 100 mg cycloheximide/L. Total numbers of aerobic, heterotrophic bacteria were determined after incubation of plates at 28 ± 1 ℃ for 2 days (Wollum, 1994).

Approximately 60 well-separated bacterial colonies were randomly selected from each treatment: Captina bulk soil, Captina rhizosphere, Appling bulk soil, and Appling rhizosphere. Isolates were restreaked twice on $0.1 \times$ TSA plates to check for purity before a final transfer to $1 \times$ BBL brand TSA (Becton Dickinson and Co., Cockeysville, MD). After 24 ± 2h of growth at 28 ± 1 ℃, about 40 mg of each isolate was extracted for fatty acid methyl ester (FAME) analysis (Sasser, 1990).

Extracts were sent to the University of Delaware and analyzed by gas chromatography with the MIDI system (MIDI, Newark, DE). Fatty acid profiles were compared with aerobic bacteria in the TSBA library from MIS Standard Libraries. A similarity index of ≥ 0.4 was considered a match for the genus (Kennedy, 1994; Sasser, 1990).

A 2-sample t-test was used to compare the total bacterial numbers in the bulk soil and rhizosphere for each soil. The distributions of bacterial genera for soil (Captina, Appling)-treatment (bulk soil, rhizosphere) combinations were compared by a chi-squared test for equality of distributions. Where small expected cell counts invalidated the usual chi-squared test, Fisher's exact test was used. The P values at ≤ 0.05 were considered significant.

Results and Discussion

Total numbers of soil bacteria for the bulk soil and bahiagrass rhizosphere of the Captina silt loam were 1.0×10^7 and 1.1×10^7 colony-forming units (CFU)/g of dry soil, respectively, and were not significantly different (Table A5.1). Similar data were recently reported for bulk soil and alpine bluegrass (*Poa alpinus*) rhizosphere of Captina silt loam (Nichols et al., 1996). The bluegrass demonstrated a slightly larger rhizosphere influence than the bahiagrass on the total number of bacteria, but this difference may have been partly due to the longer growth period utilized in that experiment.

In contrast, total bacterial numbers of the Appling sandy loam were 0.6×10^7 and 1.8×10^7 CFU/g dry soil in the bulk soil and rhizosphere, respectively, and were significantly different. A comparable increase in bacterial numbers has been shown for a soybean (*Glycine max*) rhizosphere in Appling sandy loam (Cattelan et al., 1995).

The observed rhizosphere influence on bacterial numbers was relatively small with R/S ratios of 1.1 for the Captina silt loam and 3.2 for the Appling sandy loam. Published data indicate that grasses typically exhibit low R/S ratios as compared to legumes (Curl and Truelove, 1986).

TABLE A5.1   Total Bacterial Numbers in Bulk Soil and
Bahiagrass Rhizosphere (Rhiz) of Captina and Appling Soils

Captina Silt Loam			Appling Sandy Loam		
Bulk	Rhiz	R/S*	Bulk	Rhiz	R/S
10^6 CFU/g dry soil			10^6 CFU/g dry soil		
10.0a**	11.0a	1.1	5.8a	18.3b	3.2

*Ratio of rhizosphere/bulk soil populations.
**For a given soil, numbers with the same lowercase letter are not significantly different at the 5% level.

Although there was no measurable difference in the total number of bacteria between the bulk soil and bahiagrass rhizosphere of Captina silt loam, there was a significant increase in diversity in the rhizosphere (Figure A5.1). The percentage of *Bacillus* spp. decreased from 84% in the bulk soil to 25% in the rhizosphere. Accordingly, the number of bacterial genera represented in the rhizosphere was increased with the appearance of *Alcaligenes* and *Burkholderia* + *Pseudomonas* spp. There was a concomitant increase in the proportion of *Arthrobacter* and *Micrococcus* spp. Also, the number of unidentified bacteria (similarity indices <0.40) increased from 12% in the bulk soil to 39% in the rhizosphere.

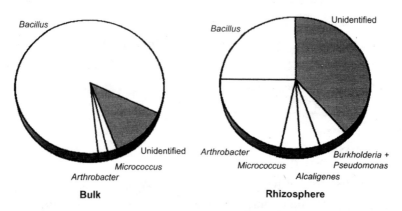

FIGURE A5.1   Relative proportions of bacterial genera isolated from the
Captina silt loam bulk soil and bahiagrass rhizosphere.

Despite the decrease in the percentage of *Bacillus* spp., the gram-positive bacteria *Bacillus* and *Arthrobacter* were dominant in the Captina bulk soil and rhizosphere. Only small numbers of gram-negative bacteria such as *Pseudomonas* were identified. These results differ from those reported by other investigators that gram-negative bacteria predominate in the rhizosphere (Curl and Truelove, 1986). The gram status of unidentified isolates has not been determined.

In contrast, Appling sandy loam demonstrated no significant change in bacterial diversity between the bulk soil and rhizosphere (Figure A5.2). Only three bacterial genera were identified in the bulk soil and in the rhizosphere. Identified bacteria were mostly *Bacillus* and *Arthrobacter* spp., and their numbers were relatively consistent at 21% and 10% in the bulk soil and 25% and 10% in the rhizosphere, respectively. The majority of the isolates from the bulk soil and rhizosphere were not identified, 68% and 63%, respectively. Cattelan et al. (1995) reported that there was no significant difference in the relative frequency of bacterial genera of the bulk soil and soybean rhizosphere of Appling sandy loam when sampled at 3 and 15 days after planting.

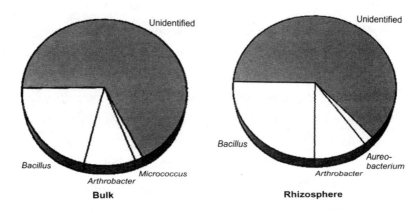

FIGURE A5.2　Relative proportions of bacterial genera isolated from the Appling sandy loam bulk soil and bahiagrass rhizosphere.

Again, in contrast to the reported data (Curl and Truelove, 1986) the gram-positive genera *Bacillus* and *Arthrobacter* comprised the majority of identified isolates from the bulk soil and rhizosphere of the Appling sandy loam. In addition, the gram status of a large, unidentified percentage of bacterial isolates has not been determined.

Conclusions

The data indicate that bahiagrass rhizosphere significantly increased the bacterial diversity in the Captina silt loam but did not influence the bacterial diversity in the Appling sandy loam. The soil appeared to impact the rhizosphere effect on bacterial diversity. More soils need to be tested to clarify these results. The total rhizosphere influence on bacterial numbers and diversity may be underestimated due to the inability to culture and/or identify a large portion of the soil bacterial population by current methods.

PROPOSED EXPERIMENT

With some knowledge of its microbial ecology from the preliminary experiment, Captina silt loam has been chosen as the soil to assess the influence of a PAH on the microbial ecology in the rhizosphere. Likewise, bahiagrass will be one of the plants studied. Alfalfa (*Medicago sativa*, var. Vernal), a legume, has been added to the study because of its demonstrated rhizosphere influence (Nichols et al., 1996). Pyrene, a four-ring PAH, will be the contaminant due to its recalcitrance in soil (Rogers et al., 1996).

Objective

The objective of this study is to determine the effects of pyrene on the rhizosphere microbial ecology of bahiagrass and alfalfa.

Materials and Methods

Treatments will be similar to those used in the preliminary study, and comparisons will be made between bulk soil, bahiagrass rhizosphere, and alfalfa rhizosphere with and without pyrene. The Captina silt loam will be collected and sieved through a sterile 2-mm sieve. Sieved soil will be stored at 4℃ in Ziploc® bags until the experiment begins. Soil equivalent to 750 g dry weight will be added to glass 1.5-pint jars, which have been sterilized by rinsing once with 30% bleach solution and six times with water to remove residual bleach before soil is added.

Pyrene will be ground in a mortar and pestle, passed through a 250-μm sieve, and mixed into soil at a level of either 0 mg/kg or 2000 mg/kg. Controls with no pyrene will be used. Soil in jars will be pre-incubated for 2 weeks at room temperature. Soil is to be maintained at −0.03MPa soil moisture potential by daily addition of sterile distilled water.

Bahiagrass and alfalfa seed will be germinated and planted into respective jars using procedures outlined in the preliminary study. Plants will be harvested 10 weeks after planting following procedures outlined in the preliminary study. Samples will also be spread-plated onto Martin's medium to determine the number of fungi and onto starch-casein agar to determine the number of actinomycetes (Wollum, 1994). Approximately 500 colonies each of the actinomycetes, bacteria, and fungi will be isolated from spread-plates and inoculated into Bushnell-Haas broth containing 50 mg/10 mL pyrene to determine whether the microbial isolates are capable of using pyrene as a sole C source and can degrade the compound. Pyrene in the rhizosphere and nonrhizosphere soil will be extracted and respective levels determined by gas chromatographic analysis.

Statistical analysis will be the same as those outlined in the preliminary study.

Conclusions

Much work has been done to determine the rhizosphere effect on the biodegradation of organic contaminants. Studies have attributed the increased degradation of several compounds in the rhizosphere of numerous plants to microorganisms. In contrast, very few studies have examined the effect of contaminants on the microbial ecology of the rhizosphere. An increased understanding of the microbial interactions in the rhizosphere may make possible more precise manipulation of the rhizosphere microbial population for the biodegradation of organic contaminants. These experiments should identify specific microorganisms capable of degrading the PAH pyrene. Additionally, the increased knowledge of rhizosphere microbial ecology in contaminated soil may lead to the selection of appropriate plants capable of stimulating an indigenous or introduced microbial population to enhance the remediation of contaminated sites.

REFERENCES

Anderson, T. A., Coats, J. R., 1995. An overview of microbial degradation in the rhizosphere and its implications for bioremediation. In: Skipper, H. D., Turco, R. F. (Eds.), Bioremediation: Science and Applications. ASA, CSSA, and SSSA, Madison, WI, pp. 135-143. (SSSA Spec. Publ. 43).

Aprill, W., Sims, R. C., 1990. Evaluation of the use of prairie grasses for stimulating polycyclic aromatic hydrocarbon treatment in soil. Chemosphere 20, 253-265.

Bachmann, G., Kinzel, H., 1992. Physiological and ecological aspects of the interactions between plant roots and rhizosphere soil. Soil Biol. Biochem. 24, 543-552.

Cattelan, A. J., Hartel, P. G., Fuhrmann, J. J., 1995. Successional changes of bacteria in the rhizosphere of nodulating and non-nodulating soybean (*Glycine max* (L.) Merr.). In: (poster) 15th North American Conference on Symbiotic Nitrogen Fixation, Raleigh, NC, 13-17 Aug. 1995.

Cole, G. M., 1992. Underground Storage Tank Installation and Management. Lewis, Chelsea, MI.

Cunningham, S. D., Lee, C. R., 1995. Phytoremediation: plant-based remediation of contaminated soils and sediments. In: Skipper, H. D., Turco, R. F. (Eds.), Bioremediation: Science and Applications. ASA, CSSA, and SSSA, Madison, WI, pp. 145-156. (SSSA Spec. Publ. 43).

Curl, E. A., Truelove, B., 1986. The Rhizosphere. Springer-Verlag, Berlin.

Kennedy, A. C., 1994. Carbon utilization and fatty acid profiles for characterization of bacteria In: Weaver, R.W. (Ed.), Methods of Soil Analysis. Part 2. Microbiological and Biochemical Properties, vol. 5. Soil Science Society of America, pp. 543-556.

Nichols, T. D., Wolf, D. C., Rogers, H. B., Beyrouty, C. A., Reynolds, C. M., 1996. Rhizosphere microbial populations in contaminated soils. Water, Air, and Soil Pollution. (in press).

Pritchard, P. H., Costa, C. T., 1991. EPA's Alaska oil spill bioremediation project. Environ. Sci. Technol. 25, 372-379.

Reilley, K. A., Banks, M. K., Schwab, A. P., 1996. Dissipation of polycyclic aromatic hydrocarbons in the rhizosphere. J. Environ. Qual. 25, 212-219.

Rogers, H. B., Beyrouty, C. A., Nichols, T. D., Wolf, D. C., Reynolds, C. M., 1996. Selection of cold-tolerant plants for growth in soils contaminated with organics. J. Soil Cont. 5, 171-186.

Sasser, M., 1990. MIDI Technical Note #101: Identification of bacteria by gas chromatography of cellular fatty acids. Microbial ID, Inc., Newark, DE.

Sims, R. C., Overcash, M. R., 1983. Fate of polynuclear aromatic compounds (PNAs) in soil-plant systems. Residue Rev. 88, 1-68.

Wollum II., A. G., 1994. Soil sampling for microbial analysis In: Weaver, R.W. (Ed.), Methods of Soil Analysis. Part 2. Microbiological and Biochemical Properties, vol. 5. Soil Science Society of America, pp. 1-14.

附录6　论文写作之路

无论是传统的学位论文，还是欲发表的稿件，都是我们获取学位证书、发表文章、获得工作或者深造机会的手段。论文是研究生学习的重要组成部分，本章中图A6.1以学制为两年或两年半的研究生教育为例，介绍了两种完成学位论文和出版的形式。如果要完成一篇更复杂的博士论文或发表更多的论文，则需要花费更多的时间。虽然增加了更多的工作内容，但是过程和方法不变，只是每个环节的顺序可能会发生变化，比如最终环节的论文答辩、求职、出版等可能会同时进行。在开始下一阶段学习、深造或进入职场之前，一定要保证学位论文的顺利完成。

在论文写作过程中，你可能会发现完成每一个环节都像跨越一个障碍。为了便于理解，我将整个过程划分成7个阶段。其中，每一个环节里的活动有可能同时发生，也有可能提前到上一个环节或推迟到下一个环节。比如，文献搜索、编写开题报告、开始实验研究有可能同时进行，但如果在研究开始前已经做了部分文献收集或整理了部分研究方法，就会非常有利于后续的研究。

A6.1　阶段1

为了保证写作的顺利，计划制订必须完美无误、切合实际。首先要选择合适的研究方向，其次要选择一个值得信赖的导师，毕竟你们之间需要相处至少两年。以上所有活动的前提是你已对即将就读的学校进行了详细调查，了解自己所在研究生院的优势研究领域，并掌握了几位相关研究方向的教授的基本信息，这能帮助你选定合适的导师。比如，你可以事先阅读几本待选教授的著作，并分别与他们进行交谈，在有一定的了解后再向学院提出申请，选择其中一位作为导师。

去图书馆查找、探究与导师的研究方向相关的主题，见导师时就会对自己研究课题的相关内容有一些思考和想法。在导师的帮助下，考虑可能的研究假设并选择具体的研究目标。此时，之前相关主题的文献阅读就显得非常有益。基于研究主题的范围，在导师的帮助下，选择研究生答辩委员会成员，并就研究计划拜访他们，获得指导。接下来正式开始工作。

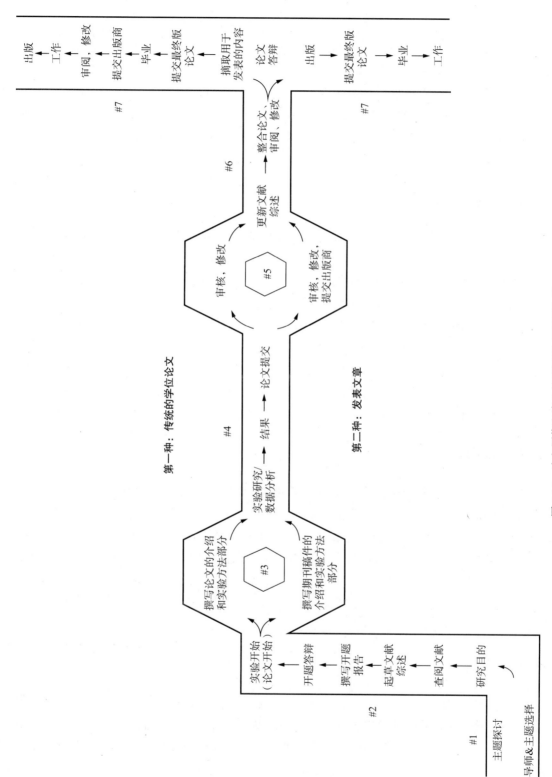

图 A6.1 论文写作和毕业的流程图（两种形式）

A6.2　阶段2

在阶段2，首先要明确研究的目的，然后开始搜索文献，编写文献综述的初稿。文献综述要经过不断更新，直到论文定稿，并且文献综述要独立成章。在完成文献综述初稿后，接下来要开始撰写开题报告，报告必须经过导师的审核，然后按照审核意见再进行修正。有很多导师会要求学生在递交报告前对所做的研究进行一个简单的验证实验。在导师同意开题后，将报告上交研究生开题答辩委员会，并按期参加答辩会。在此期间，学生还需要学习一些研究生课程，从开学到此时已经过了大概半年甚至更长的时间，如果拖沓、不认真，这两个阶段就可能要花一年甚至更长时间。

A6.3　阶段3

在开题答辩结束后，除了上课时间，学生剩余的学习时间大都用于论文的写作。为了有效地利用这部分时间，在研究开始之际，就应该选择合适的论文模式，此时写作之路就已经有所不同。关于更多论文格式的详细内容详见第6章。一般，传统的论文包括五部分，介绍（Introduction）、文献综述（Literature Review）、方法（Methods）、结果（Results）和讨论（Discussion）。除此之外，也许某些论文中还包括摘要和附录部分，这种传统的论文在完成前不会发表在任何刊物上，但其中代表性的观点和数据随后会被摘录发表。如果论文选择的是期刊稿件发表之路，意味着从开始写作时就要将文章的发表牢记于心，除了以上提到的代表性内容，其余支撑性材料均包含在文献综述和附录中。因此，在阶段3，两种不同的写作模式下需要分别编写符合各自格式要求的介绍和实验方法部分。

A6.4　阶段4

在实验研究和数据分析结束后，接下来就是得出具体结果。整个研究可能会持续一年半。在得出研究结果后，学生就要准备参加一些专业的学术会议，通过PPT或者海报宣传的方式向他人讲述实验研究的过程和结果，这样既能拓宽其在该领域的知名度，又能提前寻找潜在的工作机会。在开会时就可以寻找工作机会，以及收集未来的潜在雇主的联系方式，但是一定要先完成论文，再去工作。同时，也要不断地修改论文的各个章节。如果打算摘录论文中具有代表性的观点或数据进行发表，就要充分利用这段时间对欲投稿件进行同行评议，并随时准备投稿。

A6.5　阶段5

在阶段5中，比较重要的环节是审校和修改论文。无论选择哪种论文写作模式，如果需要的话，应补充完整附录和摘要等内容。另外，再次更新文献综述部分。即便导师没有给出修改意见，也要不断地对论文进行修改、审校，整合论文。通常，每篇论文会修改6次甚至更多。

A6.6　阶段 6

两种不同的论文写作之路在这一阶段后又要分开了。准备论文答辩的时候就意味着已经顺利地通过了阶段 6，但是要警惕可能出现的工作机会。

如果选择的是期刊论文发表之路，那么现阶段正在进行的活动应该是内部审校、编辑校稿或者出版社已将审阅后的稿件返回，等待接下来的修改与发表。辅助性的章节，或者包括所有研究数据的论文附录都不适合发表。如果写的是传统的学位论文，那么现阶段要做的是摘录代表性观点和数据，整理成一篇待发表的稿件，并邀请内部专家审阅。在这个阶段准备论文发表，既能帮助后期有充足的时间找工作，又不至于让自己无所事事。在前期，虽然这种方式要比从一开始用期刊稿件发表的方式更顺利、更简单，但是一旦向评委会提交了最终版的论文，就会面临接踵而来的审校、修改和出版工作，这并不轻松。

A6.7　阶段 7

在阶段 7 中，也许你会同时面临论文或待发表稿件的审校、修改和出版，论文答辩，期末考试，系里的研讨会，求职或面试等事情，但一旦完成这一阶段，既会拿到毕业证书，又能发表一篇文章，还会得到一份工作，或是继续深造。其中，以上环节的顺序取决于你对它们的重视程度，以及采用何种论文写作模式，你可能会在阶段 6 接近尾声的时候才考虑工作、求职和面试，但是一定要完成论文再去工作。如果选择的是期刊论文发表之路，这个时候论文发表可能迫在眉睫，至少已经进入编辑审阅环节，因此临近毕业的时候要非常认真地规划优先考虑事项。有时，找工作会比论文答辩要早，但是切忌为了短期的目标耽误毕业证书。毕业证书和发表文章对于长远规划有着无法估量的意义。一心不能两用，在新工作开始后，就无法再集中精神完成论文写作并发表文章了。如果想继续深造，完成论文答辩和文章发表就会与阶段 1 的活动产生冲突。因此，在以获取最终目标为基准的前提下，需要仔细考虑每一项活动的顺序，以保证顺利地完成阶段 7。

附录7　审稿评论样例

　　下面的这篇评论是密歇根州立大学的 Gail Vander Stoep 教授为某一篇投稿所提的意见（经过作者本人授权使用）。本章中截取了部分片段，我在左侧标注了自己的一些看法，我认为 Gail Vander Stoep 教授的评论不仅透彻，而且条理清晰，对稿件的内容、结构框架，甚至是具体的观点都进行了详细的评论，甚至标注了需要修改的具体细节。通篇阅读后，可以看出评论人对稿件的质量稍有担心，但是却认可了稿件的价值。虽然稿件仍有很多缺点，然而评论人的评论是积极的，批判和评价的观点是客观的。批评令人信服，而且都附上了修改建议。稿件的作者也对这个评审表达了由衷的谢意，并参考了修改意见，修改了两次之后就顺利发表了。

University-Based Education and Training Programs
in Ecotourism or Nature-Based Tourism in the USA

for

Journal of Natural Resources and Life Sciences Education

GENERAL REVIEW, RELEVANCE, AND RECOMMENDATION

积极的肯定

It appears that the content of the article fits within the scope of the journal content. Issues of resource preservation, conservation, resource use and management, and tourism are not new, but consideration of all of these issues certainly is gaining wider attention across many sectors. University-based education that facilitates systems-based resource analysis, planning, and management is critical. I would support

关注读者群体

publication of this article. However, I recommend revisions to clarify, focus, and tighten the paper, as well as to make it more relevant to JNRLSE readers.

Improving Relevance for Readers

对内容的总结性
观点

—Somewhere in the introductory and/or historical perspectives sections, indicate (briefly) how ecotourism/nature-based tourism may have implications for various "natural resource" segments (e.g., natural and archaeological resources and links to agriculture-based tourism).

—Expand the "conclusions and recommendations" section, including discussion of relevance to readers, future curriculum development or revision, and the possible need for continuing education.

Title

给出为何修改标题的原因

Consider removing "and Training Programs" from the title because it appears that the scope of this study is education-based and describes individual courses.

General Editorial Comments

审稿人承认自己也有想不到的、合适的答案

I am returning my copy of the paper with rather extensive comments written directly on the manuscript. Many of the notations are strictly editorial and deal with punctuation, capitalization, syntax, grammar, simplification of sentences, or authors may develop something even better or more in line with their thoughts.

Introduction

积极的肯定

I like the introduction as a way to introduce the concept of and need for incorporating ecotourism concepts into university curricula. The introduction also needs to clearly define the need or rationale for the study and its results. WHY do we need to know about ecotourism/nature-based tourism curricula? Clarify why it's a problem that no data are available. (As stated, it's simply "unfortunate," as viewed by the authors.)

Historical Perspective

I believe the historical perspective section is pertinent to the paper, particularly in defining the terms ecotourism and nature-based tourism. However, the discussion could be expanded to address issues of ... [Reviewer goes into detail here on issues that should be addressed].

审稿人建议删掉这一部分的讨论，她认为等这部分内容可以等到成熟后再提出来更为恰当

I would delete the entire discussion (and Table 1) about ROS and a potential parallel with a TOS. The ideas and linkages are not fully developed; there are some "challengeable" holes in the descriptions ... [Reviewer gives specific examples]. There is not enough space in this article to fully and logically develop the concept. (Perhaps the idea could be more fully developed for another paper for a different outlet.)

结构性意见

Page 4, starting with line 19: This section seems to be more appropriate as part of the "methods" section than "historical perspective."

Research Methods

审稿人以问题的形式表达观点，让作者自己表决是否或如何回答这些问题

Perhaps a little more development of the methods section would be helpful. Some questions I had:
—Any overlap in listing of specific programs/departments among the three lists?
—What types of questions were included in the one-page questionnaire?
—How was content analysis done?
[The reviewer continues with a dozen other questions.]

Results

指出需要明晰结果的意义

Before beginning discussion of actual results, clearly present the response rate versus those responding who OFFER or PLAN TO OFFER a course with ecotourism content. Page 5, lines 16-19 are confusing.
Comment (Page 5, lines 21-22) seems to be more of a conclusion than result.

需要添加细节

Throughout the "results," clarify what the percentages are based upon; e.g., total number of returned questionnaires, total number of schools reporting current and/or future offering of courses, total number of schools currently offering...

审稿人提出了一些细节性问题，帮助原作者在修改时梳理自己的逻辑思维

A couple of logic concerns:
—Page 8, lines 16-18 (see comment on MS); need transition or link to the list of "other common objectives."
—Page 9, lines 8-11, and Figure 5: There seem to be different ways of interpreting "the primary focus" ... actually as "the primary focus" versus simply "a component of." This is confusing.

指出可能会误导读者的细节

Your use of the word "classes" is confusing. Does "class" refer to the four categories or classifications of approaches to instruction or to courses? It may be that the word is used interchangeably.

积极的评价以及帮助读者思考的间接性意见

The descriptions of the four general approaches to instruction are helpful and interesting (and necessary). However, this section could be strengthened by describing HOW the four approaches were determined (perhaps this is more appropriate for the methods section?) and by indicating the number or percentages of courses in this study that use each of the approaches.

Conclusions and Recommendations

明确指出本部分为整篇稿件内容最薄弱的地方，提出了可参考的建设性意见

This section is the weakest part of the paper. Most of the elements currently included in the section would seem more appropriate elsewhere:

—Limitation of scope and diversity: methods section. (However, a recommendation for future research and inventory is appropriate here.)

—Comments about the Ecotourism Society seem more appropriate as a sidebar or footnote.

Beginning on line 3, Page 13: It is not clear how results of the study indicate a need to improve information exchange. This may be a recommendation of the authors but is not directly linked to the results as presented.

This section could be strengthened by expanding the conclusions, adding discussion of implications for ecotourism education/training/industry, and by providing specific recommendations. Explain WHY information exchange is important.

Figures and Tables

评审提出了一个本应是编辑负责的重要修正内容

I suspect that some of the figures may not reproduce well, especially if reduced to one-column size. (I defer to the editors for this.)

Style guidelines for format (including capitalization) should be checked, then used consistently.

关注了图表中的内容是否简洁明确

Discrepancies exist between results in Figure 2 and the "Year" column of Table 2. (Is Figure 2 needed?)

Figure 4: What were criteria for ...

Other comments and questions are written directly on the manuscript. Double check consistency of information and assumptions between tables/figures and narrative within the manuscript.

客观公正地表达了对稿件价值的认可

I recommend that the manuscript be revised with particular attention to clarifying the manuscript and developing a strong "implications" or "relevance" component. It could then be appropriate for publication.

附录8　标题的演变

　　下面提供了6个标题，皆旨在用于描述同一篇研究性文章。也许其中有几个标题的表述稍好一些，也许这6个均不符合你的要求。标题的要求应该是体现关键词，概括论文主旨。从措辞和词序角度思考，引导读者快速抓住论文中心。发表文章时，对标题也会有固定的标准，比如限制长度、字数，要求使用专业术语等。

标题样例

1. Controlling the Bollworm
2. Investigations into the Effects of Several Selected Phenolic Acid Compounds on the Mortality Rate, Developmental Time, and Pupal Weight Gain of the Cotton (*Gossipium hirsutum* L.) Bollworm (*Helicoverpa zea* Boddie) in Studies Involving Larvae Fed a Synthetic Diet in the Laboratory
3. The Effects of Selected Phenolic Compounds on the Mortality, Developmental Time, and Pupal Weight of *Helicoverpa zea* Boddie: Synthetic Diet Studies
4. Benzoic and Cinnamic Acids in Synthetic Diets Retard Development of *Helicoverpa zea* Larvae
5. Influence of Benzoic and Cinnamic Acids on Mortality or Growth of Bollworm Larvae
6. *Helicoverpa zea* Larvae Response to Benzoic and Cinnamic Acids

　　第一个标题的表达形式通常用于时事新闻（或时事通讯）报道的标题，人们通过 Bollworm 一词能简单联想到这是一篇有关棉花生产的新闻，而对于一篇研究性文章来说，这个标题完全没有提供有用的信息。

　　第二个标题过于冗长，并不是所有的词语都有出现的必要。首先，前三个和最后三个单词都可以省略。其次，为什么使用 several selected 而不是 selected？为什么是 phenolic acid compounds，mortality rate，pupal weight gain 而不是 phenolic acids，mortality，pupal weight？除此之外，bollworm in studies involving larvae 可以简化成 bollworm larvae。如果文章的研究主题是 bollworm，那么没有必要在标题中出现 cotton 的学名，毕竟不是在研究 cotton plant。而 *Helicoverpa zea* Boddie 是否需要出现在标题中，则要依据发表的要求。另外，采用专业的学名还是俗名 cotton bollworm 更合适，还要取决于读者的理解能力和发表的要求。

　　第三个标题的长度也超出了一般标题的要求。即使将 The effects of 和 mortality 之前的 the 去掉，长度仍无明显变化。很多出版商不太喜欢带有冒号的双标题，那么是否可以将

synthetic diet studies 放在标题后的摘要中呢？ development 替代 developmental time，还是将developmental time and pupal weight 整个短语替换成 growth 更恰当？同理，无论如何改动标题，都要遵循标题编写的要求：能够概括文章中心内容，方便读者依据关键词进行检索。

　　第四个标题的长度比较合适，但是仍需要做一些改动，比如 in synthetic diets 这一短语是否是整篇文章的关键内容？如果可有可无，那么建议删除。在这个标题中出现了一种特殊的 phenolics，也许有重要的实验意义，可以保留。然而，打破常规的是动词 retards 的出现，它表示了研究结果的状态，一般来说，大众期刊或媒体经常在标题中使用动词，但是科技文章的标题中几乎不会用动词来描写或讨论实验研究的结果，而是引导读者猜测或预测任何可能发生的结果。在实验受控的状态下发生的结果并不一定会成为普遍真理，但是动词的出现看起来像是在宣扬这种"真理"。也许有些期刊中要求标题必须包含动词，因此大家在投稿之前一定要仔细阅读投稿须知。

　　第五个标题与第四个标题长度接近，表达方式类似，但是在这个标题中省略了动词，并且使用了俗名 cotton bollworm 而不是学名。关于名字使用的选择，最主要还是看它能否被读者更好地理解。另外，虽然 mortality or growth 比第四个标题中的 development 多了两个单词，但是意义表达更具体，尤其是第五个标题中还省出了 in synthetic diets 三个单词的空间。

　　第六个标题的形式和内容更加简练。mortality and growth 留在了摘要中，标题中用 response 一词简要概括。这种标题是科技文章的最佳选择，尤其对于科技演讲时的海报宣传和幻灯片演示更是如此。

附录9　摘要的修改过程

　　下面的摘要样例基于Arkansas大学的Justin R. Morris教授所做的科学实验研究，摘要的使用得到了作者本人的许可。为了更好地向读者展示摘要的修改过程，这里将Morris教授的原始摘要做了修改，并加入了一些虚构的想法和数据，然后删减至合适的长度。下面介绍了对这篇摘要所做的4次修改，主要涉及组织结构、内容和用词的更改。在前三份样稿中，词数由373个缩减到280个，再缩减到215个，但是主要内容几乎没有变动。当我将第三次修改后的摘要提交出版商时，编辑要求字数不超过150个词。为了满足这一要求，我删减了部分研究方法和结果、结论和理论内容，第四版只留下140个词，又删除了一些内容，只保留了相对重要的研究目的、最重要的实验方法和结果，详见第四版摘要（Abstract, Version 4）。其中，第三版和第四版摘要的格式和内容均适合发表，但是选择哪一版则要取决于编辑的偏好。

WORKING ABSTRACT 1 (373 WORDS)

Evaluation of Winegrapes for Suitability in Juice Production

研究目的表达不直接

材料部分

研究原理和依据

研究方法

注意重复性词语，比如stored at 37℃和storage at 37℃

Abstract. A series of chemical and sensory analyses was designed to determine which, if any, of 10 winegrapes grown in 1994 in Arkansas were suitable for nonalcoholic grape juice production. Five of the 10 were classified as red grapes: Chancellor, Cabernet Sauvignon, Villard Noir, Cynthiana, and Noble. Five were classified as white grapes: Aurore, Cayuga, Chardonnay, Vidal, and Verdelet. The traditional juice grapes Niagara and Concord were used as controls for comparisons in the study. Sensory quality and consumer acceptability of grape juices depend to a great extent on the process by which the juice is produced but also on the cultivar or blend of cultivars used. With today's processing techniques, winegrape cultivars may also produce nonalcoholic juices acceptable to consumers' tastes. Four different means of juice production were used to process the grapes: immediate press, heat process (60℃), heat process (80℃), and 24-h skin contact after pressing. Processed juices were sealed in 0.8-liter bottles and stored at 37℃. The juices were evaluated 1 month after processing and again after 5 months' storage at 37℃. Chemical and sensory analyses

实验结果

were run. Chemical analysis showed that red grapes had more acidity than did white grapes, but white grapes, except for Cayuga, had more soluble solids. Soluble solid-to-acid ratios were highest in the red grapes Noble and Cynthiana and lowest in the white Chardonnay and Vidal. Other cultivars showed no significant difference in soluble solid-to-acid ratios. Chemical analysis showed no difference within cultivar for the treatment process, except that in 6 of the 10 cultivars, the 24-h skin contact produced more soluble solids. Consumers' preference,

啰嗦

as represented by a sensory panel, for flavor of juices revealed greater preference for nonheat treatments, whereas the heat treatments were more preferred in color evaluations. Flavor was considered to be the most important attribute to the consumer; panelists tended to prefer those juices that had relatively higher soluble solids-to-acid ratios. The most preferred white grape juices were the immediate press of Niagara and Aurore and the 24-h skin contact treatment of Niagara, Verdelet, and

结论不完整

Vidal. Rank preference for flavor of red grape juices did not indicate a significant preference among cultivars, thus suggesting all red winegrape cultivars were equally suited for varietal juice production.

WORKING ABSTRACT 2 (280 WORDS)

精简后的标题

Suitability of Winegrapes for Juice Production

基本原理表达更简练

位置明显

材料部分

研究方法

Abstract. Recently developed processing methods may provide nonalcoholic juices from winegrape cultivars that are acceptable to consumers. Our objective was to test 10 winegrape cultivars and four juice processes to determine their suitability for juice production. The five red grapes (Chancellor, Cabernet Sauvignon, Villard Noir, Cynthiana, and Noble) and five white cultivars (Aurore, Cayuga, Chardonnay, Vidal, and Verdelet) were compared with traditional juice cultivars Niagara (white) and Concord (red). Juices from four processes—immediate press, heat process (60℃), heat process (80℃), and 24-h skin contact after pressing—were sealed in 0.8-liter bottles and stored at 37℃. They were evaluated at 1 month and 5 months after processing. Chemical analysis showed that red grapes had more acidity, but white grapes, except for Cayuga, had more soluble

实验结果

比第一版减少了啰嗦的话语

solids. Soluble solid-to-acid ratios were highest in the red grapes Noble and Cynthiana and lowest in the white Chardonnay and Vidal. Other cultivars showed no significant difference in soluble solid-to-acid ratios.

在内容没有变动的
情况下，尽量简化
语句的表达

Chemical analysis showed no difference within cultivar for the treatment processes, except that in 6 of the 10 cultivars the 24-h skin contact produced more soluble solids. A sensory panel preferred flavor of juices from nonheat treatments but ranked color best in the heat treatments. Flavor, the most important attribute for consumers, was rated highest in juices that had relatively higher soluble solids-to-acid ratios. The most preferred white grape juices were the immediate press of Niagara and Aurore and the 24-h skin contact treatment of Niagara, Verdelet, and

结论完整

Vidal. Rank preference for flavor of red grape juices did not indicate a significant preference among cultivars. Most of these winegrapes may be as suitable as juice grapes for nonalcoholic juice production.

ABSTRACT, VERSION 3 (215 WORDS)

Suitability of Winegrapes for Juice Production

研究原理进一步简化

研究目的
材料部分

研究方法

实验结果

在内容几乎无变
动的情况下，用
词更简化

结论更具体

Abstract. Recent processing methods may provide acceptable nonalcoholic juices from winegrapes. To determine acceptability of the juices, we compared five red (Chancellor, Cabernet Sauvignon, Villard Noir, Cynthiana, and Noble) and five white (Aurore, Cayuga, Chardonnay, Vidal, and Verdelet) winegrapes with traditional juice cultivars Concord (red) and Niagara (white). Juices processed by immediate press, heat process (60℃), heat process (80℃), and 24-h skin contact after pressing were sealed in 0.8-liter bottles and evaluated after l-month and 5-month storage at 37℃. Chemical analyses showed more acidity in red juices but more soluble solids (SS) from white grapes except Cayuga. The SS/acid ratios were highest from red grapes Noble and Cynthiana and lowest for white Chardonnay and Vidal, with no significant differences in other cuhivars. Processes produced no differences within cultivar except the 24-h skin contact produced more SS from six cultivars. A sensory panel ranked color best in the heat treatments but preferred flavor of juices from nonheat treatments. Juices with relatively higher SS/acid ratios rated highest for flavor. Acceptable white grape juices were from the immediate press of Niagara and Aurore and the 24-hr skin contact treatment of Niagara, Verdelet, and Vidal. Panelists indicated acceptance but no flavor preference among red juices. All red winegrapes tested and Aurore, Verdelet, and Vidal white winegrapes appeared suitable for juice production.

ABSTRACT, VERSION 4 (140 WORDS)

Suitability of Winegrapes for Juice Production

无研究原理

研究目的和材料部
分整合在一起，删
减了细节内容

保留了基本的研究
方法

实验结果——删减
了第三版中的细节，
保留了最重要的实
验结果

删除了结论

Abstract. Five red and five white winegrape cultivars were compared with traditional juice grapes Concord and Niagara to determine acceptability of juices. Juices processed by immediate press, heat process (60℃), heat process (80℃), and 24-h skin contact were sealed in 0.8-liter bottles and evaluated after 1- and 5-month storage at 37℃. Red juices had more acidity, but white grapes, except Cayuga, produced more soluble solids (SS). The SS/acid ratios were highest from red grapes Noble and Cynthiana and lowest for white Chardonnay and Vidal. A sensory panel preferred color from heat treatments but flavor of juices from nonheat treatments. Juices with high SS/acid ratios rated highest for flavor. White grape juices were acceptable from immediate press of Niagara and Aurore and 24-h skin contact treatment of Niagara, Verdelet, and Vidal. Panelists indicated acceptance but no flavor preference among red juices.

附录10　图表中的数据

表格

　　表A10.1a和表A10.1b中的信息相同，但是表达不同，表1b在表1a的基础上加以完善，便于读者的理解和阅读。

TABLE A10.1a　Percentage Germination of *Phytolacca americana* Seeds with Hot Water and Sulfuric Acid Treatments

Germination	None	Treatments			
		Hot Water		Sulfuric Acid	
2001		90 min/80℃	12 h/60℃	15 min	30 min
Rep 1	2	19	30	76	49
Rep 2	0	23	30	54	41
Avg. 2 reps	2	21	30	65	45
2002					
Rep 1	3	42	36	80	42
Rep 2	5	28	32	62	76
Avg. 2 reps	4	35	34	71	59
*Mean (both yr)	3	28c	32c	68a	52b

Means followed by the same letter are not significantly different at the 0.05 level.

TABLE A10.1b　Percentage Germination of *Phytolacca americana* Seeds Treated with Hot Water and Sulfuric Acid

Treatment (time/temp)	Germination(%)		
	2001	2002	Mean*
Control	2	4	3d
Hot Water (h/℃)			
1.5/80	21	35	28c
12.0/60	30	34	32c
Sulfuric Acid (h)			
0.25	65	71	68a
0.50	45	59	52b

* Means followed by the same letter are not significantly different at 0.05 level.

在表A10.1a中，从标题到内容的组织形式比较混乱，不能让读者一目了然。比如，左侧一列中的Rep与表头的Germination（发芽）无关，而右边的几列数据是指Germination，不是Treatments，并且数据的符号也不是百分比；2001年的情况与2002年的情况应该是并列的关系，而不是像表A10.1a中，将2001年放在标题栏里；Treatments的时间单位不统一，有时也有分。除此之外，表中的数据信息太多，容易混淆读者的注意力，应该选取有代表性的数据，没有必要研究相同年份、相同物理环境下的发芽情况，只有不同年份、不同物理环境下的发芽情况的平均值才有分析的价值。

通过运用统计分析原理，统一时间单位（h）和百分比符号（%）后的表A10.1b中的信息更清晰，方便读者阅读和理解。在发表文章时，如果出版社对版面空间不限制，并且表格对实验研究很重要，那么不妨采用表A10.1b的格式，但是也有的作者仅仅只用几组平均百分比的数据和文字就能描述不同实验条件下的区别。

图

图A10.1a和图A10.1b描述了几组相同的数据值。在图A10.1a中，上面的三组数据均代表poultry manures（家禽肥），并无明显区分。图中用来表达6组数据的符号分别是黑色圆圈、正方形和三角形。在区分poultry manure数据方面，这些符号的意义很不明显。

坐标轴 x 的单位间距比 y 轴短，导致了直线上的数据排列非常紧凑。Time和days有点多余，只留days就足够了。坐标轴上的刻度应该方向朝外，不应该超过轴线内侧。另外，x 轴上的数值太多，并不是每一个标记出的时间都对应了 y 轴上的数据。x 和 y 坐标轴上的最后一个刻度值必须对应最后一个数据点，10^0 到 10^2 之间的空白被白白浪费，并不是每一套坐标轴的轴心都要以0开始，图A10.1b的 y 轴是对数，不用必须以0开始。

注意观察图A10.1b与图A10.1a中有哪些不同。首先，前三组数据合并为一组poultry manure；其次，*Escherichia coli* 的绝种对三种poultry manures没有明显影响；R^2 代表了回归线的几何平均值；最后，图A10.1b中还更改了线条类型、符号类型和坐标轴刻度值，让读者更易理解。通过加长 x 轴，删除粗框，突出等值符号的标记，使图A10.1b变得简洁大方、一目了然。

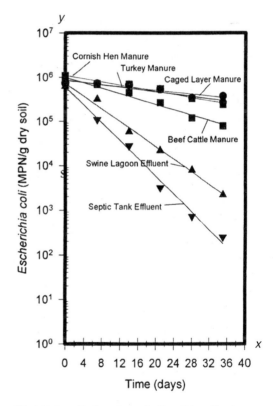

图 A10.1a　*Escherichia coli* die-off in a Captina silt loam amended with Cornish hen manure, turkey manure, caged layer manure, beef cattle manure, swine lagoon effluent, or septic tank effluent.

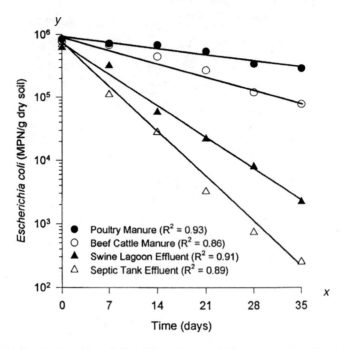

图 A10.1b *Escherichia coli* die-off in a Captina silt loam amended with poultry
manure, beef cattle manure, swine lagoon effluent, or septic tank effluent.

附录11　获得版权使用许可信函样例

　　本书附录7中引用了Gail Vander Stoep教授的一篇评论，在征得同意前，我专门写信给Gail教授，以期能够获得文章版权的使用许可。虽然，Gail教授的这篇评论的版权并没有经过正式登记，但是版权仍归她自己所有。在信中，我明确解释了文章将要被引用在哪本书中，并随信附上了将会发表的版本材料。在信的最后，我向Gail教授承诺会在书中对她表示谢意和尊敬。

　　一旦信件中的许可被签署，就可以作为官方授权使用的证明。如果想要引用的内容和章节比较多，最好采用表格形式将每个部分详细列出来，并随信附上。而对于原文作者来说，他们也会保留一份双方签署好的版权使用许可文件。

Department of Agronomy
University of Arkansas
Fayetteville, AR 72701
13 May 1996

Dr. Gail Vander Stoep
Michigan State University, PRR Department
131 Natural Resources Building
East Lansing, MI48824-122

Dear Dr. Vander Stoep:

　　I am preparing a handbook, entitled *Scientific Papers and Presentations*, to be published by Academic Press, Inc., San Diego, California, in 1996. The book will be used by graduate students in the sciences and by career scientists. To illustrate points that I make in the text, I plan to use several appendices. I want one of these to be the review you did for the *Journal of Natural Resources and Life Sciences Education* on the manuscript entitled "University-Based Education and Training Programs in Ecotourism or Nature-Based Tourism in the USA."

　　Can you please grant me permission to reproduce an abridged version of your review in this book and in any subsequent editions or reprints thereof. I enclose a copy of the version I want to publish.

　　With my use of the review, full credit and acknowledgment will be accorded to you. Please confirm your permission for me to use this material by completing the form below and returning this sheet to me. I enclose a duplicate for your files.

Sincerely,
Martha Davis

Permission is granted for use of the materials described in the letter above.
Date_____　　　　Signature_____
　　　　　　　　　　　　　　　　Title_____

附录12 视觉道具中色彩的应用

Eduard Imhof是一位知名的制图专家，他对色彩的使用非常专业。下面关于色彩理论的内容引自Imhof的*Cartographic Relief Presentation*一书中的第4章，The Theory of Colors（已获得Walter de Gruyter出版社授权使用）。我建议所有对色彩使用感兴趣的读者参考此内容。因为Imhof是一位制图专家，他对色彩的理解侧重于地图，所以读者在阅读下文时，要把其中的map理解成visual aid（视觉道具），才能将文中讲述的原则和规则应用到实际的幻灯片、海报或其他视觉展示中。读者在理解其含义时，注意以下4条重要信息：

- 柔和色系、中色系或类似浅灰色可作为背景色，可大面积使用；
- 亮色系、对比强烈的色彩适合突出重点，应小面积使用；
- 同时使用不同颜色时，颜色要互补、和谐；
- 为了清楚地表达（地图或者可视图像）作者的重点，要保持前后颜色的统一性，以便交流活动的顺利进行。

Imhof的色彩理论

色彩统一与色彩搭配

鹰的眼睛远比人类的眼睛更加敏锐，但是它无法从捕获的图像中判断出食用物质和危险物质，而人类是一种智力和思想都高度发达的生物，在他们的眼中，这个世界由有形状和颜色的实体组成，他们将自己的双眼能够感知到事物看成一种心理感受。比如，人们认为红色的玫瑰非常漂亮，就会把这样一幅图画挂在自己的床头来欣赏，但是如果同样的颜色出现在带有伤口的图片上，那剩下的就只有恐惧了。这就是两种不同的心理感受。

颜色本身无美丑，当它与实际物体、意识或者周围环境联系起来时，就会给人一种不同的感知。声学中有和声、旋律的概念，通常是指两种及以上的声音组合在一起，按照一定的法则发出的音响组合，这种情况同样也发生在视觉图像中。比如，由两种及以上的颜色按照某种规律和谐地搭配在一起，形成令人感觉舒服的图像。现在，很多专业的艺术家或经过特殊培训的人已经有能力区分出抽象色彩搭配的美丑了。有些简单的纹身中就包含了类似的抽象图画。

科学界对色彩搭配的研究做过多次尝试，这种尝试至今仍在锲而不舍地进行着，想要通过科学手段找出绘画过程中色彩搭配的规律，品鉴画作，但是结果却很难令人满意。与其说有规律存在，不如说是生理感知、经验和时尚的体现。

很多伟大的艺术家已经无数次打破陈规，取得非凡的效果，可以说在绘画和直觉领域，科学逻辑的存在不如艺术感知的威力。

以下我尝试给出色彩搭配的通用规则，目前这种规则非常适用于制图领域。首先是两种及以上颜色的组成。

a) 两种及以上颜色的组成。哪些颜色搭配在一起会令人赏心悦目？哪些颜色搭配又会冲突，不和谐呢？不同情况下的颜色搭配给人带来不同的感受。这些都离不开人们自身对时尚的敏锐度、受教育程度，以及每个人当时的心理倾向、情绪状态，甚至是艺术倾向。

一般来说，两种或两种以上的色彩合理搭配，产生统一协调的效果，称为色彩调和。色环的任何直径两端相对之色都称为互补色。凡是在色环中相对的两种颜色（互补色）都能够实现调和的色组，又称为二色调和的色组。同样的理论可以应用到三色调和中。凡是在色相环中构成等边三角形或等腰三角形的三色，就是三色调和的色组。举例如下：

二色调和：黄色—紫色

橙黄色—蓝紫色

橙色—蓝色

橙红色—蓝绿色

红色—绿色

紫红色—黄绿色

三色调和：黄色—红色—蓝色

橙黄色—紫红色—蓝绿色

橙色—紫色—绿色

橙红色—蓝紫色—黄绿色

纯色会比较刺激视觉，为了让这两组颜色搭配看起来更舒缓和谐，我们不妨加入白色增加亮度，加入黑色调低亮度，或者加入灰色增加柔和度。调和后的柔和色彩比纯色更容易让人接受。

棕色是由黄色、红色和少量的蓝色混合而成的。通过混合不同颜色的量，可以得出不同深度的棕色，比如偏黄棕色的形成离不开蓝紫色的混入，而偏红棕色的形成则离不开蓝绿色的混入。

经验证明，凡两种颜料叠加，色光减少为减色法，两种色光叠加，亮度增加为加色法。两种颜色以某种比例混合后，通过加色法形成白色或灰色区域，或通过减色法形成黑色或灰色区域，可被视为互补色。这一理论也适用于三种原色等量混合时。

达芬奇曾经说过，"自然界有果必有因。"这也是众多科学家开始探索色彩调和原理的原因。也许很多颜色形成的过程与互补色或对比色调和时的顺序有关，也许有更深层的原因，比如说日光的影响。有时，在日光的作用下，几种颜色通过加色法混合成白色，也有可能通过减色法混合成灰色，只是肉眼捕捉到它时已是调和后的色光了。这就是上一段中提到的原理，人类分辨相邻两种颜色的区别是通过区分每个颜色的互补色来完成的。

同理，如果两种不同亮色系的颜色重合在一起时无法产生白色、黑色或灰色区域，就不能称之为互补色，也就很难调和出令人舒服的色彩。例如：

红色—紫色

紫色—蓝色

蓝色—绿色

亮黄色—浅白红色

无论用于制图还是其他目的，黄色是最难搭配的一种颜色。如果搭配和用量合适，黄色可以作为暖色基调，形成良好的视觉效果，但是当黄色与白色或者灰白色搭配时，则会大大降低画面的亮度和饱和度，效果奇差。黄色和白色一般用于室内照明，两者不能相互调和，就如同正午的阳光不会与黄昏时的阳光同时出现一样。不过，因为黄色与蓝色、紫色、蓝棕色为对比色，它们之间可以直接相互调和。

作为中性颜色的白色、黑色和灰色，因为它们的亮度的极端对比，可以与任何亮色系搭配在一起，当然上面所述的白色和黄色除外。在颜色对比很强烈的情况下，可以通过黑色、灰色或暗棕色等调低亮度，降低饱和度。不过，在制图过程中，我们一般不会使用这种配色法。

目前，我们只探讨了颜色本身搭配的方法和原理，尚未对颜色与面积和大小之间的关系，以及色彩亮度等因素展开讨论。如果不同颜色所占的面积或亮度不同，就会直接影响色彩调和后的效果。色彩亮度与面积有直接的关系，色彩越纯、越亮，占用面积应该越小。色彩越暗、越浅、越灰、越中性，占用面积应该越大。当两种亮度接近的颜色搭配在一起时，越亮的颜色占用面积越小，亮度较弱的颜色占用面积越大，这样搭配出的效果才更好。色彩搭配学中，不同颜色的亮度和数量都会对最终效果产生直接的影响。

基于各种现象和经验，我们发现了第二种情况，即色彩渐变，包括通过白色、灰色、黑色或某一种亮色连续不断地叠加，产生渐变色。这种混合法包括不饱和系列、柔和系列和阴影系列。在自然界中出现的渐变色大都是因为观察的距离、光强度或者大气雾霾而形成的。我们的肉眼能够接受这种渐变色，主要还是它们形成的原因比较客观，符合自然规律，并且能够反映出我们所居住的环境。

b) 色彩构成。 "音调、和声、和弦，尚不足以称为真正的音乐"（Windisch）。同样，只有当所有构成要素组合在一起时才能判断图表作品的优劣。这一标准也适用于地图制作。任何单一元素都无法组成一幅完整的图画。不过，制图师不能因作品缺乏品味而将过错归结到构成要素受限的问题上，因为他有多种表达自己审美能力的选择。

以下是六条适用于地图设计的经验法则。

法则 1： 不能大面积使用纯色或亮色系色彩，因为效果比较强烈，视觉易受刺激；只有小面积使用或者夹杂在暗色背景中才能发挥出独特的效果。正如 Windisch 所说，"喧嚣的噪音不是音乐，而钢琴弹奏出的逐渐增强直到最强音出现的旋律才能称为音乐，或者在平静的背景下才能创造出丰富多彩的主题图画。"

地表的构成将不同类别的区域划分出来，其中包括几种极端类别，最高的山脊 / 最深的海沟，最高温 / 最低温等，通常每种类型都是一个封闭的区域。如果面积较小的区域使用亮色或纯色色彩，效果就会比较明显；但是，假如在面积较大的区域应用这种亮色或纯色色彩，则会产生一种比较晃眼、刺激的效果。

法则2：浅色或亮色系色彩与白色混合应用在大面积区域时，会产生一种不和谐的效果。

法则3：如果大面积区域的背景颜色或底色是柔和色彩、浅灰色或自然色，就能明显地突出配有亮色系色彩的小面积区域。正是因为如此，灰色才被认为是最好搭配、最万能、最重要的颜色。最柔和的色彩搭配灰色系是最佳背景色调。这一原则同样适用于制作地图。

法则4：如果一幅图由两个及以上大面积封闭区域构成，并且不同区域绘制了不同的色彩，那么整幅图看起来就像被分割了。这里一定要注意整幅图的色彩的和谐统一，如果混乱地标色，或者像编织时尚地毯那样使颜色绚丽夺目，那么主色调就会像背景色中分散的岛屿。

地表的复杂构成产生了很多封闭区域，布满了整张地图，比如海洋中的岛屿、大陆上的湖泊、洼地和高原等，这些地貌环境经常出现在专业地图中，生动形象地描述了地表的各部分组成。

在这一点上，我们应该重视地图上每个地貌区域的勾画，以及图册和图例的构成。图例中充分利用了每一处空白，巧妙地部署，最终构成了一幅视觉平衡的地图。

法则5：整幅图的基调应该保持和谐统一，尽量使用基本色。自然风光的配色应该包括阳光的中和效果。

在许多地图中，一种特殊印刷的绿色被用来指代低洼地带，区别于蓝色的海洋。通常，这一效果不是很明显，海洋和陆地区域应该以明显的颜色区分。然而，在 Schweizerischer Mittelschulatlas（即 Swiss Secondary School Atlas）和其他版本的地图中，虽然洼地仍用绿色标出，但是浅黄色则用于指代陆地颜色，明显区别于蓝色的海洋。而用于其他地貌的颜色也都属于基本色系。只有通过这种方式，才能保证地图的整体色彩搭配的和谐统一，并且有效地避免了对比色造成的强烈刺激。

不过，这种基本色搭配的做法也不能太过夸张。单一颜色不宜过度使用，而且也不宜过度柔和，否则整幅图会显得黯淡无光。

法则6：与法则5中对基本色的要求类似，颜色使用时还需讲究稳定性或逐级渐变（因重要性不同）原则。在绘制地势时，不断柔和的区域色调很重要。因为地表的连贯性特点，所以在制图时，我们也要求色彩的连续渐变。从空中俯视整个地面时就能观察到这一渐变的景象。

假如搭配颜色时的原则与以上几种法则正好相反，那么图像搭配出来的效果势必也会非常不协调。有些掌握了几种简单原则的人，就喜欢一边和缓地着色，而另一边又浓墨重彩。

在有关形状和色彩元素的问题上，我们应该遵循简洁、清晰、大胆、明确的表达方式。着重关注优秀的作品，少关注一些庸俗的图画。持续不断的噪音让人生厌，而柔和背景下的音调则将力量演绎到了极致。

上一段中提到的表达方式也适用于制图中。地图是图形创作，即便由于某些科学目的而具有较高要求，制作地图仍需要遵循图形创作的原则。虽然，艺术和科学所遵循的原则不同，但是制图时既要考虑科学的要求，又要遵循艺术的规则。只有当地图能够经受住科学和艺术的共同考验，并且能够清楚地表达出制作者的意图时，才能算成功。一幅清晰的地图能够令人感到赏心悦目，而一幅杂乱的地图则容易让人迷惑不解。在这里，清晰和赏心悦目是两个密切相关的概念。

附录 13　幻灯片设计和幻灯片样例

幻灯片设计的第一个原则与设计任何其他科学交流工具一样：确保信息清晰。考虑到观众本身和处理信息的时间，为了让他们获得清晰的理解，要尽可能简单地展示信息。在设计每一张幻灯片时，要将这个原则牢记于心。

简洁的幻灯片应当在视觉上既舒适又具吸引力。但是，吸引设计者的事物并不一定能吸引大部分观众，因此通常情况下最好遵循优质幻灯片的标准来设计。每张幻灯片的信息量，幻灯片上文字与图片的交错，以及图表中的数据通常都是科学幻灯片的基本特征。背景设计、颜色、行距、有限的动画等都有助于幻灯片更简洁、更具吸引力。

幻灯片制作最常见的问题是文字或图片过多。下面的几个样例讲述了如何简化幻灯片上的内容。前两个样例表达的基本内容一致，其中图 A13.1(A) 中的单词 characteristic of 略显多余。作为标题，这里不需要完整的句子，因此图 A13.1(B) 只保留了关键词 Spinach。如果演讲者能够口头表达出完整的句子，相信观众听到后会很快理解这些关键词和这句话的含义。在图 A13.1(A) 中，文字内容过多，观众观看时既要花费时间阅读，又要摘出关键词以便理解，增加了观众的负担，我们应尽可能地简化每一张幻灯片。

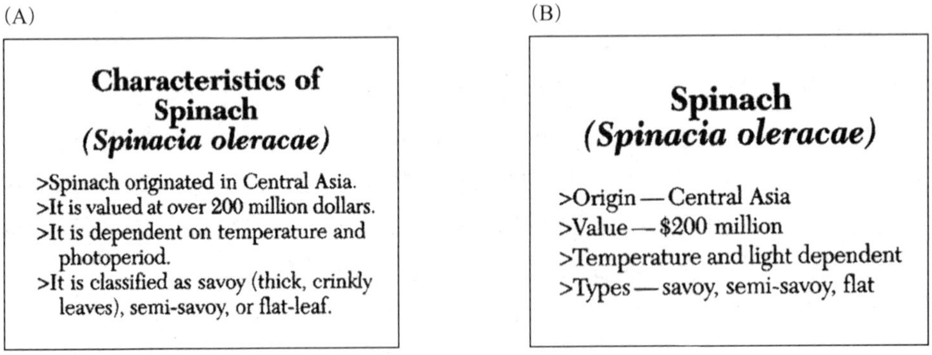

(A)

Characteristics of Spinach
(Spinacia oleracae)

>Spinach originated in Central Asia.
>It is valued at over 200 million dollars.
>It is dependent on temperature and photoperiod.
>It is classified as savoy (thick, crinkly leaves), semi-savoy, or flat-leaf.

(B)

Spinach
(Spinacia oleracae)

>Origin — Central Asia
>Value — $200 million
>Temperature and light dependent
>Types — savoy, semi-savoy, flat

图 A13.1

A13.1　动画

有时可以用流程图来简化需要展示的复杂内容，但是如果把所有内容都罗列在一张幻灯片上，太多的信息只会使观众无从接受。在这种情况下，动画就显得非常重要。在接下来的四张幻灯片中，如图 A13.2 至图 A13.5 所示，向观众循序渐进地展示信息。一边描述相关内容，一边展示相应的幻灯片部分，引导着观众看完所有信息。最后则展示的是整体的幻灯片内容。这就是幻灯片制作中的house-that-Jack-built方法。注意图A13.3和图A13.4中的Ammonium和Nitrate的方框位置与图A13.2中的完全一致。每个方框的位置和周围区域都是互相关联的，我们有效地打破了传统的幻灯片画面平衡惯例。

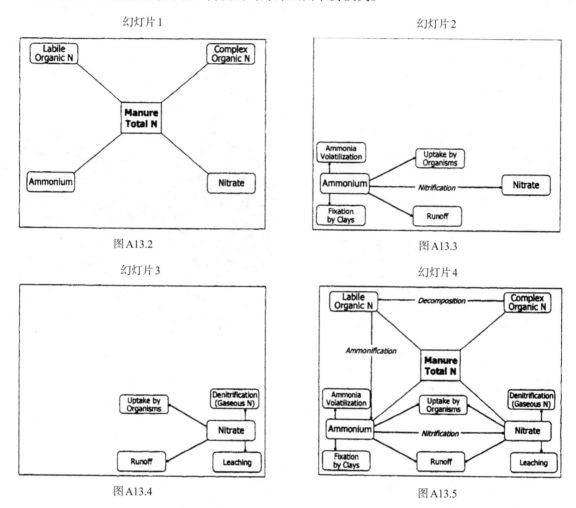

图A13.2　　　　　　　　　　　　　　　　图A13.3

图A13.4　　　　　　　　　　　　　　　　图A13.5

除了要解决单张幻灯片中载入过多内容或者包含过多文字而没有合适的照片或图像，以及如何将其他插图穿插其中的问题，还需要考虑整体的背景设计、颜色、尺寸和间距等问题。

A13.2　背景设计

选用一致的白色、深色或者冷色调为背景，是个不错的选择。简单的背景不会使人们分散注意力，但是非常吸引人的背景设计就会减弱人们对信息的关注。如今计算机软件提供了各种模板，只需要填写文字和数据，有一些非常好用，但是也有一些只是为了营销，并不适合科技论文。无论选择何种背景，要确保该背景设计不会喧宾夺主，不会弱化文字或原本想突出表达的图像。注意，如果所在机构或公司需要在背景设计里包含一个标准徽标，则将其放置在不干扰信息的位置。

A13.3　色彩

模板在色彩与色彩组合中同样适用，但是使用时要谨慎地选择。注意，背景设计尤其是颜色会干扰文本的清晰度，如图A13.6所示。 在图A13.7中，深色使文本更容易辨别，更适合观众阅读。颜色也可以自定义，通常使其更加适合主题和观众。

一般来说，冷色调的深色背景（如深蓝色或深绿色）搭配明亮而不刺眼的暖色（如米白色或浅黄色）的字，会使幻灯片更易读。亮色的使用一定要适度，仅用以突出幻灯片的要点和重点。

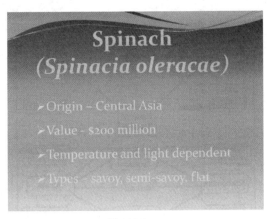

图A13.6

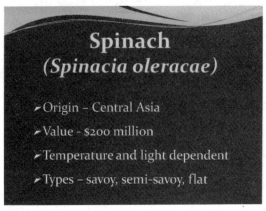

图A13.7

A13.4　尺寸与行距

尺寸和行距会影响幻灯片的可读性与吸引力，如图A13.7至图A13.9所示。行距既要有助于传递信息，又要在美学上使人赏心悦目。不要在任何一张幻灯片中载入过多的文字和图像；不要在一张幻灯片中展示超过两幅图片，一幅为宜。一张幻灯片上的文字过多不利于信息的展示。一整张幻灯片默认单倍或双倍行距并不妥当，如图A13.7所示，标题与文本之间的行距要大于文本之间的行距，但是图A13.9都是单倍行距。

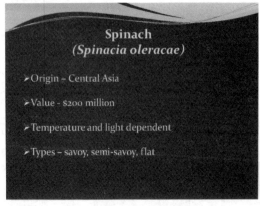

图A13.8

图A13.9

　　图A13.10所示幻灯片是Terry Gentry基于附录5中的早期研究所作，文字幻灯片作为演讲的大纲，只提供了重要的信息，Terry结合反复引用的专家文献介绍自己对植物修复和根际微生物多样性的看法，增加了信度。图片的展现既清晰地与文字内容相连，又在穿插过程中不断地传递信息，完美地诠释了承上启下的作用。而结果部分只有一张表格和两张图，还可以在讲述实验结果时一直将这几张幻灯片放在屏幕上。

2

RHIZOSPHERE BACTERIAL DIVERSITY RELATIVE TO PHYTOREMEDATION OF ORGANIC CONTAMINANTS

Terry J. Gentry

Department of Agronomy
University of Arkansas

3

PAHs
Polycyclic Aromatic Hydrocarbons

Phenanthrene　　　　　Pyrene

4

Pathways of Dissipation

- Volatilization
- Irreversible sorption
- Leaching
- Accumulation by plants
- Biodegradation

Reilley et al., 1996

6

Remediation Techniques

- Physical containment
- Excavation and treatment
- *In-situ* treatment

Lee et al., 1988

7

Factors Controlling *In-Situ* Biodegradation

- Soil water　　　• pH
- Oxygen　　　　• Nutrients
- Redox　　　　　• Temperature

Sims et al., 1993

8

Bioremedation

- Use of living organisms to reduce or eliminate hazards resulting from accumulations of toxic chemicals and other hazardous wastes.

图 A13.10

9

Phytoremedation

- **Use of green plants to remove, contain, or render harmless environmental contaminants.**

Cunningham & Berti, 1993

10

Phytoremedation
If pollutants are:

- **Near the surface**

- **Relatively non-leachable**

- **Not imminent risk to health or environment**

Cunningham & Lee, 1995

12

Rhizosphere

- **Zone of soil under the direct influence of plant roots and in which there is an increased level of microbial numbers and activity.**

Curl & Truelove, 1986

13

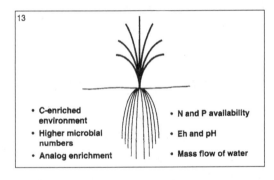

- C-enriched environment
- Higher microbial numbers
- Analog enrichment
- N and P availability
- Eh and pH
- Mass flow of water

14

- **Increased density of microorganisms**

- **Increased biodegradation**

- **Increased diversity?**

Anderson et al., 1995

15

- **Soil bacteria are the primary degraders of PAHs.**

Shabad & Cohan, 1972

16

Objective

- **To assess the impact of the rhizosphere on soil bacterial diversity**

图A13.10（续）

17

Materials and Methods

- Captina silt loam and Appling sandy loam

- Bahiagrass and no plant control

- Growth chamber – 3 wk 16/8 h and 27/16 ±1°C

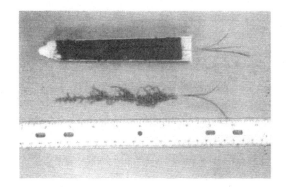

19

- ## Total bacterial numbers

- ## 200 random isolates

- ## Fatty acid methyl ester analysis (FAME)

20

Total Bacterial Numbers

	Captina silt loam			Appling sandy loam		
	Bulk	Rhiz	R/S*		Bulk	Rhiz	R/S
	--- 10^6 CFU/g dry soil ---				--- 10^6 CFU/g dry soil---		
	10.0 a**	11.0 a	1.1		5.8 a	18.3 b	3.2

* Ratio of rhizosphere/bulk soil populations.
** For a given soil, numbers with the same lower-case letter are not significantly different at the 5% level.

21

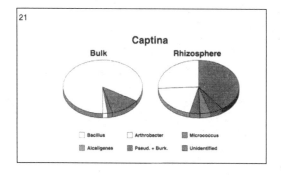

22

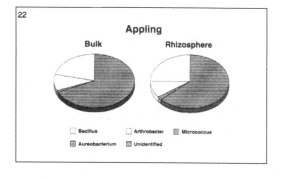

23

Conclusions

- Bahiagrass rhizosphere increased bacterial diversity in Captina silt loam.

- Diversity appeared different between soils.

24

- Increased understanding of the rhizosphere influence on bacterial populations may enhance remediation of PAH-contaminated soils.

图A13.10（续）

附录14 会议演讲

在阅读下面的由 Jay H. Lehr 发表的一篇评论时，你也许会认为他对不称职的演讲者的控诉过于严肃，提出的惩罚措施过于冷漠，但假如你不远万里来聆听一场科学演讲，希望获得专业发展与提升，然后却发现演讲的内容毫无参考价值，演讲者表达不清楚，照本宣科，幻灯片难以辨认，演讲冗长甚至占用了下一位演讲者的时间，那么此时你肯定非常赞同 Lehr 的言论。为了更好地达到演讲的目的，建议大家参考 Lehr 提出的一些意见，他在观众、主题、视觉道具、沟通方式等方面有独特的见解。也许下面提出的惩罚还带有某种玩笑的性质，但是在如何提升演讲能力方面的建议是非常认真严肃的。

Let There Be Stoning!（扔石头）
Jay H. Lehr

我们要严肃对待那些极度无聊的演讲者。他们并不是具有丰富经验和学识的科学家，而是一群傲慢、毫无思想的人，他们不断地挑战我们极度想要吸取知识的灵魂，浪费我们的宝贵时间。

我们通过发表文章获得认可，同样也希望通过演讲得到大家的认同。如果有机会在上千名科学工作者面前演讲，那将是一件非常光荣的事情。然而，假如机会来临，却没有妥善处理，未达到教育、启发、讲解的目的，甚至连吸引观众注意力都做不到，那么演讲的意义何在？这样的演讲者没有理由不受到扔石头的惩罚。

不久前，在我主持的一次会议上，我对其中一位演讲者发了很大的火，在200名群情激愤的观众面前狠狠地羞辱了他一番。这位年轻人在演讲过程中照本宣科，完全按照幻灯片的内容一字一字地念，对于内容较多的幻灯片则囫囵吞枣，一扫而过，原本20分钟的演讲时间生生拖延到了30分钟。然而，当观众激动地指责他之后，他第一次抬起了头，非常厚脸皮地表示，希望通过此次演讲让观众了解西班牙的雨水与直布罗陀巨岩的岩块脱落之间的关系，其中推理的过程简直沉闷无趣。观众中的一些人已经离场了，尚未离场的观众被我的指责声吓到，我语重心长地告诉这位年轻的演讲者，他的所作所为完全不对。我的声音已经开始颤抖，但是我仍将自己的看法表达给观众和这位年轻人，这篇演讲的内容毫无意义、非常无聊，我们的观众值得聆听更好的演讲。虽然有些理智的观众没有指责或提出惩罚这位演讲者，但这并不代表他们没有理由这么做。最终，在我的强烈谴责下，这位年轻人瘫坐在椅子里。正因为如此，我才开始着手写这样一篇文章。

我把当时所说、所感都记录在这篇文章中，相信每个人都经历过这样的时刻，很多人在回想起来的时候都会感到羞愧。因此，我认为是时候严肃地对待这种不严谨的态度了，对此应该规定出严厉的惩罚措施，杜绝再次出现类似的情况。

我最初意识到这个问题是在20世纪50年代，当时我还在读研。我第一次与导师一起参加学术会议，发言的人的糟糕的演讲令人震惊。当时，我的导师耐心地安慰我，试图让我冷静下来。他告诉我，所有的报告和会议演讲都差不多，真正的价值在于非正式的学术交流，而不是会议演讲。我不明白为什么不能兼顾两者，但是一直以来我都对此保持沉默，现在我要开始发声了。

通常，会议演讲的平均时间是20分钟。它与大学生的课程论文或报告不同。课程论文是针对专业课某一部分内容的详细解读，而会议演讲稿则是对最新的（正在研究或已完成的）研究的简要概括，目的是引导同行了解该领域的最新进展。

演讲者无法让观众了解研究工作的细枝末节，但可以通过重点讲述，让观众了解主题的价值和意义，并且指出该项研究将为科学的发展做出一定的贡献。为达到这一目的，演讲者应该将自己对主题研究的兴趣和热情，以及研究进展传递给观众。

以上提到的对演讲者的要求都需要即兴发挥，而这种即兴发挥应该根深蒂固到每个人的认知思维中，这样才能在演讲时自然地表露出来。如何做到这一点呢？首先，演讲者要对自己的研究非常感兴趣。对于一个连自己最新科学研究的精髓都搞不清的科学家，我们很难说他醉心于自己的研究。试想，如果一个演讲者对自己的专业领域没有足够的热情，无法将其融入自己的认知思维结构，那么他怎么可能让观众感同身受呢！

演讲时不要以任何借口念稿子，几乎没有哪个演讲者能做到说的话和为方便编辑而写的稿子一样措辞精确、优美。的确有少数科学工作者能让文字生动有趣，让听众聚精会神，但最好是降低对口头表达精彩程度的要求，提高即席表达的水平。听众永远也不会知道他们错过了什么完美的措辞，演讲者也不会因为少用了某个完美的表达而沮丧。无论何时，一篇准备发表的文章，读出来都不会那么悦耳，文字和口头表达完全是不同的交流媒介。如果观众被演讲者的即兴表演所吸引，就会想要看到文章的内容，相信有了前期的铺垫，观众很快就能领悟到文字的精髓。

演讲前准备简单的笔记和提纲将有助于内容逻辑和结构的梳理。幻灯片也能起到同样的作用，不要因此而给观众呈现制作粗糙的幻灯片，从而分散注意力，造成观众的理解障碍。幻灯片必须清晰，内容简洁。如果需要用激光笔来指示幻灯片上的一个重要概念或位置，那么很可能由于幻灯片的内容太过于密集而造成理解困难。

不要将制作粗糙、劣质的幻灯片放映给观众，然后再道歉。这样的幻灯片就不应该放映。试想一下，作为观众，在演讲结束后，演讲者表示"很抱歉，我准备的幻灯片效果不佳""幻灯片上的字太小，前排的观众都看不清""很抱歉，你们看不清图表中的数据，但是我想说明的是……"这时听众会有什么感受？因此，对于质量差的幻灯片，我们要坚决抵制！宁肯不用幻灯片，也不要把不受观众待见的幻灯片摆上台面。因为它们没有起到任何辅助作用，只会毁了演讲。并不是离开了幻灯片就不能演讲。如果练习绘画，再加上排练，简笔画也是非常生动的。现在，很多知名的大学教授在讲座时已经不再借助幻灯片了，那么我们是不是也可以把这根"拐杖"踢掉了？如果确实需要使用幻灯片，就务必保证幻灯片的质量。优秀的幻灯片的成本可能高达上百美金，但是你拥有了以下优势：

- 有效地吸引观众的注意力，提升自己在观众心中的形象；
- 可能有更多机会重复使用设计精良的幻灯片；
- 观众以高成本参加此次会议，而演讲者却免费参会或享受优惠价。将节省的钱投资到幻灯片制作中，既能得到高质量的幻灯片，又能回报观众的投资，一举两得。

不要长时间地停留在一张幻灯片上。在讲完一页进入下一页之前，如果还有很多内容需进一步解释，则可以插入一张空白的幻灯片，这样既不会因为上一张幻灯片而分散观众的注意力，又能让观众保有继续听讲的热情。作为演讲者，站在台上时就是一位表演家、艺人、明星、教育家，即便在生活中拙嘴笨舌，演讲时也必须面带笑容，保持愉快的心情和激昂的热情，觉得自己很了不起，否则就不要登台。追寻科学真相的过程充满趣味。作为演说家，应该将这种趣味带给自己的观众。很多人没能做到这一点。能否通过自己的努力，克服以往的障碍，将科学不为人知的另一面呈现给观众呢？当然，要达到这个目的很不容易，排练很重要，可以请亲朋好友作为观众。在开始之前，一定要告诉他们严格要求、严肃对待，尽可能地提出批评或改进建议。试想，每篇会议演讲报告的时长约为20分钟，如果观众席有100人，那么加起来就有近33小时，为了不浪费观众33小时的宝贵时间，做什么努力都值得。

要把控好时间。虽然1~2分钟的延迟不算什么，但5~8分钟就非常过分了。也许我们认为有几句题外话非常有意思，想要与观众们分享，但也许他们并不在意，这样就白白浪费了几分钟时间。尽早切入主题，切记时间要用在刀刃上。演讲一开始就应阐明主题，然后开始演讲。结尾时，应留出时间重复本次会议的演讲主题和目的。

应确保发声和音响配合完美。利用开始的20秒试一下麦克风的音量，询问观众是否合适，及时调整自己的发声。不要小看这20秒，如果没有这一环节，那么演讲时麦克风音量可能过大，震耳欲聋；或者可能音量过小，完全听不清。

除非你是一名单口相声演员，否则在台上不要轻易尝试讲笑话。因为这样很容易搬起石头砸自己的脚，难以收场。如果演讲内容中有比较搞笑的部分，那就利用它，因为是真实的，很容易被观众接受。

通常人们都是说得永远比做得多。在演讲时，75%的语言在于沟通，而剩下的25%则依托演讲者对主题的兴趣和热情。当然，如果对自己的研究或工作都毫无热情，那么如何激发观众的热情呢？所以赶紧活跃起来吧！

这里要给主持人提几点建议。主持人作为会议的协调者，是整个会议基调的决定者。主持人的一言一行影响着演讲者和观众的情绪，所以要表现出兴趣与热情。在宣布会议开始后，首先会有30秒左右的主持词，这部分内容需要提前做好准备。然后，向观众介绍与会的演讲者，关于每位演讲者至少要备有5个重要的信息点，可能这些信息在会前10分钟才拿到，如获得的学位、在读（毕业）院校、两条重要的工作经历（按需）、供职单位和研究领域等。主持人需要3分钟左右的时间熟悉这些人的信息，即使从未见过他们，也要介绍得像非常了解他们一样。如果无法做到这一点，就不够资格成为一位主持人。最后，在演讲结束后进入问答环节时，主持人应该协调观众和演讲者之间的互动，按照提问顺序有条不紊地组织问答活动，不要自己霸占话筒，问答结束后利用30秒左右的时间为这部分演讲活动进行简短的总结即可。优秀的主持人是演讲者的左右手，能够较好地支撑演讲活动的顺利进行，但是一名糟糕的主持人既浪费了观众的宝贵时间，又阻碍了演讲的进行。

没有一个人是天生的演说家，也没有一个人站在演讲台上就能表现出真正的自我。所有站在台上的人都荣幸地扮演着育人、娱人的角色。不过，大多数情况下，娱人比育人更容易。其实，无论面对的是40位还是400位观众，只有把他们当成朋友，当成自己真正关心的人，与他们保持亲密的互动，让他们意识到演讲者真正想要让每个人了解要讲的内容，才能达到育人的目的。

当面对一位真正有天赋的演说家时，我们是否会羡慕他的运气？又是否会想要模仿他的行为？其实，讲台就是舞台，无论台上是一场演出还是一场教书育人的活动。

为什么学校有教室，报告厅有讲台？那是因为我们知道，一场生动的口头讲述要远胜于死板读书，对促进学习大有裨益。然而遗憾的是，我们从听讲中获得的知识远没有从书本中得到的更多，原因就在于很多的演讲流于形式，没有热情，让观众充耳不闻，没有真正起到娱人、育人的目的。

不要站在演讲台上做所谓的自然而然的事，如果自然而然的事是乏味的、愚蠢的、事实枯燥的单调陈述，如果研究确实枯燥乏味，那就不要在任何地方用会议演讲来增加观众的负担。如果有必要，有可能，那么可以尝试在期刊上发表研究论文。

另一方面，如果研究中确有引人注目的地方，想将它告诉观众，就要大胆地去做。不要再浪费时间说做不到，去做或者让同事做，这时应该没有任何借口让演讲枯燥乏味。尽管电视节目里的布道者由于过于热情而让"热情"带有了贬义，但是在演讲中演讲者要饱含热情。

如果在学习之初就遇到一位不灵光的老师或者演讲者，那么对学生或者观众的影响就会很大。比如，我曾跟着某位思维不太敏锐的人学习天文学，一度认为这是一门冷门学科，没有任何研究意义，直到我遇见Carl Sagan，他给了我不同的启示。同样，在学习生物学和经济学课程时，我的第一任老师没有让我对这两门学科提起任何兴趣，认为它们枯燥且没有前途，一直到后来遇到Paul Ehrlich和Paul Samuelson，才唤醒了我的兴趣。

多亏了我的导师Cary Corneis，John Maxwell和Harry Hess，在我一开始接触地质学时就引导我对它充满了兴趣，成为了一名地质学家。无论我们的演讲主题有多难懂、多晦涩，都要尽可能在有限的20分钟内让它变得生动有趣，这才是优秀的演说家所具备的能力。

如果每一位读者都能将上面的建议牢记于心，我相信不会有很多人被当众羞辱，或受到扔石头的惩罚。但是，如果还有一些自大、傲慢的无知人士继续无视这些建议，就不要怪大家继续扔石头了。